AU SERVICE DE LA FRANCE

— NEUF ANNÉES DE SOUVENIRS —

VI

LES TRANCHÉES

1915

PAR

RAYMOND POINCARÉ

DE L'ACADÉMIE FRANÇAISE

Avec douze gravures hors texte

PARIS

LIBRAIRIE PLON

LES PETITS-FILS DE PLON ET NOURRIT

IMPRIMEURS-ÉDITEURS — 8, RUE GARANCIÈRE, 6ᵉ

AU SERVICE DE LA FRANCE

VI

LES TRANCHÉES

VI

LES TRANCHÉES

(1915)

CHAPITRE PREMIER

Conversations du 1er janvier. — Un télégramme du pape. —
Joffre et le projet de diversion en Orient. — Le drapeau
des fusiliers marins. — Voyage à Cassel, Saint-Omer et
Hazebrouck. — Arras. — Bataille de Soissons. — Le duc
de Guise et Ferdinand de Bulgarie. — Projet d'opérations
aux Dardanelles. — Le commandant Viaud.

Voici qu'à une année de deuils et de tourments
succède une nouvelle année dont la France attend
avec confiance la victoire et la paix. J'accomplis,
sans le moindre apparat, les gestes rituels du
1er janvier. Accompagné de René Viviani, je me
rends, sans escorte ni cortège, chez les présidents
des deux Chambres. Dans mon automobile qui
roule inaperçue, le président du Conseil me parle
avec une expansive et frémissante inquiétude des
opérations militaires engagées depuis le 20 décembre dans les plaines de Champagne. Il a, ce

1

matin, les nerfs à fleur de peau et s'abandonne, dans l'intimité, à une crise de découragement. Il ne croit pas au succès des offensives en cours ; il va jusqu'à reprocher à notre commandement de n'avoir aucun plan stratégique et de se laisser conduire au jour le jour par les événements. Revenus à l'Élysée, où je retiens les ministres à déjeuner, nous reprenons la même conversation avec Briand, qui s'exprime, d'un ton plus mesuré, dans le même sens que Viviani. Tous deux se demandent s'il ne serait pas possible de préparer, en collaboration avec les Anglais, un corps expéditionnaire de 4 ou 500 000 hommes, destiné à prendre l'Autriche à revers par la Serbie. On débarquerait dans l'Adriatique ou à Salonique ; on marcherait sur Budapest et sur Vienne, en essayant de soulever au passage tous les Slaves de la monarchie dualiste. Idée séduisante, que m'a suggérée naguère Franchet d'Esperey, lorsque je suis allé visiter son armée (1) et dont je me suis entretenu avec d'autres généraux. La plupart, il est vrai, m'ont fait des objections. Ils se demandent comment on pourrait établir les bases du corps expéditionnaire et, s'il pénètre dans le pays, assurer son ravitaillement et son approvisionnement en munitions.

D'après MM. Marius et Ary Leblond, qui ont été, en 1915, attachés au secrétariat du général Gallieni, le gouverneur de Paris aurait, dès 1914, conseillé à Briand une diversion par Salonique, sur Constantinople d'abord et sur le Danube ensuite (2). De son côté, M. Gheusi précise que c'est en janvier 1915 et au cours d'un déjeuner, que

(1) V. *L'Invasion*, p. 360.
(2) *Gallieni parle...*, par Marius-Ary LEBLOND. Albin Michel, éd.

ce conseil a été donné au garde des Sceaux (1). Quant à moi, je n'ai rien su de ces conversations, ni par Briand, ni par Gallieni ; mais c'est dès le mois d'octobre que j'ai entendu Franchet d'Esperey m'exprimer nettement le vœu de cette expédition balkanique et c'est aujourd'hui, 1er janvier, que Viviani, Briand et moi, préoccupés de l'immobilité de nos lignes, nous concentrons tous trois nos pensées sur un sujet qui, dans l'obscurité où nous sommes plongés, nous ouvre des perspectives d'action. Nous décidons même d'inviter Joffre à en venir, le plus tôt possible, conférer avec nous. Nous nous promettons, d'ailleurs, de ne pas empiéter sur l'autorité du commandement, de n'imposer au général en chef aucun plan militaire et de nous borner à échanger des vues avec lui sur l'opportunité de cette diversion orientale.

Dans l'après-midi du jour de l'an, je renonce, bien entendu, à la réception solennelle des corps de l'État, magistrats, fonctionnaires, officiers, la plupart d'entre eux, surtout les militaires, ayant mieux à faire que de défiler en uniforme, en costume ou en robe dans les salons élyséens. Mais le protocole ne me permet pas d'échapper au cercle diplomatique, qui se tient, suivant l'usage, dans la grande salle des fêtes. Manquent seuls les représentants de l'Allemagne, de l'Autriche et de la Turquie. Le doyen, sir Francis Bertie, joues roses et cheveux bouclés, m'adresse une brève et prudente allocution, à laquelle je réponds avec le même laconisme, en proclamant devant les neutres ma foi dans une paix victorieuse.

---

(1) V. *Gallieni*, par M. P.-B. Gheusi (Fasquelle). — *La Gloire de Gallieni*, par le même auteur (Albin Michel).

Pendant que je prononce ces paroles d'espoir, quatorze obus tombent sur la ville ouverte de Commercy, d'où aucun projectile n'a jamais été lancé sur l'ennemi. Cinq maisons sont atteintes, dont une école maternelle. Ces étrennes allemandes laissent impassible la courageuse population qui m'a donné, lors de mon récent voyage en Lorraine, un si touchant témoignage de patriotisme. Mais toute la journée je garde devant les yeux la vision de mon pays natal, envahi et dévasté.

Les communiqués du grand quartier général se font de plus en plus monotones. Les mêmes mots y reviennent quotidiennement : Bois le Prêtre, Bois d'Ailly, Bois de la Grurie, Fontaine-Madame, Perthes et Mesnil-les-Hurlus, Notre-Dame-de-Lorette.

Même uniformité et même vide dans les télégrammes de Russie. La décision prise, faute de munitions et de fusils, de restreindre pour plusieurs mois les opérations du front oriental a été très douloureuse pour le grand-duc Nicolas, qui a dû refréner son ardeur naturelle et renoncer à l'offensive rêvée. Le 2 janvier, il se déclarait encore prêt à reprendre la marche en avant, aussitôt que le IVe corps de Sibérie et la Garde seraient arrivés dans la région de Varsovie. Le lundi 4, déçu et embarrassé, il pose à Joffre une question télégraphique qui trahit sa perplexité : « Le commandement français estime-t-il plus avantageux de laisser l'armée russe dans une défensive aussi active que possible et de réserver à l'armée française toutes les ressources dont elle dispose en munitions? Ou croit-il préférable de donner dès maintenant aux opérations orientales un caractère nettement offensif, en cédant au commandement russe, si les approvisionnements et la production le permettent, une partie des munitions destinées au front occidental? » (Petrograd, nº 19.) Nous n'avons pas le choix ; notre réponse nous est dictée par notre propre misère ; nous ne pouvons rien donner, puisque nous ne disposons pas, pour nous-mêmes, du nécessaire. D'après Paléologue et le général de Laguiche, le ministre de la Guerre russe, l'énigmatique Soukhomlinoff, et l'administration centrale ont trompé le grand-duc Nicolas sur la quantité des munitions en réserve et sur le montant des fournitures assurées. En France, il n'y a eu, certes, ni dissimulation ni fraude ; il y a eu, avant la guerre, insuffisance de ressources budgétaires et confiance excessive dans l'éternité de la paix ; il y a eu, depuis la guerre, prodigalité dans l'emploi des munitions. Mais, pour des causes différentes, nous souffrons de la même pénurie que la Russie et nous ne pouvons, en ces heures critiques, lui prêter une aide efficace. Sur les deux fronts, on va donc être réduit à soutenir par quelques offensives localisées une défensive générale et systématique.

Préoccupé d'une situation qui va fatalement se prolonger et retarder toute décision stratégique, Paléologue a, de son propre mouvement, conseillé à Sazonoff d'examiner s'il ne serait pas possible à la Russie de conclure avec l'Autriche une paix séparée, de manière à tourner ensuite tous ses efforts contre l'Allemagne. Sazonoff a reconnu que si l'Autriche renonçait à la Galicie et à la Bosnie-Herzégovine, ce ne serait pas là un résultat négligeable, et il a ajouté que l'idée d'une paix spéciale avec la monarchie des Habsbourg méritait réflexion. En nous rendant compte de cette conversation, Paléologue conclut : « Tant

qu'il existera une Allemagne et une Italie, nous
serons intéressés au maintien de l'Autriche. »
(Petrograd, n° 3.) Lorsque ce télégramme arrive
à Paris, les ministres et moi nous ne pouvons
nous défendre de redouter qu'une paix séparée
de l'Autriche et de la Russie ne refroidisse l'action russe, ne détourne l'Italie de toute intervention et ne nous laisse bientôt seuls, l'Angleterre
et nous, en face de l'Allemagne. Supposons que
la Russie ait annexé la Galicie, et que la Serbie
ait reçu la Bosnie Herzégovine : M. de Witte et
ses amis germanophiles ne manqueront pas d'in-
triguer à Petrograd pour détourner le tsar de
continuer la guerre contre notre principal ennemi.
Le gouvernement français, inquiet de cette perspective, invite Paléologue à revoir Sazonoff et à
lui dire qu'il ne lui a parlé qu'à titre personnel et
sans instructions de Paris.

Au même conseil du mardi 5 janvier, je communique aux ministres un télégramme que j'ai
reçu la veille au soir et qui émane du pape Benoît XV : « Confiant dans les sentiments de charité chrétienne dont Votre Excellence est animée,
Nous La prions de vouloir bien rendre heureux
le commencement de cette année par un acte de
générosité souveraine en accueillant Notre proposition que les nations belligérantes échangent
les prisonniers reconnus inaptes désormais au service militaire. Nous ne doutons pas que le chef
de la noble et généreuse nation française voudra
suivre l'exemple des autres souverains des nations
belligérantes qui ont tous accédé à Notre proposition. » Le Saint-Siège et la République ne
s'ignorent donc plus tout à fait et aucun des
ministres ne s'oppose, cette fois, à ce que j'accuse
réception du message pontifical. Je télégraphie

au Vatican : « En réponse à la bienveillante proposition que Votre Sainteté m'a fait l'honneur de me transmettre dans son télégramme d'hier, je m'empresse de Lui donner l'assurance que la France, fidèle à ses traditions de générosité, a toujours traité les prisonniers de guerre avec humanité et qu'elle étudie les moyens d'échanger en totalité ceux qui seraient définitivement inaptes au service militaire. » Ces échanges sont, en effet, déjà préparés sous les auspices de la Croix-Rouge de Genève et tout nous permet de croire qu'ils vont aboutir (1).

Le projet d'une diversion dans les Balkans commence à séduire beaucoup d'esprits. Le mercredi 6, un écrivain militaire des plus distingués, le lieutenant-colonel Rousset, qui a été député de Verdun et avec qui j'entretiens des relations amicales, vient causer avec moi de la stagnation des armées. Il croit qu'une offensive en Orient contre les Austro-Hongrois permettrait peut-être une reprise prochaine de la guerre de mouvement. D'autre part, M. Bénazet, officier d'ordonnance de Franchet d'Esperey, rappelé à Paris comme député par la session parlementaire, m'apporte un très intéressant mémoire que vient de rédiger ce général et qui recommande de prendre l'ennemi à revers dans les Balkans. Cette conception se résume en quelques traits essentiels : diriger un corps expéditionnaire par Belgrade sur Vienne et sur Berlin ; à cet effet, se servir des Serbes, actuellement victorieux, pour concentrer sur le Danube une armée française suffisante ; couper les Turcs de leurs alliés ; établir une

____

(1) V. *Les Prisonniers de guerre*, 1914-1919, par M. G. CAHEN-SALVADOR, conseiller d'État, Payot, édit., p. 212 et s.

liaison avec la Russie par la Roumanie (1).

Comme il a été convenu, j'ai donc prié Joffre de venir à l'Élysée et de donner au gouvernement son avis sur une expédition de cette sorte. Il déjeune le 7 janvier à ma table avec les ministres, et, après le café, une longue conversation s'engage à portes closes dans la pièce du premier étage qui s'appelle galamment le salon des dames. Viviani pense que, pour sortir de l'immobilité, il pourrait être utile d'opérer une diversion dans la péninsule balkanique ; Briand défend avec force la même opinion. Sans mettre en cause Franchet d'Esperey, je m'inspire, à mon tour, dans les observations que je présente, du plan qu'il m'a fait remettre. Mais le général en chef se prononce énergiquement contre toute opération en Orient. Il a, nous dit-il, besoin de la totalité de nos troupes. L'armée allemande vient de se renforcer de vingt-quatre régiments ; elle se propose, sans doute, de nous attaquer. Suivant Joffre, c'est certainement sur le théâtre occidental qu'interviendra la décision. Nous sommes, d'ailleurs, en droit d'espérer que, dans un délai plus ou moins long, nous réussirons à percer les lignes allemandes. Huit jours, deux mois, six mois, un an, personne ne sait, mais le résultat est assuré, du moment où la crise des munitions touchera bientôt à sa fin. Joffre estime qu'il serait, en outre, très difficile, pour ne pas dire impossible, de ravitailler par Salonique une armée française, même forte seulement de 100 000 hommes, surtout si elle devait s'éloigner de la côte et pénétrer assez avant dans les terres. Il s'exprime avec une fermeté qui garde les dehors

(1) V. article posthume de M. Paul Deschanel dans la *Revue des Deux Mondes*, n° du 15 février 1922.

de la douceur et il ne nous laisse aucun doute sur l'immutabilité de sa conviction. Viviani, Briand et moi, nous nous sentons, sinon gagnés à son opinion, du moins un peu ébranlés dans la nôtre, et, pour l'instant, nous ne croyons pas devoir insister.

Ribot aborde la question, toujours en suspens, du sort de Gallieni. Joffre nous explique qu'il avait songé à confier au gouverneur militaire de Paris le commandement de l'armée d'Alsace ; mais il a dû renoncer à cette solution ; il ne se propose plus d'occuper la plaine alsacienne ; il veut seulement tenir les débouchés des cols des Vosges ; Steinbach vient d'être pris ces jours derniers ; nous n'irons pas plus loin vers le Rhin ; Joffre va rendre dix bataillons de chasseurs au général Pütz, qui conduit fort bien les opérations et qu'il ne juge pas possible de mettre sous les ordres du général Gallieni. Le commandant en chef se plaint, de nouveau, de l'ancien entourage civil du gouverneur. Il s'exprime sans aigreur, avec la précision d'un soldat qui connaît ce dont il parle et avec la déférente opiniâtreté d'un homme qui a son siège fait.

Gaston Thomson l'interroge sur la possibilité de constituer une armée de seconde ligne et une masse de manœuvre. « Impossible, répond Joffre. J'ai besoin, d'ici à la fin de la guerre, de tous les hommes qui sont dans les dépôts. Pour former des unités nouvelles, il n'y aurait d'ailleurs, en ce moment, ni officiers, ni sous-officiers, ni artillerie, ni trains régimentaires. »

Jules Guesde est tout à fait conquis. Cet apôtre socialiste est un patriote fervent. Il était entré en disant à Joffre : « Vous êtes l'organisateur de la victoire. » Il est parti, répétant : « C'est un homme admirable. Il a réfléchi sur tout et prévoit tout. »

Millerand a, suivant son habitude, plus écouté que parlé. Il est enfin revenu de Bordeaux. Le jeudi 7 janvier, le *Bulletin des Armées* a publié cette note : « M. Millerand, ministre de la Guerre, s'est réinstallé définitivement dans l'hôtel de la rue Saint-Dominique. »

Deux frères Garibaldi, Bruno et Costante, ont été tués dans l'Argonne, où ils se battaient bravement pour la France à la tête de quelques Italiens engagés volontaires. J'envoie un télégramme de sympathies au général Ricciotti Garibaldi et je charge le lieutenant-colonel Bonel, de ma maison militaire, d'aller à Rome, où les corps vont être transportés, présenter mes condoléances à la famille et déposer des couronnes sur les tombes. Pour le moment, d'ailleurs, l'Italie ne songe pas à imiter l'exemple du petit bataillon garibaldien ; elle se contente d'occuper Valona et de surveiller attentivement l'Albanie, où une révolte a éclaté contre Essad Pacha et où Durazzo a failli être pris par les rebelles. (Télégr. Nisch, n° 17. — Rome, n° 19.)

Le dimanche 10 janvier, je quitte Paris dans la soirée, avec Augagneur, ministre de la Marine. Nous allons, comme nous l'avons décidé en décembre, porter aux fusiliers marins le drapeau que leur ont valu leurs brillants exploits sur l'Yser. Les lignes de chemins de fer sont tellement encombrées par les transports militaires qu'il nous faut douze heures pour arriver à Dunkerque. Je me sers, sur le réseau du Nord, du wagon-salon que la Compagnie de l'Est a fait construire, au début de 1913, pour mes voyages à Sampigny et qu'elle laisse désormais à ma disposition pour mes

visites aux armées. Il s'accorde mieux avec la
sévérité des circonstances que les salons élé-
gamment décorés qu'a légués Félix Faure à ses
successeurs. Augagneur et moi, nous causons longuement pendant le trajet. Le ministre de la
Marine a été autrefois, dans les Chambres, mon
adversaire résolu. Il a aujourd'hui envers moi une
attitude irréprochable. C'est un homme énergique,
excellent patriote, un peu tranchant dans l'expression de ses idées, mais d'intelligence vive et de
commerce agréable.

La ville de Dunkerque, où je suis venu pour la
dernière fois le 1er novembre (1), a encore été violemment bombardée hier par une escadrille composée d'une douzaine d'avions allemands (2).
Grâce aux précautions prises par le maire,
M. Henri Terquem, il y a heureusement peu de
victimes. Nous montons, le ministre et moi,
suivis de nos officiers, dans des automobiles de
réquisition, et nous nous rendons à quelques kilomètres de la ville, sur des friches éventées, bordées le long de la mer par la ligne jaune des dunes.
La brigade de fusiliers marins, qui s'est illustrée
à Nieuport, à Dixmude et, ces jours derniers, à
Saint-Georges (3), vient d'être relevée et, comme
disait l'énergique Boissat-Mazerat, mise en ra-
fraîchissement. La voici presque tout entière
massée devant nous. Il ne manque que les morts
et les blessés ; ils sont, hélas ! nombreux. Nous
passons, d'abord, sur le front des troupes. J'admire la belle tenue de ces hommes qui sont au

(1) V. *L'Invasion*, p. 405 et suiv.
(2) V. *Dunkerque, ville héroïque*, par Henri MALO, Perrin et Cᵉ,
1918, p. 303.
(3) *Dixmude, un chapitre de l'histoire des fusiliers marins. —
Saint-Georges et Nieuport*, par Ch. LE GOFFIC, Plon.

repos depuis quelques jours à peine et qui déjà
semblent impatients de retourner au feu. Je me
place en face d'eux, au centre de la brigade, devant
l'amiral Ronarc'h, qui demeure immobile, magnifique de force et de simplicité, flanqué de la garde
qui va recevoir les enseignes. Il vente de plus en
plus fort. Deux avions français qui volent au-dessus
de nous, pour écarter, au besoin, les taubes, tan-
guent et roulent dans les airs comme des navires sur
une mer démontée. Est-ce le froid? Est-ce le vent?
Est-ce l'émotion? J'ai peine à tenir dans ma main
la hampe du drapeau neuf, pendant que j'adresse
aux fusiliers marins une courte allocution (1).

Les fusiliers défilent ensuite, la tête haute,
tournée vers nous, le regard direct, fier et résolu.
Nous félicitons l'amiral et ses officiers, et, très
émus, nous nous éloignons de ces braves gens.

Nos automobiles nous conduisent rapidement à
Cassel. Dans la jolie cité flamande, perchée au
sommet de sa colline, je retrouve Foch et son état-
major. Ils sont toujours installés, sur la petite
place en pente, dans l'ancien hôtel de la noble cour,
où résidait jadis le magistrat et où siégeait hier
la municipalité. Nous déjeunons, de nouveau,
dans la claire salle à manger, qui domine l'immensité de la plaine. Le général Foch, aussi impétueux
que Joffre est impassible, n'est pas moins confiant
que lui. Seules, l'insuffisance momentanée des munitions et des difficultés accidentelles du terrain,
affreusement détrempé par l'hiver, ont suspendu
notre offensive. Dès que la sécheresse sera revenue,
nous essaierons de passer et Foch croit que nous
aurons chance de réussir.

(1) *Messages, discours, allocutions*, Bloud et Gay, éditeurs,
t. I, p. 39.

De Cassel, nous nous sommes rendus à Saint-Omer, où j'ai retrouvé, comme naguère, toute l'animation d'un camp britannique. Nous avons été reçus par le maréchal French et par le prince de Galles, dont le frais visage d'adolescent rayonnait au milieu des uniformes anglais. Sur la proposition du commandement français, et à la demande du gouvernement, j'ai remis la plaque de grand officier de la Légion d'honneur à deux des généraux de French, qui se sont distingués dans les derniers combats, Smith Darrien et sir Douglas Haig. Ce dernier, d'origine écossaise, m'est particulièrement signalé pour sa valeur militaire. Grand, de belle allure, la physionomie avenante, il parle assez couramment le français et paraît admirablement comprendre les nécessités d'une liaison étroite entre les armées alliées. Quant à French, il attend, avec quelque impatience, me dit-il, les renforts que lui a promis Kitchener ; il craint que le ministre ne les lui envoie pas dans les délais indiqués. Il redoute, d'autre part, que le gouvernement britannique ne songe à une diversion prochaine en Serbie ; il juge cette opération éventuelle, qui se ferait loin de lui, avec la même sévérité que Joffre.

Après avoir vidé avec le Field-Marshal l'obligatoire coupe de champagne, nous partons pour Hazebrouck, où nous attend, au milieu de ses concitoyens, le maire député, l'abbé Lemire, si aimé et si respecté de tous ceux qui le connaissent. Il a réuni à l'Hôtel de Ville les conseillers, les fonctionnaires, les autorités militaires anglaises et françaises, les instituteurs, la gendarmerie, qui encore ? les femmes, les enfants, les vieillards, bref, tous les habitants qui ne sont pas au front. Les cloches de l'église Saint-Éloi sonnent à toutes volées. Je remets à l'abbé une offrande pour ses pauvres ; j'écoute le petit discours patriotique qu'il m'adresse ; je réponds ; tout cela en une demi-heure, pendant laquelle la foule envahit la place. A la sortie, je suis entouré et acclamé comme un sauveur et je mesure plus exactement que jamais les devoirs de persévérance et de fermeté que m'impose cette confiance populaire.

De Hazebrouck, nous allons ensuite, par de longs chemins à lacets, au delà de Lillers et de sa belle église romane, jusqu'à un petit village, voisin d'Aubigny-en-Artois. C'est là que le général de Maud'huy a son poste de commandement. Il nous y reçoit dans une maison de pauvre aspect. Il ne nous dissimule pas qu'à son avis, même lorsque l'humidité aura disparu, une offensive sera fort aventureuse. Il me semble, une fois de plus, qu'en descendant du quartier général au front, on sent décroître, de degré en degré, la température de l'optimisme. Augagneur est frappé, comme moi, de cette différence hiérarchique dans les appréciations militaires.

Avec le général de Maud'huy, nous partons pour Aubigny, où M. Brières, préfet du Pas-de-Calais, a été convoqué par les soins du général Foch. Aussi prudent pour le président de la République qu'audacieux pour lui-même, Foch espérait, par cette prévoyante combinaison, éviter qu'Augagneur et moi, nous n'eussions la tentation de pousser notre tournée jusqu'à la ville d'Arras. Mais je n'avais vraiment pas le droit de me dérober à cette visite. Au préfet et à l'évêque, qui nous attendent tous deux chez le maire d'Aubigny, l'un maigre et un peu renfermé, l'autre, Mgr Lobbedey, gras et expansif, je m'empresse de dire : « Comment ! On vous a dérangés et vous êtes venus nous saluer ici? C'est à nous d'aller vous voir à Arras, où je sais que vous restez tous deux, courageusement, malgré les bombes. » Ravis de ma proposition, ils nous offrent de revenir avec nous jusqu'au chef-lieu du Pas-de-Calais.

Déjà la nuit tombe. Dans les rues d'Aubigny, les troupes sans armes nous saluent joyeusement. Nous remontons dans nos automobiles, dont nous éteignons les feux et nous nous dirigeons sur Arras, par une route que balaient chaque jour, nous dit-on, les obus ennemis. Nous arrivons ainsi dans une ville morte, dont le canon seul trouble le silence funèbre. Le long des rues sombres et désertes, pas une lumière. A peine, par endroits, une boulangerie, une épicerie, misérablement éclairées par une lampe à huile ou par des bougies. Quelques ombres rapides passent çà et là sur les trottoirs. Il ne reste dans la commune que trois mille cinq cents personnes, surtout des vieillards et des enfants. Le préfet et l'évêque nous font tristement les honneurs de la cité dévastée. Ils nous conduisent devant l'Hôtel de Ville. Ce bijou d'architecture est monstrueusement souillé par le bombardement et par le feu. La façade gothique et les décors Renaissance sont ravagés. Le bâtiment est vidé de ses trésors de bois et de fer forgé. La Salle des Gardes n'est plus qu'un monceau de débris. Le beffroi voisin est affreusement mutilé. Le Lion des Flandres, frappé au cœur, est tombé sur le sol et gît au milieu des pierres amassées. Dans l'obscurité, le spectacle me paraît même plus lamentable que l'autre jour à Reims (1).

Après avoir erré comme des fantômes parmi les décombres, nous nous rendons à la préfecture et

____

(1) V. *L'Invasion*, p. 504 et 505.

à l'évêché, qui ont également reçu des obus, mais qui ne sont pas trop endommagés. Je m'enquiers auprès du préfet, du maire, de l'évêque, des besoins les plus urgents de la population restée dans la ville, je laisse quelques secours pour aider les familles les plus pauvres, j'encourage de mon mieux les rares habitants que je rencontre, et je reprends le chemin d'Aubigny. Puis mon train nous ramène à Paris, le ministre et moi, le cœur serré, dans la nuit glacée.

Un intermède m'est réservé à l'Élysée. J'y reçois, à mon retour, le grand romancier espagnol, M. V. Blasco Ibanez, l'auteur des *Arènes sanglantes* et des *Terres maudites*, que Marcel Sembat m'a chaudement recommandé. Il se présente à moi comme « le soldat de plume » de la France. Il écrit en ce moment, dans un esprit très sympathique à notre pays, une histoire de la guerre, publiée en livraisons illustrées et répandue par nos services de propagande dans tous les pays de langue espagnole. Il m'exprime avec emphase, en roulant les *r* et en jetant des coups d'œil répétés sur les grosses bagues qu'il porte aux doigts, les vœux ardents qu'il forme pour notre pays. Il voudrait que l'Espagne sortît de la neutralité, mais il convient que son désir personnel n'est partagé que par un petit nombre de ses compatriotes. et il parle des autres avec une colère tapageuse, qui me divertit un instant.

Les officiers de liaison m'apprennent qu'au cours des journées des 12 et 13 janvier, quelques actions brillantes nous ont valu, dans l'Aisne et en Champagne, des succès locaux. Les procédés d'attaque ont été perfectionnés. La préparation est longue et minutieuse. Un bombardement intense bouleverse d'abord les tranchées ennemies et détruit les défenses accessoires. Dès que l'artillerie se tait, l'infanterie commence l'assaut et enlève les lignes à la baïonnette. Mais ce résultat obtenu, la difficulté est de le maintenir sous le feu des batteries allemandes, que nos canons sont obligés de contrebattre violemment, et dans ces luttes acharnées, où se dépense tant de bravoure et où le sang coule à flots, on ne réalise, semble-t-il, aucun gain positif, ni stratégique, ni même tactique.

Quelle somme d'énergie humaine exige chaque jour cette vie à demi souterraine des troupes, dans ces tranchées trempées par la pluie, tapissées par la neige, détériorées par les grenades et les torpilles, dans ces abris sans air et sans lumière, dans ces parallèles de soutien toujours exposées à des tirs de démolition, dans ces boyaux brusquement coupés par l'artillerie ennemie, dans ces postes d'écoute où les guetteurs risquent, à chaque instant, d'être surpris par les bruits précurseurs d'un assaut ! Comment pouvons-nous, à l'arrière, connaître encore des heures de calme apparent et de trompeuse tranquillité, lorsque là-bas tant de nos semblables sont prisonniers de cet enfer (1)?

C'est du côté de Soissons que nous tournons, en ce moment, notre pensée. Dans la matinée du 8, nous avons attaqué l'armée ennemie entre Cuffies et Crouy. Les Allemands ont riposté et la bataille s'est poursuivie le lendemain et le surlendemain. Le 11, nous nous maintenons sur les positions conquises. Mais, le mercredi 13, autour de l'éperon 132, s'engage tout à coup un combat des plus meutriers. Les Allemands se jettent sur nous avec des forces accrues. Nous résistons à grand'peine

----

(1) V. *La Psychologie du combat*, par M. Charles Coste, Berger-Levrault, p. 64 et s.

sur le haut des pentes, à l'ouest de l'éperon, mais vers l'est, nos troupes sont obligées de reculer. La lutte continue, entre Crouy et Chines, sur toute la largeur du plateau et entraîne un nouveau repli de notre front jusqu'au bord des pentes nord de Moncel et de Buci-le-Long. Dans la matinée du jeudi 14, Joffre nous télégraphie que, pour des raisons encore inconnues, une division active, toute fraîche, amenée la nuit au nord de Soissons, n'est pas intervenue dans les conditions de temps et avec la vigueur qui avaient été prévues. Une crue de l'Aisne a enlevé les ponts, ne laissant plus disponibles que ceux de Soissons et de Vénizel, que les Allemands, maîtres des hauteurs de la rive droite, sont à même de battre par leur artillerie de campagne. Le ravitaillement en vivres et en munitions des troupes restées au nord de la rivière risquait donc d'être compromis, d'autant qu'elles ne pouvaient pas être appuyées par leurs pièces de 75, qui, en mauvaise position au bas des pentes, avaient déjà dû repasser l'Aisne. Dès lors, le général en chef a, et il nous en prévient, approuvé la décision prise par le général Maunoury de ramener sur la rive gauche les forces qui ont subi l'attaque et de ne garder au nord de Soissons qu'une simple tête de pont. Ce repli, nous dit Joffre avec insistance, est « décidé » et non « imposé »; et il ajoute que cet incident malheureux, rigoureusement local, n'aura aucune répercussion sur l'ensemble des opérations.

Le Conseil des ministres se demande cependant, avec quelque inquiétude, quelles ont été les causes du retard et de la mollesse reprochés à une de nos divisions. L'état d'esprit des soldats se gâte-t-il donc dans le gel et dans la boue? Certains officiers nous en ont exprimé la crainte. D'autres nous ont dit que les offensives partielles coûtaient très cher et ne rapportaient que des déceptions. Le Conseil voudrait que, pour mieux peser ces avis divergents, le quartier général se tînt en contact plus étroit avec la troupe et qu'il ne tendît pas entre le général Joffre et le front un rideau trop épais.

Le jeudi 14, au Palais-Bourbon, Paul Deschanel, réélu l'avant-veille, à la presque unanimité, président de la Chambre, annonce déjà qu'un des prin- -paux enseignements des hostilités sera « dans la nécessité d'un contrôle plus fort, plus énergique que jamais. » — « Si le Parlement avait osé, dit-il, s'il avait su davantage, la France aujourd'hui s'en trouverait mieux. » Oui et non. Si le Parlement voulait se substituer demain au Commandement, s'il voulait subordonner entièrement à la souveraineté légale la compétence technique, il usurperait un pouvoir qu'il n'est pas en mesure d'exercer et ne gagnerait, sans doute, pas la guerre. Mais le contrôle, le contrôle énergique et fort, celui du gouvernement sur les fournitures et sur l'armement, celui du Parlement sur le gouvernement, Deschanel a raison : il va devenir plus nécessaire que jamais.

Le 15 janvier, part pour la France la 28e division britannique. C'est la seule force que lord Kitchener puisse, quant à présent, nous envoyer. Dans le courant de février, viendront la division canadienne et la 29e division. (Télég. Londres, no 68.) Le ministre de la Guerre allié tient scrupuleusement ses promesses de Dunkerque. Mais quelque zèle et quelque loyauté qu'il mette à les exécuter, notre impatience trouve encore le temps bien long.

En attendant ces renforts, certaines de nos

troupes paraissent momentanément épuisées par les efforts qui leur ont été demandés. Les Allemands annoncent que, le 13, devant Soissons, ils ont fait prisonniers 14 officiers et 1 130 hommes, qu'ils ont capturé 4 canons de gros calibre et 4 mitrailleuses. Avec le butin de la veille, ils chiffrent les prisonniers à 3 050, les canons à 8, les mitrailleuses à 6. (Télég. Berne, n° 85.) Ces nouvelles, répandues à l'étranger, y consternent nos partisans.

D'autre part, M. Jusserand nous télégraphie de Washington que le président Wilson, qui a un goût prononcé pour les missions spéciales, va envoyer en Europe, pour le renseigner sur la guerre et peut-être sur la paix, son plus intime ami, le colonel House, une des rares personnes dont les avis comptent pour lui. Le colonel House est un homme déjà mûr, pondéré, de manières courtoises, qui, malgré son titre militaire, n'exerce aucun commandement. Il agira auprès des États européens, à titre officieux, en dehors des ambassadeurs de son pays. M. Jusserand l'a déjà renseigné sur « la ferme résolution de la France et de ses alliés de pousser la guerre jusqu'à la victoire ». (Washington, n° 39.)

A la demande de Delcassé, je reçois le duc de Guise, qui s'est conduit en très bon Français depuis la déclaration de guerre et qui vient me parler de Ferdinand de Bulgarie. A l'occasion du premier jour de l'an orthodoxe, j'ai télégraphié aux souverains de Russie, de Serbie et de Bulgarie. Les deux premiers m'ont répondu chaleureusement. Le troisième m'a remercié courtoisement, mais sans me dire un seul mot à l'adresse de la France. Le duc de Guise croit cependant qu'il ne faut pas désespérer de ramener le roi à de meilleurs sentiments.

Il est disposé à faire ce qui dépendra de lui pour
le convaincre et à tirer tout le parti possible de
leurs relations de parenté. Mais le rôle joué par
Ferdinand en 1912 et en 1913 m'inspire assez peu
de confiance en sa droiture politique.

Dans la soirée du 15, Millerand me téléphone
qu'il est allé au grand quartier général. Il avait
envoyé à Joffre, à propos de la bataille de Soissons,
quelques observations un peu sèches, qu'il ne m'a
pas communiquées. Joffre en a été, paraît-il, assez
ému. Le ministre est parti pour s'expliquer avec
lui et pour se renseigner exactement sur les causes
de notre échec. Il m'annonce qu'il les indiquera au
Conseil des ministres.

Le samedi 16, en effet, Millerand expose à ses collègues, réunis à l'Élysée sous ma présidence,
comment s'est produit notre recul imprévu. Le
général Feysse, qui commandait la 14e division,
avait reçu du général Maunoury et du général Ber-
thelot, passé tout récemment du quartier général
aux premières lignes, l'ordre de contre-attaquer
l'aile droite des Allemands. Toute la nuit, le général Feysse a conféré avec le général Buisson d'Ar-
mandy, qui commandait la division de réserve et
qui lui a représenté avec insistance le danger de
se laisser couper par la crue de l'Aisne. Au début
de la contre-attaque, la 14e division a progressé et
a fait une centaine de prisonniers. Mais, dans le
nombre, il a été trouvé des hommes de sept ou
huit régiments ennemis et le général Feysse en a
conclu qu'il devait avoir devant lui des forces
considérables. Dans la crainte d'un désastre, il a
arrêté son offensive. Aussitôt les Allemands se
sont jetés sur nous, et nous ont bousculés. Ils se
flattent maintenant d'avoir remporté une grande
victoire.

Ils ont, en même temps, profité de la bataille pour redoubler le bombardement sur Soissons. Anatole France, dont l'élégant scepticisme a fait place, depuis le commencement de la guerre, à un chauvinisme fervent et qui, le 1er janvier, adressait à M. Gustave Hervé, pour la *Guerre sociale*, une exhortation à la persévérance et à la lutte, vient de protester avec indignation (1) contre la destruction brutale et stupide des monuments consacrés « par l'art et les ans ». Il rappelle, à ce propos, une charmante page de mon cher condisciple André Hallays sur Soissons, « cité blanche, paisible, souriante, qui dresse sa tour et ses clochers aigus au bord d'une rivière paresseuse, au milieu d'un cercle de collines vertes (2). » Que sont devenues maintenant la blancheur, le sourire et la paix ?

La version que le quartier général donne de notre défaite est contestée par un grand nombre d'officiers qui ont trop complaisamment raconté à des parlementaires qu'à leur avis l'offensive ordonnée était imprudente.

M. Messimy, qui a momentanément quitté l'armée pour faire à la Chambre une courte apparition, vient causer avec moi. Ses impressions de guerre ne sont pas très favorables. Il a gagné sur le champ de bataille les galons de lieutenant-colonel et la croix de la Légion d'honneur. Il s'est très bravement comporté depuis le début de la campagne. Mais il trouve qu'il y a un divorce complet entre les officiers d'état-major et les officiers de troupes. « Au quartier général, on est dans une tour d'ivoire, on ne sait pas grand'chose de ce qui

(1) *Journal des Débats,* 17 janvier 1915.
(2) *Autour de Paris,* p. 207.

se passe sur le front. On ordonne des offensives partielles pour alimenter les communiqués. Elles sont très sanglantes et condamnées d'avance à un échec. On n'obtiendra de résultat appréciable que le jour où il sera possible d'engager une offensive générale dans des secteurs bien choisis, et avec des troupes fraîches. »

Je fais part de cette conversation à Millerand. Il me dit que Joffre, tout en persistant à croire très difficile la constitution d'une armée de manœuvre, a mis, depuis quelques jours, la question à l'étude. Le commandant en chef va, sans doute, renoncer à incorporer dans les régiments du front les cinquante bataillons qu'on cherche à organiser. Comme le demandent MM. de Freycinet, Doumer et Messimy, comme la plupart des membres du gouvernement le croient utile, comme je le désirerais moi-même, Joffre se décidera, sans doute, à créer avec ces nouveaux bataillons une réserve générale. Pour le moment, me dit le colonel Pénelon, il n'est pas encore tout à fait rallié à cette idée, mais elle ne le choque plus. Il en pèse les avantages et les inconvénients. Il ne prendra parti qu'en pleine connaissance de cause.

Long entretien avec le directeur de l'Aéronautique, général Hirschauer. M. Jules Develle, sénateur de la Meuse, beau-père de M. Jacques Bréguet, constructeur d'avions, et M. Bunau-Varilla, directeur du *Matin*, informé par M. Michelin, m'ont tous deux répété que nous étions exposés à être devancés par l'Allemagne dans la fabrication des aéroplanes rapides. Je prie Hirschauer de me renseigner. Il trouve lui-même que le grand quartier général est un peu trop indifférent à cette question de vitesse. Je fais part de ces entretiens au ministre de la Guerre, mais Millerand se plaint qu'une fois de plus j'aie interrogé, en dehors de lui, un de ses directeurs. Ainsi, lorsque je veux, au cours des hostilités, connaître la situation de nos armements, un ministre, qui est un de mes plus vieux amis, prétend me laisser moins de pouvoir qu'à un sénateur ou à un député ; je ne dois pas conférer, sans son assentiment préalable, avec un chef de service ; j'imagine que si, entre Millerand et moi, les rôles étaient intervertis, il interpréterait autrement nos devoirs respectifs. Mais nous sommes en guerre et, pour le bien du pays, je dois m'accommoder de tout.

Il nous arrive, le lundi 18 janvier, d'intéressantes informations de l'étranger. Dans une récente conversation, que l'empereur de Russie a eue avec Maurice Paléologue, Nicolas II a résumé sa pensée en trois affirmations précises : persévérance dans la résolution de poursuivre la guerre à outrance, persévérance dans la volonté d'écraser les forces militaires de l'Allemagne, incapacité de reprendre l'offensive avant le début d'avril (Petrograd, n° 80). Ceci malheureusement ne facilite pas cela.

D'après les derniers renseignements que Sazonoff dit avoir reçus de Bucarest, le gouvernement roumain serait maintenant décidé à s'engager bientôt contre l'Autriche (Petrograd, n° 79). Mais à Paris on commence à trouver que le ministre russe prend trop aisément ses désirs pour des réalités et l'on désespère à force d'espérer toujours.

Le comte Berchtold, le grand seigneur autrichien dont la nonchalance hautaine a tant contribué, depuis 1912, à troubler les relations internationales, vient de donner sa démission de ministre des

Affaires étrangères. Les Roumains, paraît-il, trouvent dans cette retraite un motif d'inquiétude plutôt qu'une raison de tranquillité. Certains d'entre eux redoutent que l'Autriche ne mette très prochainement le gouvernement de Bucarest en demeure de se prononcer et ne lui laisse plus le choix de l'heure. D'autres appréhendent l'ouverture de négociations qui amèneraient une paix séparée au bénéfice de la Hongrie et, par suite, au détriment de la Roumanie (Bucarest, n° 25). Mais, d'après Sazonoff, le remplacement du comte Berchtold par le baron Burian signifierait, au contraire, que l'Autriche, se sentant aux abois par suite de ses divisions intérieures, se rattache désespérément à l'Allemagne (Petrograd, n° 78). Nous sommes réduits aux conjectures.

Joffre s'est fait une conviction définitive : il reconnaît la nécessité de former une armée de réserve ou de manœuvre. Par lettre du mardi 19 janvier, il annonce à sir John French qu'il va relever successivement les corps français engagés dans le Nord, à mesure qu'arriveront les renforts britanniques, et il précise que l'armée de seconde ligne comprendra dix divisions actives, quatre divisions territoriales et sept divisions de cavalerie. D'autre part, malgré l'échec des tentatives du 20 décembre 1914 et du 8 janvier, il maintient, au sujet d'une offensive en Champagne, ses instructions du 8 décembre. Dans la même note du 19, il écrit avec cette sérénité coutumière qui a été une de ses forces avant et pendant la bataille de la Marne : « L'offensive de la 4e armée en Champagne, qui est l'opération principale, sera poursuivie aussi énergiquement et rapidement que possible par les moyens dont dispose la 4e armée, l'exploitation du succès étant faite par des divisions qui pourraient être tirées de la réserve générale (1). »

Mais, à l'occasion de ces attaques locales, je reçois, de toutes parts, des critiques très vives, et notamment une lettre de Messimy dont je fais part à Viviani et à Millerand. Messimy prétend que les opérations de la fin de décembre ont coûté aussi cher à nos troupes que la bataille des Flandres à l'ennemi. Il me signale que dans le communiqué allemand du 18 sont chiffrées à 26 000 morts et à 18 000 prisonniers les pertes subies par nous du 17 décembre au 17 janvier et qu'on y évalue, en outre, à 80 000 le nombre de nos blessés. Messimy est convaincu que ces chiffres ne sont pas exagérés. Il juge, de nouveau, très sévèrement, « cette offensive prise partout au hasard, sans idée d'ensemble, sans plan stratégique. » Il ajoute qu'avant de quitter Paris pour le front des Vosges, il a tenu à souligner, par sa lettre, « la véhémente indignation et la douleur que lui ont causées les événements du mois écoulé. » Sous une forme un peu vive, ces lignes contiennent malheureusement une part de vérité.

Courte et reposante parenthèse : quelques confrères de l'Académie, qui cherchent tous par leurs écrits à soutenir le moral du pays et qui sont avides de nouvelles exactes, Frédéric Masson, Francis Charmes, Alfred Capus, Maurice Barrès, dînent à l'Élysée, le mercredi 20, dans une cordiale intimité. Maurice Barrès me donne de nouveaux détails sur les malencontreuses mesures qu'il m'a déjà signalées en décembre et que l'autorité militaire a cru devoir prendre en Alsace

---

(1) V. *Histoire de France contemporaine*, par E. LAVISSE. (*Les opérations militaires*, par Henry BIDOU, p. 171 et s.)

contre des suspects ou de prétendus tels. Il y a
eu des évacuations injustifiées et des internements
trop hâtifs dans des camps de concentration. A
ma demande, le gouvernément a chargé des Alsaciens réfugiés en France, MM. Helmer, Blumen-
thal, Wetterlé, Laugel, de visiter ces camps et
de distribuer des cartes d'identité à tous ceux des
internés dont les sentiments ne sont pas dou-
teux et auxquels on peut, sans inconvénient,
rendre toute liberté de circulation. Mais il est à
craindre qu'une aussi lourde erreur psycholo-
gique ne laisse en Alsace de longs mécconten-
tements. Nous sommes rentrés dans un pays qui
a désappris ce qu'il savait de notre langue. Ne
pouvons-nous être assez sages pour ne le pas juger
sur des apparences?

Le duc de Guise s'embarque à Marseille, le
20 janvier, pour se rendre à Sofia par la Grèce.
Il est accompagné d'un ami français, M. de
Douvres, qui a la confiance de Ferdinand. Delcassé a chargé notre ministre, M. de Panafieu,
de prévenir le roi de la prochaine arrivée de son
parent (n° 39). Le duc de Guise va chercher à
convaincre Ferdinand que son intérêt personnel,
aussi bien que l'intérêt du royaume, lui commande
de s'accorder avec la Triple-Entente. L'Allemagne et l'Autriche ne peuvent que prodiguer de
vaines promesses à la Bulgarie. Alliées de la Turquie, elles ne sauraient arracher la Thrace à la
Porte. Nourrissant l'ambition de descendre jusqu'à la mer Égée, elles ne permettraient à personne de prendre la Macédoine, c'est-à-dire le
chemin qui conduit au littoral. La Triple-Entente,
au contraire, n'élevant de prétention ni sur la
Thrace, ni sur la Macédoine, est maîtresse de
donner à la Bulgarie dans ces deux contrées les

plus larges satisfactions. Le duc de Guise s'acquittera certainement de sa mission avec toute l'autorité de son nom et toute la flamme de son patriotisme. Mais Ferdinand est-il encore libre et n'a-t-il pas avec les Empires du Centre de secrets engagements (1)?

Sir Francis Bertie, qui depuis le retour de Bordeaux a recouvré sa belle humeur, m'amène et me présente le maharajah de Bikaner. C'est un bel Hindou, les cheveux noirs comme l'ébène, la dentition éblouissante de blancheur. Il a servi en Chine, il y a quatorze ans, avec l'armée anglaise et y a commandé le Bikaner Camel Corps. Sa principauté est une des plus importantes des Indes. Il arrive du front, où il est attaché au grand quartier général britannique. Il a revêtu l'uniforme militaire et parle de la guerre avec résolution, en loyal sujet de l'empire britannique. L'Inde, comme les Dominions, paraît aujourd'hui faire corps avec la métropole.

M. Caillaux, qui continue son voyage dans l'Amérique du Sud, a demandé au gouvernement d'étendre à la République Argentine et au Montevideo la mission qu'il a reçue pour le Brésil et qui a pour objet les lignes de câbles sous-marins. Les avis des ministres ont été assez partagés. On a fini par donner satisfaction à l'ancien président du Conseil (2). Il semble que le désir de le maintenir plus longtemps éloigné de la Chambre n'ait pas été tout à fait étranger à cette décision.

Dans la matinée du samedi 23, Briand informe le Conseil que des écrits d'origine suspecte, vraisemblablement inspirés par l'Allemagne, sont dis-

---

(1) Le duc de Guise, arrivé à Sofia, a dû attendre plusieurs jours l'audience du roi Ferdinand, qui n'a rien voulu promettre.
(2) De M. Delcassé à Montevideo (nº 5) et à Buenos-Ayres (nº 9).

tribués à profusion dans certains quartiers de Paris. Ce sont des tracts intitulés : « On nous trompe », « on nous ment », et remplis d'injures contre le gouvernement, contre les chefs militaires et contre moi. Le malaise que produit un peu partout l'échec des opérations récentes offre un excellent bouillon de culture aux microbes virulents. Le devoir du gouvernement et le mien sont tout tracés. C'est à nous de résister sans défaillance à la contamination de l'organisme national.

Millerand, qui est allé conférer à Londres avec Kitchener, télégraphie, le 23, au ministère de la Guerre que, dès son retour, il s'entendra avec le commandement en chef pour chercher à utiliser, dans le plus bref délai, les ressources des dépôts et à constituer une armée de seconde ligne (Londres, n° 107). Sage résolution, car l'état moral des hommes demeurés inactifs dans les dépôts de l'intérieur empire avec la prolongation de leur oisiveté ; la discipline se relâche ; et la population civile, qui est témoin de ce scandaleux état de choses, le juge avec une sévérité croissante. Il est temps d'aviser. La commission sénatoriale de l'armée s'est, d'ailleurs, emparée de cette importante question et Clemenceau vient de la traiter, non sans âpreté, dans un article de *l'Homme enchaîné.*

Le ministre de la Marine annonce au Conseil que l'amirauté anglaise se propose d'organiser, en dehors de nous, une opération sur les Dardanelles. Or, en vertu des accords navals franco-britanniques, le droit de commandement appartient à la France dans la Méditerranée. Rien ne peut donc être entrepris sans une entente préalable avec nous. Le Conseil décide qu'Augagneur se rendra ces jours-ci à Londres pour étudier, avec M. Winston Churchill, un projet qui ne peut être accepté sans mûr examen.

Plusieurs anciens ministres avec qui j'ai cru utile de conférer et qui dînent à l'Élysée le samedi 23, Étienne, Georges Leygues, Clémentel, Thierry, estiment tous qu'il est indispensable de constituer le plus tôt possible une armée de manœuvre. Ils me disent que Doumer ne cesse de critiquer, au Sénat, le général en chef. Ils affirment également que Paul Deschanel a des crises de pessimisme, qu'une campagne se dessine dans les couloirs de la Chambre en faveur d'une paix prématurée et qu'il y aurait le plus grand intérêt à ne pas laisser la session se prolonger. Le gouvernement n'a pas le droit de la clore; mais les Chambres sont libres de s'ajourner. Il est peu probable qu'elles prennent ce parti. Elles ne le considèrent pas, sans doute, comme compatible avec l'exercice de leur pouvoir de contrôle. Je vais donc tâcher de voir le plus grand nombre possible de sénateurs et de députés pour les mettre en garde contre la propagande qui m'est dénoncée.

Je suis obligé de recevoir à déjeuner, le lundi 25, le prince Youssoupoff, général chargé par l'empereur Nicolas II d'apporter à nos armées des ballots de décorations russes. Il est venu à Paris avec une collection de grandes boîtes qu'il a déposées à l'Élysée et qui sont remplies de rubans, insignes et hochets de toutes sortes. Avec lui, j'ai comme convives, outre M. Isvolsky, que je ne vois presque plus jamais, mais qui ne quitte guère le Quai d'Orsay, le personnel de l'ambassade russe, Delcassé, Millerand, le général Joffre et le général Pau, qui doit bientôt, à son tour,

porter en Russie des décorations françaises. Le
prince est un homme grand, assez fort, aisément
familier, qui parle avec abondance et indiscré-
tion. Il me raconte qu'en Russie l'influence allemande se retrouve partout, qu'à Moscou la police
est entre les mains de l'Allemagne, qu'on n'ose
expulser les Allemands, ni du commerce, ni des
fonctions publiques, parce qu'ils ont des protecteurs à la cour, chez les grands-ducs, dans tous
les milieux. C'est un envoyé de l'empereur qui
s'exprime avec cette liberté. Il déclare, il est vrai,
en manière de correctif que l'empereur est résolu
à pousser la guerre jusqu'au bout. « La Sainte
Russie s'est levée, dit-il, et elle marche tout entière. » Par malheur, elle marche, en ce moment,
d'un pas boiteux, sans secouer tous ces parasites
qui pullulent dans les plis de ses vêtements.

Pendant cette visite du général Youssoupoff,
nous recevons quelques détails sur une grande
bataille navale que l'amiral anglais, sir David
Beatty, a livrée hier aux Allemands sur les côtes
de la Frise occidentale, à l'entrée de la baie d'Hé-
ligoland. L'ennemi a perdu un croiseur léger et
six destroyers ; trois de ses croiseurs de bataille
ont été gravement avariés.

Au Conseil du mardi 26, le ministre de la Guerre
rend compte de son voyage à Londres. Il a été
reçu par le roi George. Il a vu Kitchener, Asquith,
Grey, Winston Churchill. Kitchener avait l'idée
de réserver quelques-unes des forces qu'il groupe
et qu'il instruit, soit pour tenter une descente
derrière les Allemands sur la côte belge, soit pour
envoyer une division en Serbie. Il n'aurait employé à l'une ou à l'autre de ces opérations qu'une
trentaine de mille hommes. Millerand a cru devoir
insister pour qu'au contraire toutes les unités

nouvellement constituées en Angleterre, fussent,
conformément au désir de Joffre, utilisées le plus
tôt possible sur le territoire français. Kitchener
s'est laissé convaincre et il va faire transporter
en France, d'ici au 20 février, trois divisions,
c'est-à-dire 75 ou 80 000 hommes. Millerand a
passé en revue une partie des troupes formées en
Angleterre ; elles lui ont paru pleines d'entrain ; l'effectif total se monte à 1 800 000 ou
1 900 000 hommes ; mais ils sont très loin d'être
tous armés, et l'on ne fabrique encore que
10 000 fusils par semaine ; de plus, l'artillerie
manque ; l'industrie britannique se hâte, mais les
premières pièces commencent seulement à sortir
des ateliers. Le gouvernement britannique désirerait avoir Dunkerque comme base navale, en
plus du Havre et de Boulogne, mais Joffre voit
de gros inconvénients pour nos armées à l'occupation de ce nouveau port par les Anglais, et
Millerand n'a rien promis. Ce que nous devons
surtout retenir de ces renseignements, c'est que,
si l'Angleterre n'est pas entièrement prête, elle
va, du moins, tenir, dans les mois prochains, les
promesses qu'elle a faites à la Belgique et à la
France. Jusqu'ici, elle n'a pu avoir sur les champs
de bataille qu'un petit nombre d'unités. Si braves
que fussent ses troupes, c'est nous qui avons sup-
porté, durant près de six mois, le principal choc
de la guerre. Pour ses alliés comme pour elle,
la France a sacrifié ses enfants, leurs foyers, la
terre qu'ils cultivent. L'heure approche enfin où
elle va être moins seule et plus efficacement se-
condée. De quoi s'agit-il donc en ce moment ?
De ne pas nous laisser abattre par le découragement, de durer, de nous mieux armer chaque
jour, de nous préparer aux luttes décisives.

Millerand donne également connaissance au Conseil de deux lettres de Joffre, l'une où le général se plaint un peu vivement de la fréquence des interventions parlementaires et réclame du gouvernement, avec une action protectrice, une direction efficace de l'opinion publique, l'autre où il signale avec inquiétude le va-et-vient des députés mobilisés entre la Chambre et les armées. Il désirerait qu'ils choisissent entre leurs deux rôles et que, l'option faite, ils n'eussent plus le droit de se partager. Si la Chambre ne suspend pas ses séances, les députés officiers seront, en effet, dans l'obligation d'interroger leur conscience. Voudront-ils demeurer au Palais-Bourbon ou rester à leur poste militaire? Ils peuvent hésiter entre les deux devoirs ; ils n'ont guère le moyen de les remplir à la fois.

Le mois de janvier s'achève sans qu'il se produise un changement appréciable dans la situation militaire. Un échec allemand à la Bassée, des combats à Blangy, à la Boisselle, à Berry-au-Bac, à Perthes, quelques progrès de nos troupes au Bois le Prêtre, un bel épisode de guerre au sommet de l'Hartmannsweilerkopf, c'est à peu près toute la matière des communiqués, et les officiers de liaison ne nous apprennent pas grand'chose de plus.

Le samedi 30, Augagneur, revenu à son tour d'Angleterre, parle brièvement de son voyage au Conseil des ministres et s'en déclare très satisfait. Il a obtenu que le commandement des flottes alliées en Méditerranée et notamment sur les côtes de Syrie continuât d'appartenir à la France. Il ne fait aucune allusion au projet d'expédition sur les Dardanelles, dont l'attaché naval à Londres l'avait informé la semaine passée. Mais, dans l'après-midi, il passe à mon cabinet et m'apporte des renseignements complémentaires. Il me communique une lettre confidentielle que M. Winston Churchill lui a écrite après les entretiens de Londres. Le ministre anglais s'engage à ne faire aucune descente isolée à Alexandrette. Augagneur a invoqué, à cet endroit, l'esprit de nos accords de 1912 (1) ; il a eu cependant, me dit-il, quelque mal à obtenir satisfaction, soit que l'Angleterre, préoccupée de l'action des Allemands et des Turcs en Égypte, voulût se réserver le droit de tenter, à son heure, une diversion par Alexandrette, soit qu'elle nourrît des ambitions particulières sur ce port. En revanche, M. Churchill a lui-même insisté pour que la France s'associât, dans une mesure quelconque, à l'opération que l'amirauté prépare effectivement contre les Dardanelles. Mais il a demandé sur ce point le plus grand secret. Ce serait vers le 15 février que l'attaque se produirait. L'amirauté anglaise est prête à y consacrer, ou plus exactement à y sacrifier, quelques vieux cuirassés. Elle espère détruire sans difficulté les forts qui gardent l'entrée. Avec des chalutiers que nous prêterions, on essayerait de draguer les mines et on s'engagerait résolument dans le détroit. Expédition bien incertaine. Mais comme elle ne serait pas annoncée, on dirait très haut, si elle ne réussissait pas, qu'on n'avait pas songé à forcer les Dardanelles et que le seul but de l'opération était le bombardement des forts. Augagneur, qui ne se fait pas de grandes illusions sur le succès de l'entreprise, n'a pas cru devoir en détourner l'Angleterre, puisque c'est elle qui en supportera presque tous les risques.

La « section du chiffre » du ministère de la

____

(1) V. *Les Balkans en feu*, p. 411 et 412.

Guerre me donne communication tous les jours des radiotélégrammes étrangers que nous interceptons. La lecture de ces messages est quelquefois un peu fastidieuse, mais elle me révèle beaucoup d'incidents militaires dont la censure ne laisse pas à la presse la liberté de parler ; et surtout elle me montre, dans toute la force de son action quotidienne, le génie de propagande de l'Allemagne. C'est une exploitation merveilleuse de l'universelle crédulité.

Il m'arrive, en fin de mois, une jolie lettre sur papier jaune serin. Je reconnais l'écriture de Pierre Loti. Mais ce n'est pas, à vrai dire, mon illustre confrère qui s'adresse à moi. C'est le capitaine de vaisseau Viaud. Le 13 janvier, le général Gallieni avait demandé au ministre de la Marine de rappeler cet officier supérieur à l'activité, pour compter du 20 septembre, date à partir de laquelle le gouverneur militaire de Paris l'avait chargé de différentes missions. Augagneur avait répondu, un peu sèchement, le 18 janvier, à Gallieni, que le capitaine de vaisseau Viaud avait été renvoyé dans ses foyers le 1er septembre, que depuis lors aucune décision ministérielle ne l'avait autorisé à reprendre des fonctions actives, et que les mêmes règles devaient être appliquées à tous. Grosse émotion de Pierre Loti : « Une lettre que vous aviez bien voulu m'écrire en septembre me disait formellement que le ministre de la Marine m'autorisait volontiers à venir servir auprès du gouverneur de Paris. Avait-il le droit de se dédire et par cette réponse brutale dont la copie est ci-jointe ? Plusieurs capitaines de vaisseau, en retraite depuis beaucoup plus d'années que moi, viennent d'être mobilisés au service de la Guerre. Pourquoi me le refuser, à moi dont le cas est d'ailleurs très spécial, puisque je suis le seul à ne demander aucune solde? En réalité, ce n'est même pas une mobilisation complète que je sollicite; mais, ce que je demande en grâce, c'est simplement que mon poste gratuit auprès du général ne me soit pas retiré et ne soit plus à la merci d'un caprice et, bien entendu, que mon uniforme me soit laissé, sans quoi je ne serais plus bon à rien, même pas à faire « l'officier de liaison ». Avec quelle anxiété j'attendrai la solution que vous avez eu la bonté de me promettre au retour du ministre ! Veuillez agréer, je vous prie, monsieur le Président, le nouvel hommage de tout mon respectueux dévouement et de ma profonde reconnaissance. — Pierre Loti. »

J'ai, en effet, promis d'intervenir de nouveau. Augagneur, que je prie de tâcher d'arranger les choses, me répond qu'il est un grand admirateur de Loti et qu'il va faire tout le possible pour lui donner satisfaction. S'il a écrit un peu sévèrement à Gallieni, c'est parce qu'il a jugé que celui-ci, en composant son état-major civil et militaire, a poussé trop loin l'indépendance et la fantaisie. Cette observation du ministre de la Marine réveille en moi le souvenir des séances moroses tenues par les ministres à la préfecture de la Gironde, des malentendus tantôt pénibles, tantôt ridicules, qui ont alors éclaté entre Bordeaux et Paris, des coups de téléphone fiévreux échangés entre Viviani et le gouverneur militaire, et aussi du voyage d'inspection qu'ont eu la bonne fortune d'entreprendre « les deux hirondelles », Briand et Sembat, tandis que j'étais condamné à demeurer là-bas, exécuteur immobile et résigné des décisions gouvernementales (1).

(1) V. *L'Invasion*, p. 295.

L'expression dont je me suis servi dans mon message du 4 août dernier, l'union sacrée, reste le mot d'ordre de la presse et de l'opinion. Parfois cependant se produisent des écarts accidentels. Un catholique lyonnais, M. Pierre Jay, a cru pouvoir, dans un article assez intempestif, identifier protestantisme et germanisme. Le *Temps* a relevé vivement cette offense à l'esprit de concorde et à la vérité. M. Charles Maurras a, de son côté, reproché au *Temps* le ton de sa réponse et s'en est pris tout ensemble à Voltaire et à Joseph Reinach. L'écrivain royaliste a profité de ce petit incident pour généraliser le débat et il a soutenu, avec raison d'ailleurs, que l'unité d'action n'exclut pas la diversité d'explication, et que cette diversité ne souffre qu'une limite, celle qu'impose l'observation de la discipline militaire et civique (1). Dans le *Manuel général de l'instruction primaire*, mon ancien collaborateur de la rue de Grenelle, M. Ferdinand Buisson, s'est rallié à la thèse de M. Maurras. En dépit de quelques impatiences, les partis demeurent d'accord pour tout subordonner à la volonté de vaincre. Je ne me lasserai pas de travailler moi-même au maintien de cette entente. Sans elle, tout serait déjà perdu. Avec elle et par elle, tout doit être sauvé.

(1) V. *Les Conditions de la Victoire, le Parlement se réunit*, par Ch. MAURRAS, Nouvelle librairie nationale, p. 93 et s.

CHAPITRE II

Le cardinal Amette. — M. Bark, ministre des Finances de
Russie. — M. Lloyd George. — Accords financiers des
Alliés. — Le général Pau en mission. — Ricciotti Gari-
baldi. — Dans les Vosges. — La Schlucht. — A Wesser-
ling et à Saint-Amarin. — A Dannemarie et à Masevaux.
— Une note de la commission sénatoriale de l'armée. —
Visite du bureau de la commission. — Incertitudes à
Bucarest et à Athènes. — Nouvelle offensive en Cham-
pagne. — Marcel Sembat au congrès socialiste de Londres.
— Bombardement des Dardanelles.

Le cardinal Gasparri, secrétaire d'État du
Saint-Siège, vient de faire publier un décret pontifical, daté du 1er janvier, où il est prescrit « que
dans tout le monde catholique, d'humbles prières
seront adressées à Dieu pour obtenir de sa misé-
ricorde la paix tant désirée. » Tous les évêques
français ont communiqué ce document aux fidèles
de leur diocèse. L'un de ces prélats, celui de
Vannes, a accentué, dans sa lettre pastorale, le
caractère pacifique du bref de Benoît XV et le
gouvernement s'est ému d'une manifestation qui
risquait de briser l'unanimité de la confiance
nationale. Le service de la censure, dont j'ignore
la composition changeante et dont je n'ai aucun
moyen de surveiller le fonctionnement, a interdit
aux journaux de reproduire le mandement de
l'évêque de Vannes et d'autres analogues ; il a,
je ne sais pourquoi, infligé le même sort à une

lettre absolument irréprochable de l'archevêque de Paris. Mgr Amette avait spontanément pris soin de n'ordonner des prières qu'en faveur d'une « paix solide et durable », d'une paix fondée sur « le triomphe et le règne du droit ». Jules Cambon m'informe de l'étrange erreur commise par la censure ; je la signale à M. Malvy, qui, d'accord avec le président du Conseil, fait immédiatement rapporter cette mesure intempestive. L'archevêque de Paris, qui depuis son départ pour le conclave m'avait fait annoncer par Jules Cambon son intention de me rendre visite, m'avait précisément demandé audience pour le lundi 1er février. Il est arrivé à l'Élysée tout habillé de pourpre et tenant à la main sa barrette. Depuis de longues années un archevêque de Paris n'avait plus, je crois, paru à la présidence. Le cardinal Amette m'a très franchement expliqué que la prière composée par le pape lui avait immédiatement paru devoir être complétée et qu'il n'avait pas caché son sentiment à Rome. « Mais, me dit-il, il est bien fâcheux que nous n'ayons personne pour représenter la France auprès du Vatican. Le Saint-Père aurait été mis en garde contre une rédaction qui pouvait être mal interprétée. » Comme j'émettais l'opinion qu'il était peut-être difficile de rétablir l'ambassade en temps de guerre sans soulever des polémiques dangereuses, il l'a reconnu de bonne grâce et m'a donné l'assurance que les catholiques, tous bons patriotes, ne voulaient causer aucun embarras au gouvernement, qu'ils ne demandaient rien et ne songeaient qu'à sauver le pays. Il s'est exprimé avec beaucoup de simplicité, de confiance et de noblesse. En me quittant, il m'a dit : « Je forme les vœux les plus ardents pour la victoire de notre pays. J'espère qu'à ce moment je pourrai vous

prier, monsieur le président de la République, de vouloir bien assister vous-même au *Te Deum*.
— Monseigneur, lui ai-je dit, j'espère qu'après la victoire, le gouvernement ne verra pas d'inconvénient à ce que j'accepte cette invitation. Je souhaite vivement que, de l'union actuelle, il subsiste dans l'avenir, pour tous les Français, un besoin permanent de concorde nationale. »

Pendant que s'élèvent donc, en l'honneur de la paix, des prières utilement corrigées, la guerre continue, de tranchées en tranchées, par de sanglantes offensives locales. En même temps, la diplomatie s'obstine à rechercher une coopération plus efficace du Japon et à essayer d'obtenir, avec le maintien de la neutralité bulgare, le concours de la Grèce et de la Roumanie. Aux uns et aux autres, on multiplie les promesses et les offres : à la Bulgarie, la Macédoine serbe jusqu'à la ligne du Vardar ; à la Serbie, comme compensation, un large accès sur l'Adriatique, l'annexion de la Bosnie et de l'Herzégovine, une partie du banat de Temesvar, une frontière commune avec la Grèce ; à la Grèce et à la Roumanie, des avantages qui varient tous les jours, suivant les caprices de Sazonoff, les raisonnements de Delcassé ou les réflexions de sir Ed. Grey.

Mais, en Angleterre, on a de plus en plus la conviction que le meilleur moyen d'entraîner la Roumanie et peut-être la Bulgarie elle-même, ce serait d'envoyer en Orient un corps anglo-français. Le gouvernement britannique reproche même à Millerand d'avoir combattu ce projet, lorsqu'il est allé à Londres. C'est ce qu'a dit à Ribot M. Lloyd George, chancelier de l'Échiquier, venu à Paris pour s'entretenir avec les ministres des Finances de France et de Russie. Ribot donne

ce renseignement au Conseil du mardi 2 février
et Millerand répond qu'en effet, pendant son
voyage en Angleterre, il a essayé de démontrer
à Grey, à Kitchener et à Winston Churchill l'impossibilité de distraire des troupes de notre front.
Ribot, Briand et moi, nous déclarons, au contraire,
que la présence de soldats français et anglais en
Orient pourrait avoir d'heureuses conséquences
morales et diplomatiques. M. Bark, ministre des
Finances de Russie, que je reçois le même jour,
me confirme que, d'après Lloyd George, Asquith
et Grey jugent nécessaire l'envoi d'un ou deux
corps alliés en Serbie, pour déterminer l'action
roumaine et, tout au moins, immobiliser la Bulgarie. M. Bark envisage même une expédition où
figurerait l'armée russe. C'est un gros homme souriant, encore jeune, qui parle fort bien le français et
qui paraît être, en finances, un spécialiste distingué. Je l'interroge sur la question des fusils et
des munitions. Il n'en connaît pas un mot. Jamais
le ministre de la Guerre russe n'a donné à ses
collègues, sur l'état des armements, des détails qui
fussent de nature à les inquiéter. Jamais il ne
leur a dit que le grand-duc Nicolas et l'état-major
nous pressaient impatiemment de leur envoyer
des armes. M. Bark a été seulement chargé de
nous demander, à l'Angleterre et à nous, un concours financier. Je lui rappelle que ni le texte ni
l'esprit de l'alliance ne nous ont permis de prévoir, soit que la Russie nous prierait un jour de
substituer notre crédit au sien, soit qu'elle nous
adjurerait de mettre notre matériel militaire à sa
disposition. Nous voulons bien faire ce qui dépendra de nous. Mais encore faut-il qu'on nous donne,
sur les approvisionnements et les fabrications
russes, les renseignements que nous avons ré-

clamés en vain. Tout en reconnaissant la justesse de mes observations, M. Bark se borne à me promettre d'en faire part au gouvernement du tsar.

Le lendemain mercredi 3, sir Francis Bertie me présente M. Lloyd George (1). Autant le ministre gallois a été, dans le cabinet britannique, durant les jours qui ont précédé la guerre, peu favorable à l'Entente cordiale, autant il se montre aujourd'hui ferme et résolu. Il s'est adapté aux événements avec une extraordinaire souplesse d'intelligence. Je suis frappé de sa physionomie mobile et passionnée, qui est d'un artiste, plutôt que d'un homme d'État. Les cheveux gris, longs et ondulés, les yeux vifs, le teint frais, il a l'air d'un musicien qui apparaît sur l'estrade pour jouer un morceau de violoncelle. Mais il se contente de parler et de chercher à séduire ses interlocuteurs. Il pétille d'esprit et sa verve paraît inépuisable. Je ne sais si, sous cette brillante surface, il n'y a point quelques vides. Ses adversaires lui reprochent d'être superficiel et versatile. Pour l'instant, je cède sans remords au charme qui se dégage de sa personne. Il ne sait pas un mot de français et sir Francis nous sert gracieusement d'interprète. Lloyd George m'affirme que le conseil supérieur britannique de la Guerre, composé de Asquith, de Grey, de Kitchener, de Churchill et d'un représentant de l'opposition, Balfour, est unanime à penser qu'il est indispensable d'envoyer en Grèce et en Serbie un corps franco-anglais, c'est-à-dire une division anglaise et une division française. Le gouvernement. anglais tout entier partagera certainement cet avis. On pourrait, d'ailleurs, commencer par poser à la Roumanie cette ques-

(1) V. *The diary of lord Bertie,* chap. vii.

tion : « Marcherez-vous à telle date, si nous envoyons un corps franco-anglais? » Si la Roumanie répondait négativement, on renoncerait au projet. Dans la conférence qui vient d'avoir lieu entre Viviani, Ribot, Millerand, Delcassé, Bark et Lloyd George, le ministre français de la Guerre a encore combattu l'idée britannique, parce qu'il continue, comme Joffre, à juger indispensable la présence de ces deux divisions sur notre front. Mais est-il impossible que nous en formions une avec les troupes de l'intérieur et que Kitchener en constitue une autre, en dehors des quatre qui doivent arriver en France avant la fin de février?

Ribot me rend compte, d'autre part, de la conversation financière qu'il a eue avec Bark et avec Lloyd George. La France y était représentée par lui, par Viviani, par MM. Sergent, Lemm et Octave Homberg; l'Angleterre par MM. Lloyd George, Montagu et Cunliffe; la Russie par MM. Bark, Fedosiev, Chatelain et Raffalovitch. Le chancelier de l'Échiquier ne veut pas entendre parler d'un emprunt collectif émis au profit des trois nations alliées. Il désirerait, en revanche, que l'encaisse métallique de la Banque de France pût être mise au service de l'Angleterre, si la provision d'or venait à diminuer au delà du détroit. Ribot est, avec raison, très opposé à une combinaison qui risquerait de déprécier notre billet. Tout au plus pourrait-on prêter à l'Angleterre une somme déterminée, par exemple 150 millions, s'il survenait un danger immédiat. En retour, il faudrait que l'Angleterre consentît à nous ouvrir son marché ou qu'en tout cas elle n'interdît pas à ses banques de prendre nos bons de la Défense nationale. Ribot désirerait, en outre, que la Triple-Entente se concertât pour émettre en commun les emprunts nécessaires à la Belgique, à la Serbie, à la Grèce, à la Roumanie ou, tout au moins, pour les garantir. Sur ces derniers points, rien n'est encore décidé. Quelques principes ont cependant été posés et quelques mesures adoptées (1). Sur l'initiative de Lloyd George, la conférence a proclamé la solidarité financière et économique des Alliés. Par suite, et en attendant que les circonstances permettent à la Russie de placer des emprunts sur les marchés de France et d'Angleterre, chacun des deux gouvernements de Londres et de Paris va faire à celui de Petrograd des avances s'élevant à 25 000 000 de livres sterling. Le premier crédit ouvert par la France à la Russie en 1915 a été ainsi fixé à un montant maximum de 625 millions de francs. Jusqu'ici la solidarité imaginée par Lloyd George ne joue guère que contre nous.

Le général Pau qui va porter, à son tour, des décorations françaises aux armées de Russie et de Serbie, vient prendre congé de moi. Je lui demande de tâcher d'obtenir dans les deux pays alliés des renseignements précis sur les armements et sur les munitions. Ce que nous savons est aussi vague que peu rassurant.

Dans un Conseil des ministres qui se tient le jeudi 4, est signé un décret portant règlement d'administration publique, relatif à la constatation et à l'évaluation des dommages de guerre. Il va être constitué des commissions cantonales, des

(1) *Russian Public Finance during the war*, by Alexander M. Michelson, Paul N. Apostol and Michael W. Bernatzky, with introduction by count V. N. Kokovtzok, New Haven : Yale University Press, p. 293 et s. — *Histoire des Finances extérieures de la France*, par Lucien Petit, inspecteur général des Finances, Payot, Paris, p. 60 et s. — *Lettres à un ami*, par Alexandre Ribot, éditions Bossard, p. 79 et s.

commissions départementales et une commission supérieure. Mais il n'est jusqu'ici prévu d'indemnités qu'en vertu des lois qui ont trait aux réquisitions militaires. Il s'en faudra, par conséquent, de beaucoup que tous les préjudices subis par les populations puissent être réparés. Un jour viendra sans doute où cette législation devra être étendue.

A cette même séance du Conseil, est examiné de nouveau le projet anglais d'expédition commune en Orient. Ribot, Briand, Doumergue, Augagneur, Sembat, appuient vivement le dessein de nos alliés. J'en expose, à mon tour, les avantages. Si l'expédition est, comme l'a suggéré Lloyd George, subordonnée à la décision roumaine, elle coïncidera, en fait, avec l'entrée en ligne d'une nouvelle armée de cinq ou six cent-mille hommes. Contre l'envoi de deux divisions, nous recevrions donc un surcroît de forces important.

Le gouvernement décide que la France participera à l'expédition, mais qu'elle priera l'Angleterre de former une division nouvelle, en sus des quatre qu'elle est sur le point de nous envoyer. Nous faisons part de cette détermination à MM. Bark et Lloyd George, qui viennent tous deux déjeuner, dans le clair-obscur du salon Murat, avec la plupart des ministres français. Ribot me raconte que le chancelier de l'Échiquier est allé voir Clemenceau. Il l'a trouvé très amer, et irrité surtout contre Delcassé. Le Tigre reste, d'autre part, fort mécontent que nous n'ayons pas fait venir des troupes japonaises en Europe. « Nous avons insisté nous-mêmes à Tokyo, lui a dit Lloyd George, et nous avons échoué. » Clemenceau n'en demeure pas moins convaincu que, s'il eût été au pouvoir, il aurait, lui, tout obtenu du mikado.

La presse publie, le vendredi 5 février, un communiqué officiel, aussi sommaire qu'optimiste, sur la conférence des ministres alliés. Il y est dit que « les trois puissances sont résolues à unir leurs ressources financières aussi bien que leurs ressources militaires, afin de poursuivre la guerre jusqu'à la victoire finale. Dans cette pensée, les ministres ont décidé de proposer à leurs gouvernements respectifs de prendre à leur charge, par portions égales, les avances faites ou à faire aux pays qui combattent actuellement avec eux ou qui seraient disposés à entrer prochainement en campagne pour la cause commune... » Malgré cette note, des négociations très difficiles se sont encore poursuivies toute la journée. Des mots assez vifs ont même été échangés. Bark insistait pour obtenir, soit l'ouverture des marchés français et anglais à un grand emprunt, soit plus de deux milliards et demi d'avances. Il a fini par se contenter de la solution que j'ai indiquée plus haut. Lloyd George, de son côté, demandait une sorte de mise en commun des encaisses métalliques. Il a été seulement décidé que les banques de France et de Russie verseraient chacune à la banque d'Angleterre cent cinquante millions d'or, si l'encaisse de Londres tombait au-dessous d'un chiffre déterminé. Tout a fini par s'arranger. Mais l'attitude intransigeante de Bark a fait très mauvais effet sur Ribot, qui me parle du ministre russe avec une dédaigneuse sévérité (1).

Ribot me rapporte ensuite que Clemenceau, rencontré au Sénat, a tourné, cette fois, son irritation contre Millerand : « Il a été piteux à la commission de l'armée, a déclaré le Tigre d'un ton

____

(1) V. *Le Règlement des dettes interalliées et le plan Dawes*, par Jean Mircea NONU, Paris, librairie Blanchard, p. 148 et s. — Lucien PETIT, *op. cit.*, p. 188 et s.

tranchant. Cela ne peut plus durer. Le Président a déjà changé de ministre de la Guerre. Il peut bien en prendre un troisième. » — « Oui, a répondu Ribot, un troisième, en attendant un quatrième. » Et Ribot ajoute : « J'ai voulu lui faire comprendre que, si ce troisième était lui, Clemenceau, cela ne pourrait pas durer davantage. Il est beaucoup trop impulsif. Il aurait tout de suite des démêlés avec Joffre. Il m'a dit qu'il était allé le voir au quartier général et qu'il l'avait trouvé trop préoccupé de n'admettre autour de lui aucune autorité ni aucune influence. »

Dans *l'Homme enchaîné* du 5 février, Clemenceau s'en prend d'autre part, avec une folle injustice, au cardinal Mercier, de Malines, dont il connaît depuis longtemps, dit-il, les sentiments anti-français, et cette sortie est pour lui l'occasion de railler en outre la « charité romaine. »

Malgré ses attaques contre Millerand, ou peut-être même à cause de ces attaques, Clemenceau vient d'être nommé vice-président de la commission sénatoriale de l'armée. C'est Freycinet qui en est président, et lui-même a, paraît-il, accueilli avec quelque fraîcheur les explications du ministre. Je demande à Millerand des renseignements sur cette audition. Il reconnaît qu'il n'a pu se mettre d'accord avec la commission, qui lui proposait de créer de nouvelles unités et de renforcer nos lignes avant le printemps. « Cette demande, me dit Millerand, reposait sur une erreur. Freycinet ignore le nombre réel des hommes qui sont sur le front. Ses collègues et lui croient que le chiffre est de 1 200 000 ; il est très supérieur ; mais, par peur des indiscrétions, j'ai préféré me taire. »

Dans l'après-midi du samedi 6, je visite à Auteuil, dans une jolie maison de santé, un hôpital ouvert par les soins de la colonie italienne. Je suis reçu par M. Tittoni, toujours énigmatique et souriant, et je trouve, parmi les blessés, un assez grand nombre de garibaldiens en chemises rouges, joyeux et pittoresques.

Millerand a revu Joffre et lui a fait connaître la décision du Conseil au sujet d'une expédition en Serbie. Le commandant en chef s'est enfin laissé convaincre.

Je reçois, le lundi 8 février, le général Ricciotti Garibaldi qui s'introduit péniblement dans mon cabinet à l'aide de deux béquilles et qui m'inonde immédiatement sous les flots de sa barbe grise et de ses paroles dorées. Il me déclare tout net que, si l'Italie ne marche pas avec nous, il y provoquera une révolution. Mais il est sûr qu'elle finira par marcher. Individuellement, tous les membres du gouvernement sont disposés à l'action : collectivement, ils hésitent. « Mon ami Salandra, mon ami Sonnino... » Après avoir fait étalage de toutes ses amitiés, le général m'exprime longuement trois vœux : premièrement, que nous aidions pécuniairement l'Italie, qui est incapable de soutenir seule l'effort financier d'une guerre ; deuxièmement, que notre flotte se montre plus active dans l'Adriatique ; troisièmement, que nous le laissions lever lui-même un corps de trente mille garibaldiens parmi les Italiens qui résident en France. Il voudrait que ce corps fût envoyé dans les Balkans. Il prétend que la Serbie n'en prendra pas ombrage. Il lui a, dit-il, donné l'assurance que l'Italie ne convoitait pas la Dalmatie. Tout au plus, demanderait-elle un régime spécial pour Zara et Spalato. Rien pour Raguse. Rien pour Cattaro. Mais au nom de qui parle-t-il ?

Je reçois également le docteur Costinesco, fils

du ministre des Finances de Roumanie. Il vient de terminer en France une mission d'études auprès du service de santé militaire. Il est, me dit-il, convaincu que la Roumanie se prononcera tôt ou tard pour les Alliés.

Du 9 au 13, je vais, en compagnie de Millerand, visiter les armées des Vosges. Nous partons le mardi soir, par la gare de l'Est, dans mon wagon réservé. Me reconduira-t-il jamais au Clos pour des vacances paisibles? Joli salon lambrissé, avec incrustations de cuivre, éclairé par de grandes glaces et meublé de fauteuils confortables ; deux cabines voisines, chacune avec un lit, une table et des sièges. Lorsque je suis seul, l'une d'elles est aménagée en cabinet de travail. Mais cette fois, dans cette chambre voisine, j'offre un gîte à Millerand.

Le mercredi 10, au lever du jour, nous nous réveillons dans la vallée de la Valogne. Temps gris, horizon bouché, campagne couverte de neige. Un peu avant neuf heures, nous arrivons à Gérardmer. C'est là que nous attend le général Pütz, commandant de l'armée des Vosges, accompagné du général de division F. Blazer (1). La fanfare du 11e chasseurs alpins est massée sur la place. Elle m'accueille aux accents familiers de la *Sidi-Brahim* et de la marche du bataillon. Je vais d'abord rendre visite aux blessés et aux malades. Ils sont soignés dans plusieurs ambulances, dont l'une occupe un hôtel où j'ai vécu naguère, en famille, des heures de repos et de joie. D'une grande véranda, où nous déjeunions alors, Mme Poincaré et moi, nous avions sous les yeux un beau lac bleu ; ce n'est plus main-

____

(1) V. le récit de cette visite dans *Mes souvenirs de montagne*, par le général BLAZER, édit. B. Arthaud, Grenoble, 1929.

tenant qu'une eau glacée, couverte de brume. Dans la cour de la caserne, je passe le 11e en revue et, de son pas rapide, il défile devant moi fièrement, sur une immense couche de verglas. Des officiers qui commandaient en août 1914, il ne reste plus qu'un seul, le capitaine Sabardau (1) ; la plupart des chasseurs ont été tués ou grièvement blessés ; mais, malgré les pertes qu'il a subies, le bataillon est maintenant à peu près reconstitué. Que de souvenirs m'assaillent : Annecy, les rues silencieuses, les vieilles arcades, le canal du Thiou et ses lavandières, le pont de l'évêché, les tours du château, le mess des officiers, et le grand lac, si varié de couleur et d'aspect, sur les rives duquel je faisais à cheval, entre deux exercices, de belles promenades solitaires ! Toutes ces images me repassent devant les yeux, pendant le déjeuner que j'offre, dans un hôtel, aux officiers du 11e. La fanfare du bataillon se multiplie pour nous accompagner partout. Nous prenons le petit chemin de fer de la Schlucht, qu'un capitaine de réserve du génie a réussi à remettre en service, malgré les rigueurs de la saison. De braves territoriaux vosgiens sont constamment occupés à déblayer la voie, encaissée entre deux énormes remblais de neige. Nous roulons à bonne allure, devant un paysage boréal. Les pentes des Vosges sont devenues de magnifiques draperies blanches ; les sapins portent de grands manteaux blancs. Le blanc domine partout. Les branches ployées sous le faix de la neige se resserrent contre les troncs noirs et les masquent presque entièrement. Le givre met des festons aux roches. La glace décore de stalactites et de stalagmites toutes les aspérités du gra-

____

(1) Il devait être tué lui-même quelques mois après.

nit et du grès rouge. Malheureusement, la brume empêche la vue de s'étendre au loin et de découvrir tous les plans de ce tableau grandiose. Le Saut des Cuves, le lac de Longemer, le lac de Retournemer sont complètement solidifiés. Après avoir changé de voiture, pour passer du tramway à vapeur dans le tramway électrique, nous montons jusqu'aux anciennes douanes. Au débarcadère de la Schlucht, nous attendent des traîneaux attelés de mules noires. Avant d'y prendre place, je passe en revue, près de la crête des Vosges, les chasseurs du 3e bataillon territorial et une compagnie du 12e bataillon actif, et je trouve là, parmi les officiers, deux anciens camarades, à qui je suis heureux d'adresser mes vœux. Je m'assieds alors dans le traîneau qui m'est réservé et dont l'avant, en forme de proue, figure un grand cygne. Dans cette nacelle de Lohengrin, le général Pütz se place à côté de moi, et trois mules nous traînent paisiblement jusqu'à une ferme, située sur les pentes, au sud de la Schlucht, et transformée en boulangerie militaire de campagne. Une trentaine d'hommes sont employés à y cuire, dans des fours improvisés au creux du sol, un pain qui fleure très bon. Un peu plus loin, nous voyons sortir de la brume, comme des diables vêtus de bleu, un peloton de chasseurs alpins, chaussés de skis et s'exerçant sur la neige. Ils évoluent devant nous, dévalent de la montagne, virent, remontent, tombent, se relèvent, glissent silencieusement et tournoient autour de nous comme des lutins. Entourés de cette escorte de skieurs, nous revenons en traîneau jusqu'à la route. Là, nous mettons pied à terre et, traversant l'ancienne frontière, nous poussons sur territoire alsacien jusqu'à cet hôtel de l'Altenberg, où je me suis arrêté, il y a quelques années, avec Mme Poincaré, en revenant de Colmar à Sampigny. Il est aujourd'hui transformé en caserne. Dans toutes les pièces du rez-de-chaussée, dans la grande salle à manger où nous avions alors dîné, et où tant de jolies femmes étalaient d'élégantes toilettes, des matelas et de la paille sont étendus sur le plancher. Où est le temps où Guillaume II lui-même venait coucher tantôt dans cet hôtel, tantôt tout près d'ici, dans la maison de M. Hartmann, pour se rapprocher de notre frontière et se donner l'orgueilleux plaisir de mettre un pied sur notre sol? Ce sont maintenant nos soldats qui foulent cette terre française, devenue allemande contre la volonté de ses habitants ; et ils s'y sentent chez eux.

De la terrasse de l'hôtel, quand le temps est clair, on découvre dans le lointain Munster, niché dans la jolie vallée de la Fecht. Mais la brume, qui se déchire par moments, ne nous laisse apercevoir que la lueur et la fumée de quelques obus qui éclatent devant nous. Le roulement du canon se répercute dans les montagnes et s'y prolonge comme un grondement de tonnerre. A la tombée du jour, notre petit train nous ramène à Gérardmer et la fanfare du 11e salue notre départ pour Épinal.

Dîner à la Préfecture, où j'ai invité, avec le préfet et sa femme, le gouverneur, quelques officiers d'état-major et un de mes cousins germains, le colonel Edmond Lombard, qui commande l'artillerie dans un secteur de la place. Dans la matinée du jeudi, nous visitons les ouvrages avancés du camp retranché et plusieurs ambulances remplies de blessés, qui conservent un moral excellent. Nous reprenons ensuite le général Pütz à son quartier général de Remiremont et nous partons avec lui pour Bussang, où d'autres ambulances, établies près des sources, me retiennent au passage. De là, nous gagnons le tunnel qui coupait la frontière de 1871 et nous pénétrons en Alsace. Me voici de nouveau sur la jolie route que Mme Poincaré et moi nous avons suivie, jadis, après avoir quitté, à Létraye, la maison de nos amis M. et Mme Maurice Bernard, pour nous rendre, par Mulhouse, en Italie et en Grèce. Nous descendons la pittoresque vallée d'Urbès, où coule un petit affluent de la Thur.

Au village même d'Urbès, nous mettons pied à terre. Je passe en revue un escadron de chasseurs à cheval, celui qui a, au mois d'août, pénétré dans Colmar : heure d'espoir, si vite envolée. Je parcours à pied la grande rue. Les habitants me saluent avec un empressement joyeux et agitent leurs mouchoirs. Nous arrivons à Wesserling. Dans l'avenue de tilleuls qui conduit à l'ancien château des abbés de Murbach, reconstruit en 1786 et occupé aujourd'hui par les propriétaires des filatures Gros, Roman et Cie, sont rangés des chasseurs. Nous sommes reçus par le général Serret, notre ancien attaché-militaire à Berlin, qui, depuis le 5 janvier dernier, a commandé en Alsace un groupe de cinq bataillons alpins, les 7e, 14e, 24e, 27e et 13e et qui vient d'être appelé au commandement de la 66e division, composée de ce groupe et de deux autres brigades (1). Les habitants du château et la population de Wesserling nous accueillent par des vivats enthousiastes. Je passe les chasseurs en revue, puis ils défilent devant moi, le long de l'avenue, en face du château. Sur le bâtiment principal, flottent deux vieux drapeaux tricolores, qui datent d'avant 1870 et que les pro-

____

(1) V. *Vie et mort du général Serret*, par Henry BORDEAUX, librairie Plon, p. 120 et s.

priétaires ont gardés depuis, jalousement cachés. A l'aspect de ces pieuses reliques, je me sens envahi par une invincible émotion. C'est l'Alsace elle-même que je vois se jeter dans les bras de la France retrouvée. Je visite les filatures, où sont restés affichés les règlements allemands et où travaillent de jeunes Alsaciennes. A cette hauteur de la vallée, tout est au calme. A peine entend-on, par moments, dans le lointain, le bruit sourd du canon.

Nous suivons la Thur et nous arrivons à la gracieuse petite ville de Saint-Amarin, où la foule, confondue avec nos troupiers, crie d'une seule voix : « Vive la France ! » Je suis d'autant plus remué par cet accueil que tous ces Alsaciens mêlent mon nom à leurs acclamations, comme s'ils voyaient dans le président de la République la personnification de la patrie. Nous entrons à la mairie, où sont réunis, avec la municipalité de Saint-Amarin, les maires de la vallée. Je les félicite, je leur dis combien nous sommes heureux de rendre à l'Alsace sa place au foyer national. D'accord avec Millerand qui m'assiste, je leur donne l'assurance que nous respecterons leurs traditions et leurs libertés. Le maire de Saint-Amarin veut me parler, mais il est si troublé qu'il n'y parvient pas. Moi-même, je suis contraint de faire un incroyable effort de volonté pour balbutier deux ou trois mots. Je décore deux autres maires désignés par l'autorité militaire ; ils peuvent à peine me remercier. Je me sens, comme eux, incapable de m'exprimer. Nous allons aux écoles. Dans les rues, les soldats nous saluent avec bonne humeur, les habitants redoublent leurs vivats ; de vieilles femmes, des jeunes filles, des enfants, se détachent de la multitude, pour m'apporter des fleurs, des rubans tricolores, une brochure française sur la vallée, que sais-je encore? Toutes sortes de témoignages touchants de leur fidélité. Nous visitons, d'abord, l'école des garçons, tenue par une sœur alsacienne de Ribeauvillé, la tête couverte d'une cornette blanche et le nez chaussé de grosses lunettes. Un petit garçon de neuf ans, habillé en lieutenant français, me récite un gentil compliment. C'est le jeune Vuillard, dont le père est industriel à Saint-Amarin et dont le frère aîné, engagé volontaire au 2e zouaves, vient d'être blessé pour la seconde fois aux Dardanelles.

Puis, à l'école des filles, une charmante petite nous débite, avec un souriant aplomb, la fable du *Loup et de l'Agneau,* « arrangée par un poilu dans les tranchées », critique mordante du militarisme allemand. Les sœurs interrogent les fillettes en français ou en allemand et leur demandent le nom français des objets qu'elles leur désignent. Celles des élèves qui se croient en mesure de répondre s'agitent, se trémoussent, lèvent la main et, chaque fois, elles sont presque toutes à la lever, avec une fierté triomphante. Elles commencent, en effet, à bien parler français. Il y a là une soixantaine de gentilles frimousses alsaciennes, de minois joyeusement éveillés. C'est un spectacle si impressionnant que je fais les réponses les plus embarrassées et les plus sottes aux compliments qui me sont adressés par ces enfants.

En quittant Saint-Amarin, où je laisse quelques milliers de francs pour secourir les pauvres de la vallée, nous allons parcourir les tranchées de seconde ligne, que l'on a creusées sur les pentes, à gauche et à droite de la Thur. Nous descendons ensuite jusqu'à Moosch, où se trouve, dans un bel hôpital neuf, une ambulance d'évacuation. Ici également, la réception qui nous est faite dépasse tout ce qu'il était possible de prévoir. Mais la nuit vient. Les sommets neigeux se couronnent de rose ; le ciel prend des tons gris perle. Je voudrais m'attarder au centre de ce paysage splendide. Je voudrais surtout pousser jusqu'à Thann, que je sais en partie détruite par le bombardement. Mais le général Pütz me dit avec insistance que ma visite, si elle est connue des Allemands, aura, comme récemment celle du général Joffre, l'inconvénient d'attirer sur la malheureuse ville de nouveaux obus. Je suis bien forcé de m'arrêter devant cette objection et je remonte à regret la vallée jusqu'au col de Bussang, d'où je regagne la préfecture d'Épinal.

Le vendredi, dès l'aube, nous partons pour Belfort, où le gouverneur, le général Thévenet, nous fait les honneurs de la citadelle et du château, et nous rentrons en Haute-Alsace par le village de Schaffnat am Weiher ou Chavannes-sur-l'Étang. Le maire et les conseillers sont venus me saluer au passage. De là, nos automobiles nous conduisent rapidement à Montreux-le-Vieux ou Altmunsterol, et nous nous arrêtons aux écoles, dont les enfants me remercient gaiement des jouets que je leur ai envoyés à Noël. Deux sous-officiers français et deux jeunes femmes du pays ont été, depuis l'occupation, chargés de faire la classe et d'enseigner notre langue. Les élèves debout chantent la *Marseillaise*. Je vois devant moi des officiers pleurer.

A Dammerkirch ou Dannemarie, l'accueil est plus réservé. Je passe en revue des troupes rangées sur la grande place. Les habitants, debout sur le pas des portes, sont respectueux et polis, plutôt qu'empressés. Le général Chateau, qui commande dans la ville, me dit que la population

est encore peu communicative et même, en partie,
défiante. Elle a peur que nous ne restions pas, et
que les Allemands ne reviennent. Pauvres gens
ballottés par les siècles entre deux grandes nations
voisines !

Par Naubach, nous nous dirigeons vers le signal
de Roderen et vers Masevaux. Dans tous les villages que nous traversons, nos soldats fraternisent
avec les paysans et tous, côte à côte, nous pro-
diguent de nouveau les acclamations ; les enfants
nous envoient des baisers ; les hommes agitent
leurs casquettes ; les femmes nous sourient et nous
saluent de la main. Au signal de Roderen, nous
découvrons à nos pieds, sous une brume légère,
la magnifique plaine d'Alsace et, là-bas, les blan-
cheurs de Mulhouse, et plus loin, les montagnes
de la Forêt-Noire. Pour le moment, ce n'est même
pas la terre promise, c'est la terre perdue et
interdite. Nous contemplons longuement cet immense panorama. Un ballon captif allemand,
chargé d'observer nos lignes et de renseigner l'artillerie ennemie, est là pour nous dire : « Vous ne
tenez qu'une parcelle de l'Alsace. Vous n'avan-
cerez pas davantage. »

Nous revenons sur nos pas et nous partons pour
Masevaux. C'est seulement au cours de l'après-
midi que la municipalité de cette ville a été in-
formée de ma venue probable. Aussitôt, comme
par enchantement, toutes les maisons se sont
pavoisées. Mais la plupart des habitants n'ont pas
encore de drapeaux français et ils ont décoré leurs
fenêtres de pavillons alsaciens, moitié rouges,
moitié blancs. Nous arrivons tard. Je descends de
mon automobile et je m'avance, dans l'obscurité,
au milieu d'une foule très dense qui me fait une
bruyante ovation. Un petit garçon m'offre un

magnifique bouquet. « Ne le remerciez pas trop, me dit un membre de la municipalité, c'est le fils d'un fonctionnaire allemand qui a émigré. » Ce simple détail me laisse deviner, dans cette population qui paraît si unie, les divisions profondes que l'annexion a introduites en Alsace. Nous entrons à la mairie, somptueusement installée, comme les écoles, par les Allemands, mais au prix d'impositions communales dont l'adjoint, qui fait fonctions de maire, me dénonce l'énormité. J'échange avec les notables quelques paroles émues et, sur les indications du général Pütz, je remets la croix de la Légion d'honneur à la sœur supérieure de l'hôpital de Thann, momentanément évacuée à cause du bombardement. Ici encore, je laisse quelques milliers de francs aux pauvres de la vallée de la Doller et je prie le curé de Masevaux d'en vouloir bien assurer la distribution. Nous poussons jusqu'à Niederbrück, où je décore un industriel qui porte la médaille de 1870 et qui, tout en sanglotant, dit à sa femme : « Je puis mourir, maintenant, puisque la France est revenue. » Nous rentrons à Belfort en pleine nuit et repartons pour Paris, chargés d'une gerbe de souvenirs qui jamais ne se faneront.

De retour à l'Élysée le samedi matin 13 février, j'y préside immédiatement un Conseil des ministres. Delcassé, qui revient d'Angleterre, nous expose, et je ne sais pourquoi, avec une élocution assez pénible, les résultats de son voyage. Il s'est mis d'accord avec le gouvernement britannique pour l'envoi en Serbie d'un corps expéditionnaire franco-anglo-russe. Mais ce serait à la Grèce et non à la Roumanie que la proposition serait faite. Dans une note du 26 janvier, remise par M. Romanos à Delcassé, Vénizelos avait, en effet, demandé lui-même cette expédition des trois puissances, en réponse aux conseils d'intervention qu'elles avaient cru pouvoir donner à la Grèce. Venizelos avait, d'ailleurs, prudemment indiqué dans cette note que son pays ne marcherait que d'accord avec la Roumanie. Il se chargera donc de pressentir le cabinet de Bucarest et ainsi nous ne risquerons pas d'essuyer un refus direct du gouvernement roumain, que les échecs russes semblent actuellement détourner de l'action. En réalité, tous nos efforts diplomatiques sont, en ce moment, paralysés par l'inertie de la Russie.

Je donne connaissance au Conseil d'une démarche assez anormale que vient de faire auprès de moi la commission de l'armée du Sénat. C'est la première fois, je crois, qu'une commission parlementaire s'adresse directement au président de la République, qui, aux termes de l'article 6 de la loi constitutionnelle du 16 juillet 1875, ne peut communiquer avec les Chambres que par des messages dont un ministre donne lecture. Mais l'état de guerre excuse peut-être certaines dérogations aux règles et aux usages. Freycinet, président de la commission, me transmet donc une délibération que cette commission a prise le 9 février et dans sa lettre officielle d'envoi il ajoute quelques mots personnels pour me demander de le recevoir, ainsi que le bureau de la commission, c'est-à-dire Léon Bourgeois, Boudenoot, Clemenceau et Doumer (1).

La délibération jointe est très longue. Elle rappelle d'abord les considérations présentées au

(1) V. Mermeix, *Au sein des commissions*, libr. Ollendorff, p. 258 et suiv.

ministre de la Guerre le 3 février, sur la nécessité de renforcer l'armée.

« Le pays en offre-t-il les éléments ? » se demande la commission et elle ajoute : « Il résulte des déclarations du ministre de la Guerre que les dépôts peuvent fournir plus de 1 200 000 combattants. En faisant la part la plus large à l'entretien normal des formations actuelles, en réservant les hommes destinés à combler les vides, au fur et à mesure, pendant au moins six mois, il reste une disponibilité d'environ 500 000 hommes...

« ...Ce grand objet, le renforcement de notre armée, aura dès maintenant un avantage qui n'est pas négligeable : celui de débarrasser les dépôts de la population qui les encombre, au détriment parfois de la discipline et du bon exemple... »

Un second examen de la question n'a fait, poursuit la commission, qu'affermir encore, s'il est possible, sa conviction. Elle renouvelle à l'unanimité l'avis émis, à l'unanimité aussi, par la commission de 1914 et qui a été porté à la connaissance du ministre de la Guerre par lettre du 22 janvier 1915. Elle insiste de la manière la plus pressante pour que des renforts pouvant s'élever à 4 ou 500 000 hommes soient organisés sans délai et tenus à la disposition du commandant en chef. Elle estime qu'une partie, tout au moins, de ces renforts serait avantageusement préparée dans le camp retranché de Paris. « La commission, pénétrée de la gravité des circonstances et résolue, en ce qui dépend d'elle, à ne rien négliger pour en conjurer les périls, décide qu'une copie de la présente délibération et des motifs qui la déterminent sera adressée au président de la République, en sa qualité de président du Conseil supérieur de la défense nationale, au président du

Conseil des ministres, au ministre de la Guerre. Pour copie conforme. *Signé :* C. DE FREYCINET. »

Je donne lecture de cette pièce au Conseil des ministres, et il est convenu que je recevrai dans la journée, mais en présence de Viviani et de Millerand, le bureau de la commission sénatoriale. J'ai moi-même réclamé maintes fois la formation d'une armée complémentaire. Le Conseil des ministres tout entier a partagé mon opinion. Millerand s'est laissé convaincre. Mais il s'est heurté longtemps à l'opposition de Joffre. Le jour où le général en chef est venu déjeuner avec les membres du gouvernement, il a pris nettement position, aussi bien contre la formation d'une armée de manœuvre que contre celle d'un corps expéditionnaire. Aujourd'hui, il paraît converti à notre idée, mais Millerand a encore rencontré dans l'exécution de telles difficultés qu'il n'a pas osé faire une promesse ferme à la commission. De là, l'incident qui est survenu et dont j'ai été saisi.

Voici donc qu'arrivent à l'Élysée Freycinet, Léon Bourgeois, Clemenceau, Doumer et Boudenoot. Clemenceau entre l'air bougon et, de sa main gantée de gris, serre mollement celle que je lui tends. Je commence par faire observer à mes visiteurs que leur démarche est un peu insolite, que je n'ai pas le droit d'entrer en délibération avec les Chambres ou avec leurs commissions, mais qu'à titre exceptionnel et à raison des circonstances, je suis prêt à écouter. Ils me répondent que la faculté d'interpellation étant, en fait, supprimée, ils n'ont d'autre ressource, lorsqu'ils sont en conflit avec le gouvernement, que d'avoir recours à ma juridiction. C'est le mot dont se sert Freycinet. Quant à Clemenceau, il déclare moins aimablement qu'il veut décharger sa responsa-

bilité, c'est-à-dire, si je comprends bien, la rejeter
sur moi, et il ajoute que j'ai bien su changer de
ministre de la Guerre en l'absence des Chambres.
Je réplique que ce changement a été effectué, non
par moi, mais par le président du Conseil et par
le gouvernement, avec mon assentiment sans
doute, mais en pleine indépendance et sous leur
responsabilité constitutionnelle. Cette vérité pré-
cisée, je laisse la parole à ces messieurs, qui
m'exposent leur motion.

Je ne puis leur dire à quel point je suis de leur
avis et je donne la parole à Millerand, avec qui je
ne veux pas paraître en opposition devant eux.
Il défend avec un peu de raideur ce qu'il appelle
les prérogatives gouvernementales et il ne donne
certainement pas à nos interlocuteurs l'impression
qu'il ait la volonté bien arrêtée de constituer une
armée complémentaire. Freycinet insiste, de sa
voix grêle, avec clarté, douceur et finesse, Clemenceau, d'un ton bourru, avec une netteté tran-
chante, Doumer, d'un accent impérieux, avec un
peu d'âpreté. Millerand reste sur la défensive et
ne livre pas le fond de sa pensée. Je tâche de
faire entendre au bureau de la commission, sans
cependant découvrir le ministre de la Guerre, que
le gouvernement est d'accord avec elle. Mais finalement l'effet produit sur les sénateurs demeure
incertain, et ce qui aggrave cette incertitude, c'est
que, dans la journée même, Millerand a écrit à
Freycinet une lettre qui semble évasive et dont
Freycinet se déclare peu satisfait. Nos visiteurs
partis, je reproche à Millerand d'être trop bou-
tonné. « Je ne puis me refaire, » me répond-il.
Dans l'espoir d'arranger les choses, j'envoie à
Freycinet un mot pour lui demander rendez-vous
et, par égard pour son grand âge, je lui offre d'aller

chez lui. Il insiste pour revenir à l'Élysée, mais je tiens bon et je vais le voir à son domicile, rue de la Faisanderie, dans la matinée du dimanche 14. Je lui explique confidentiellement que Millerand et le cabinet se sont trouvés en dissentiment avec Joffre. Le général en chef ne voulait pas qu'on touchât aux dépôts. Il craignait qu'on ne lui enlevât les réserves nécessaires pour reconstituer les effectifs et surtout les cadres dont il pourrait avoir besoin, à mesure des opérations et des. pertes éprouvées. Freycinet reconnaît qu'il y a là une difficulté sérieuse, mais il croit que Joffre redoutait surtout que l'armée nouvelle ne fût confiée à un chef indépendant. Or il a pris sur lui-même, Freycinet, de bien faire préciser par la commission que cette armée complémentaire serait, elle aussi, sous le commandement du général en chef. Je lui dis qu'en tout cas le gouvernement et Millerand sont résolus à la former, mais il faut ménager Joffre, qui a déjà parlé de démissionner. Freycinet convient que cette décision serait funeste. « Mais, dit-il, Joffre s'est plusieurs fois trompé. Il s'est trompé à Charleroi. Il s'est trompé en Alsace. Il faut l'éclairer. »

Freycinet ajoute que ce n'est ni Clemenceau, ni Doumer, qui a provoqué la démarche faite auprès de moi. C'est Léon Bourgeois qui a demandé que le président de la commission vînt me voir, et Freycinet a voulu être accompagné des vice-présidents. Il m'assure que la commission n'est animée d'aucune hostilité contre Millerand, mais le ministre a tort de ne pas s'engager ouvertement dans la voie qu'on lui indique. Freycinet me répète, d'ailleurs, que sur le front, partout immobilisé, les combats locaux demeurent très coûteux ; et, en effet, depuis le début de février, les communiqués laissent entrevoir, dans leur désolante monotonie, la continuation des pertes quotidiennes.

Pour échapper à cette stagnation, le gouvernement ne songe pas seulement à une armée de réserve ; il persiste dans l'idée d'une diversion par Salonique. Lorsque Delcassé est allé à Londres, Kitchener a promis une division. Mais le ministre de la Guerre anglais et sir Ed. Grey ont pensé que, si un corps anglo-français pouvait déterminer la Grèce à intervenir pour la Serbie, seule la présence de troupes russes était capable d'entraîner le peuple bulgare et de forcer la main au gouvernement de M. Radoslavoff et au roi Ferdinand. La Roumanie alors se trouverait, sans doute, obligée de suivre. (Londres, nº 200.) Or, le grand-duc Nicolas a commencé par se déclarer dans l'impossibilité d'envoyer un contingent russe dans la péninsule balkanique. Il a ensuite parlé d'un régiment de cosaques. (Petrograd, nº 209.) Il a fallu qu'on le pressât, comme on avait fait Joffre, pour qu'il acceptât l'idée de donner une brigade d'infanterie. (Petrograd, nº 230.)

Pendant ce temps, l'imagination de Sazonoff ne se lasse pas de travailler et de provoquer des démarches nouvelles à Athènes, à Bucarest, à Sofia. (Petrograd, nᵒˢ 219 et 220.) Mais Bratiano retarde de jour en jour la décision roumaine. (Bucarest, nº 69.) Quant à Venizelos, il s'est ravisé et précise sa position en ces termes (Athènes, nº 42) : « Ou bien la Bulgarie marchera contre la Turquie et alors la Grèce ira soutenir la Serbie ; ou bien la Bulgarie gardera son attitude plutôt malveillante malgré toutes les affirmations contraires de M. Radoslavoff ; en ce cas, la Grèce n'entrera en action que si la Roumanie fait de même. » Sur quoi,

LE PRÉSIDENT DE LA RÉPUBLIQUE AU QUARTIER GÉNÉRAL DU GÉNÉRAL FOCH
A CASSEL (11 JANVIER 1915)

Delcassé a jugé bon d'encourager Venizelos et de lui faire annoncer l'envoi prochain d'un contingent franco-britannique. (De Paris à Athènes, n⁰ 62.)

D'autres questions retiennent, en même temps, l'attention des gouvernements alliés. L'une, d'abord, d'importance secondaire. Le 11 février, à la Chambre des communes, M. Jouvet a demandé à sir Ed. Grey si les lettres échangées entre le roi George et moi le 31 juillet et le 1er août dernier et visées dans le *Livre jaune*, sans y être reproduites, ont été communiquées au cabinet britannique et si elles seront publiées. Le principal secrétaire d'État aux Affaires étrangères a répondu que les lettres avaient été connues de lui, mais qu'il n'était pas autorisé à en promettre la publication. Cependant, sir Ed. Grey est d'avis qu'il y aurait avantage à les faire connaître, car on y trouverait une preuve nouvelle des intentions pacifiques des deux gouvernements jusqu'à l'ouverture des hostilités. Il a sollicité l'autorisation royale et il a prié M. Paul Cambon de demander la mienne. (Londres, n⁰ 222.) Je la lui donne bien volontiers, et Delcassé prévient notre ambassadeur.

Autre affaire plus délicate. L'Allemagne a déclaré, le 4 février dernier, que la Manche, les côtes de France au nord et à l'ouest, et les eaux qui baignent les îles britanniques sont une « zone de guerre ». Elle a officiellement notifié au gouvernement des États-Unis que « tous les navires ennemis rencontrés dans cette zone seront détruits et que les navires neutres peuvent y être en danger ». C'est là une prétention de torpiller à vue, sans aucun égard pour la sécurité des équipages et des passagers, tout navire marchand sous tout pavillon. Le président Wilson a protesté, le 13 février, en termes très énergiques et a déclaré qu'il tiendrait, le cas échéant, le gouvernement allemand pour responsable de tels actes et prendrait les mesures nécessaires pour sauvegarder la vie et les biens des Américains. De son côté, l'Angleterre s'est émue. Comme il n'est pas au pouvoir de l'amirauté allemande de maintenir dans les eaux dont elle parle des bâtiments de surface, ces attaques ne pourront être entreprises que par ses sous-marins. L'Angleterre serait assez portée à profiter de la menace que l'Allemagne fait planer sur la navigation neutre pour organiser un véritable blocus des Empires du Centre. Le Quai d'Orsay préférerait qu'une déclaration fût, d'abord, adressée aux puissances neutres par la France et par la Grande-Bretagne. Nous les engagerions à faire respecter leurs droits et nous leur dirions que, si elles n'en avaient pas le moyen, nous serions forcés de considérer comme caducs les actes internationaux relatifs à la guerre maritime et de reprendre, en conséquence, notre pleine liberté d'action. La méthode du Quai d'Orsay, qui comporte deux étapes, paraît meilleure que celle de Londres. Nous négocions pour nous mettre d'accord.

Nous nous entendons aussi avec nos alliés sur les achats que nous faisons aux États-Unis pour les approvisionnements de nos armées. Cette entente a principalement pour but d'éviter sur le marché américain une concurrence qui entraînerait la hausse des prix et serait nuisible aux intérêts communs. Nous allons donc constituer à New-York une commission composée de représentants des trois principaux alliés.

Le mardi 16, le colonel Pénelon m'informe qu'une

offensive, prescrite tout à la fois à l'armée de Langle de Cary et à l'armée Sarrail, vient d'être engagée dans des conditions qui sont jugées favorables. C'est une nouvelle bataille de Champagne qui commence. Avec les forces concentrées sur ces deux parties du front et avec les réserves constituées, nous avons, me dit l'officier de liaison, une supériorité numérique de trois contre un. Nous possédons, en outre, une grande abondance d'artillerie lourde et d'artillerie de campagne. Le Ire et le XVIIe corps attaquent de Perthes à Beauséjour. Mais, au moment même où Joffre s'efforce de réveiller nos espoirs, nous recevons de Paléologue les informations les plus navrantes sur l'état de l'armée russe, après l'évacuation de la Prusse orientale et la retraite sur le Niémen. (Petrograd, 15 février, n° 258.)

Marcel Sembat est, à son tour, parti pour Londres, mais, déclare-t-il, comme membre du parti socialiste et non comme ministre des Travaux publics. Il a pris part, avec quelques Français, un Russe et M. Vandervelde, à un Congrès sur lequel des travaillistes germanophiles ont exercé une assez fâcheuse influence. La délégation britannique, conduite par MM. Ramsay Mac Donald et Arthur Henderson, comprenait notamment six membres de la Chambre des Communes, dont plusieurs ont tout fait, l'an dernier, pour maintenir leur pays dans la neutralité. Pour réaliser l'unanimité sur un projet de résolution, on a dû y insérer des phrases comme celle-ci : « Cette Conférence ne peut pas ignorer les causes générales profondes du conflit européen, qui est en lui-même le produit monstrueux de l'antagonisme qui déchire la société capitaliste, de la politique de conquêtes coloniales et de l'impérialisme agressif. » — « Les socialistes ne sont pas en guerre avec les peuples d'Allemagne et d'Autriche, mais seulement avec les gouvernements de ces pays, qui les oppriment. » — « Ils désirent que, dans toute l'Europe, les populations qui ont été annexées par la force reçoivent le droit de disposer librement d'elles-mêmes ». — « Ils protestent contre l'arrestation des membres de la Douma, contre la suppression des journaux socialistes russes et la condamnation de leurs rédacteurs en chef, contre l'oppression des Finlandais et juifs russes. » Ainsi, ingérence dans les affaires des pays alliés, illusion sur l'existence d'un divorce immédiat entre le peuple allemand et son Empereur, droit de la France sur les provinces annexées subordonné à la nécessité d'un plébiscite, condamnation publique d'un gouvernement allié, voilà comment le Congrès de Londres a jugé bon, devant l'ennemi, de favoriser l'action militaire de la Triple-Entente. Une grande partie de l'opinion française est profondément émue de cette manifestation intempestive et, en Conseil des ministres, Jules Guesde lui-même n'hésite pas à la trouver regrettable. Il répète que la Lorraine et l'Alsace nous ayant été arrachées par la violence, il ne saurait y avoir prescription contre ce crime. Il considère, d'ailleurs, que la résolution votée est surtout une opération tactique, destinée à expliquer la volonté, nettement affirmée, des socialistes de combattre jusqu'à la victoire.

Delcassé a cru prudent de prévenir les observations que ce Congrès de Londres pourrait inspirer au gouvernement russe et il a télégraphié à Paléologue (n° 287) : « Dans le cas où vous seriez interrogé sur la présence de M. Sembat au Congrès socialiste de Londres, et même avant d'être interrogé, ce qui peut être préférable, veuillez faire remarquer que M. Sembat a assisté à ce Congrès comme délégué du parti socialiste français, et non comme membre du gouvernement, que son but était d'empêcher des divergences de se produire sur la nécessité de la guerre à outrance, comme on le redoutait notamment de certains représentants du socialisme anglais ; qu'en fait, on a obtenu l'unanimité pour proclamer « l'écrasement militaire » de l'Allemagne ; que M. Sembat doit certainement regretter de n'avoir pu empêcher la troisième résolution du Congrès, due à l'initiative des délégués russes, car à Paris, il y a quelques jours, à la conférence préliminaire du Congrès de Londres, il s'était attaché à faire ressortir l'efficacité du concours de la Russie, déclarant expressément : « Dites sans crainte que, sans la Russie, nous aurions été débordés. Réfléchissez à cela chaque fois que vous êtes heurtés par quelque conséquence du régime intérieur de ce grand pays. » M. Sembat, qui n'est pas encore de retour, protesterait tout le premier contre la pensée qu'il est allé au Congrès de Londres autrement qu'en qualité de socialiste et qu'il a pu, dans une mesure quelconque, y engager la responsabilité du gouvernement. » Bien entendu, *l'Homme enchaîné* ne laisse pas échapper une si belle occasion de reprendre la campagne non seulement contre Sembat, mais contre Viviani, contre Delcassé et contre le président de la République, « paradeur, oscil-« lant de l'extrême grandeur à l'extrême mi-« sère, redevable aux cléricaux de son trône de « carton. »

Harcelé par plusieurs députés, qu'a scandalisés la motion socialiste, Viviani vient me voir et me soumet, avant de la lire à la Chambre le jeudi 18, une déclaration très nette, où le gouvernement affirme son unanimité sur quelques idées essentielles : La France n'a fait que suivre, dans la voie des armements, les puissances de la Triple-Alliance ; elle a multiplié les efforts pour éviter la guerre ; mais puisqu'on la lui a imposée, elle la poursuivra jusqu'au bout ; elle ne la considérera comme terminée que le jour où l'impérialisme allemand sera anéanti, l'Europe libérée, la Belgique reconstituée, l'Alsace-Lorraine reprise ; enfin, promesse d'étroite solidarité avec nos alliés. Le papier de Viviani est d'un style un peu boursouflé, mais il répond clairement aux préoccupations qu'a éveillées la délibération socialiste. Sur mon avis, le président du Conseil en donne lecture, le jeudi matin, à ses collègues. Guesde ne fait aucune difficulté. Sembat, arrivé de Londres vers onze heures seulement, et ne connaissant rien des orages qu'il a déchaînés, essaye d'obtenir qu'on laisse entrevoir, à propos de l'Alsace-Lorraine, la possibilité d'un plébiscite ou que, tout au moins, on n'exclue pas à priori cette consécration de la reprise. Mais tout le monde lui répond, comme moi, qu'il serait, en ce cas, impossible de refuser le vote aux immigrés et que la consultation serait fatalement faussée. « Oui, c'est vrai, répond Sembat, mais les premières élections alsaciennes équivaudraient à une adhésion nouvelle. — Et s'il se trouve que des députés protestataires soient élus, riposte Augagneur, rendrez-vous l'Alsace? Non, n'est-ce pas? » Peu à peu, Sembat lui-même convient que l'Alsace, ayant proclamé son attachement à la France à la Fédération de 1790, ayant protesté en 1870 contre l'annexion, n'ayant jamais été appelée à la ratifier, ne l'ayant jamais acceptée, la reprise ne sera qu'une restitution. Rien n'est donc changé au texte de Viviani. Il le lit tel quel à la Chambre

et il n'en faut pas davantage pour calmer les
esprits surexcités.

Mais pendant que les députés se rassérènent,
voici que de nouveau les sénateurs s'agitent. Léon
Bourgeois me dit que la commission de l'armée du
Luxembourg a, une fois de plus, entendu Millerand
et qu'il l'a indisposée tout entière. Sous prétexte
qu'on ne l'interrogeait plus sur les effectifs, il n'en
a pas dit un mot. Il est resté fermé plus herméti-
quement que jamais. Il s'est seulement expliqué
sur la question des armes et des munitions. Encore
a-t-il laissé à tout le monde, par de nombreuses
réticences, l'impression qu'il s'était produit de
graves mécomptes dans la fabrication. Il a refusé
d'indiquer le nombre de coups qui restaient en
réserve. Son mutisme a déconcerté toute la commission. Je sais bien que Millerand se défie beaucoup d'un ou deux commissaires, dont il redoute
des indiscrétions coupables. Mais il devrait alors
renseigner individuellement les membres dont il
est sûr et ne pas opposer à tous indistinctement
ce silence têtu qui donne lieu aux suppositions les
plus malveillantes. C'est ce que je dis à Viviani et
à Millerand lui-même.

Pour me rendre exactement compte des demandes de la commission sénatoriale et des objections du général en chef, j'ai, du reste, prié le ministre de me faire connaître par écrit la situation des
effectifs à la date du 1er février. L'ensemble des
troupes combattantes et des services, des dépôts
et des G. V. C. (gardes des voies de communication) stationnés dans la zone des armées, est de
56 020 officiers et de 2 417 600 hommes. Il y a,
en outre, à l'intérieur, 35 979 hommes dans les
camps d'instruction et 95 327 dans les camps
d'instruction temporaires. Quant aux dépôts

qui existent en dehors de la zone des armées, ils comprennent 12 552 officiers, dont 9 033 blessés, inaptes à faire campagne, ou occupés comme instructeurs, et 1 158 793 hommes, dont 428 399 non instruits, 173 200 blessés, malades ou convalescents, 43 564 inaptes à faire campagne, 92 673 formant les cadres des dépôts ou servant d'instructeurs, et 21 533 détachés dans les usines. A quoi il faut ajouter la création projetée de 40 bataillons et de 2 divisions territoriales. Au total, nous ne semblons pas encore avoir assez de disponibilités pour constituer une importante armée de manœuvre.

Faute de mieux, Joffre a donc continué en Champagne et en Argonne des offensives qui ont, une fois encore, été très meurtrières et n'ont pas donné de grands résultats. Nous avons progressé au nord de Perthes et dans le bois de la Grurie. Nous avons fait quelques centaines de prisonniers et enlevé plusieurs tranchées. Mais nulle part, nous n'avons percé.

Nous voici donc ramenés à l'idée d'une diversion dans les Balkans. Le grand-duc Nicolas promet maintenant d'envoyer un détachement de ses meilleures troupes (Petrograd, n° 271) ; mais pendant qu'il se rallie au projet, les Anglais y renoncent. Ils estiment que la réponse dilatoire de Venizelos doit avoir pour effet d'ajourner toute expédition à Salonique. Comme les forces navales réclament, disent-ils, le soutien de l'armée dans leur action contre les forts des Dardanelles, ils nous proposent maintenant de diriger aussitôt que possible une division sur Lemnos. (Londres, n° 253.) Cette entreprise des Dardanelles, imaginée par M. Winston Churchill, va ainsi devenir pour les alliés le mirage de la victoire. On renvoie même après le forcement des détroits les nouvelles démarches, d'ailleurs illusoires, qu'on se proposait de recommencer à Sofia et à Bucarest. (Petrograd, nos 264 et 276. — Londres, nos 270 et 305.)

D'autre part, après une longue discussion, le cabinet anglais a décidé de ne pas faire de communication aux pays neutres en réponse à la déclaration allemande du 4 février. (Londres, nos 274 et 275.) Il juge que la Grande-Bretagne est obligée, pour se défendre, de prendre des mesures immédiates, sans les discuter d'abord avec des tiers. Il signale donc au monde les procédés de guerre sous-marine auxquels l'Allemagne a recours et il annonce qu'à titre de représailles, l'Angleterre empêchera les marchandises sur l'eau de pénétrer en Allemagne ou d'en sortir. Ces dispositions, dit-il, seront prises, « sans risques, ni pour les navires neutres, ni pour la vie des neutres et des non-combattants et en stricte conformité avec les principes d'humanité. En conséquence le gouvernement britannique se considère comme libre d'arrêter et de conduire dans ses ports les navires portant des marchandises de destination, propriété ou provenance allemande. » Devant l'insistance anglaise, nous nous rallions à cette déclaration.

Aux États-Unis, les prétentions allemandes, ont provoqué une indignation générale. (Washington, nos 137 et 138.) Le comte Bernsdorff, ambassadeur impérial, a essayé d'apitoyer l'opinion américaine, en lui représentant que l'Allemagne lutte pour son existence et qu'elle cherche à rétablir la liberté des mers, pour laquelle elle a toujours combattu. (Washington, no 145.) Mais tous les journaux du nouveau monde répètent que si l'Allemagne coule un seul navire américain, elle en subira toutes les conséquences.

Dans l'après-midi du vendredi 19, MM. Jules Develle et Cauvin, sénateurs, l'un de la Meuse, l'autre de la Somme, me présentent une soixantaine de pauvres gens des régions envahies, qui ont été emmenés otages ou prisonniers en Allemagne et qui viennent d'être brusquement déversés sur la Suisse et de là sur la France. Ils sont maigres, blêmes, dépenaillés. Ils ont été effroyablement alimentés pendant plusieurs mois d'internement. En général, ils ne se plaignent pas de mauvais traitements, mais ils ont été impitoyablement rationnés. Presque partout, on leur a répété : « Président capout, Paris pris, » et la joie qu'ont ces malheureux à retrouver Paris intact et à me revoir devant eux est d'une sincérité touchante. Je cause avec eux. Les Meusiens me donnent de tristes nouvelles de Saint-Mihiel et des communes voisines, Vigneulles, Lamorville, Heudicourt. Une malheureuse femme a quitté, il y a trois ou quatre semaines seulement, certains de nos amis qui sont restés de l'autre côté des lignes et qui sont maintenant séparés de nous par un abîme infranchissable, par exemple Mme Phasmann, veuve de l'excellent maire de Saint-Mihiel, qui a été l'un des meilleurs compagnons de ma vie politique. Mes visiteurs partent, après s'être un peu réconfortés à un buffet modeste, et, lorsque nous les quittons, Mme Poincaré et moi, nous nous sentons si émus que nous remontons en hâte, les yeux en larmes, dans nos appartements privés.

Le même jour, 19 février, nous apprenons que le bombardement des Dardanelles vient de commencer. (Londres, nᵒˢ 286 et 287.) Les forces alliées devant les détroits sont commandées par l'amiral anglais Carden. L'opération comporte, avant tout, la destruction des forts turcs de l'entrée ; puis, des

chalutiers viendront lever les mines. Le passage
une fois libre, les cuirassés avanceront et, se plaçant
successivement contre la côte d'Europe et contre
celle d'Asie, tireront sur les forts. Le succès dépend
de la suppression des mines. Il est possible que des
détachements turcs, munis d'artillerie de campagne, soient postés sur le littoral et détruisent les
chalutiers. Il est donc nécessaire, une fois anéantis
les forts de l'entrée, de vérifier la situation et de
balayer, si elle est occupée, l'extrémité de la presqu'île. (Londres, nᵒˢ 305 et 306.) Sir Ed. Grey
compte envoyer aux Dardanelles un contingent
australien et néo-zélandais et il ajoute que la participation des troupes françaises serait la bienvenue.

Le prince régent de Serbie me télégraphie :
« Nisch, 21 février. — Je viens de recevoir des mains
du général Pau (1) les insignes de la médaille militaire et j'ai à cœur de vous adresser sans retard
l'expression de mes plus vifs remerciements. Je
suis vivement touché de cette nouvelle marque de
l'amitié que Votre Excellence me témoigne et aussi
à mon pays, et je puis l'assurer du profond amour
et de l'estime que mon pays et moi, nous avons
pour la noble France alliée et pour son admirable
armée. *Signé* : ALEXANDRE. »

Condamné au recul ou à l'immobilité par le défaut de munitions, le grand-duc Nicolas désirerait
que Joffre activât notre offensive en Champagne
pour retenir les Allemands sur notre front. (Petrograd, nᵒˢ 301 et 302.) Mais nous souffrons du
même mal que la Russie et nos attaques, si bien
montées qu'elles soient, sont vite contenues par
l'ennemi.

____

(1) Envoyé en mission à Nisch, à Bucarest et à Petrograd.

Le lundi 22 février, j'ai réuni à déjeuner pour leur permettre de causer un peu ensemble, Joffre, Freycinet, Etienne et Léon Bourgeois. Le général en chef, qui a lu la délibération de la commission sénatoriale de l'armée, s'explique avec une bonhomie tranquille, comme un paysan dont l'habileté native garde un air de candeur. Il se félicite qu'on ait pu envoyer sur le front quarante nouveaux bataillons. « J'accepte bien volontiers, dit-il, que l'on continue. Je le souhaite même, je le demande. Plus on me donnera de troupes, plus j'aurai de moyens d'action. Mais je ne crois pas qu'on puisse former des divisions, ni même des brigades. Il manquerait les cadres supérieurs et les officiers d'état-major. Qu'on crée des régiments, en aussi grand nombre que possible, et qu'on me les envoie. Je les endivisionnerai sur le front, soit en composant des brigades de trois régiments, soit en composant des divisions de cinq. De cette manière, mes corps d'armée, ayant un effectif plus fort, tiendront un front plus étendu et je pourrai, par suite, sur l'ensemble de la ligne, dégager un, deux, trois, quatre nouveaux corps qui grossiront la réserve de quatre corps et demi que je viens déjà de constituer. » Bref, Joffre est maintenant tout à fait converti à l'idée d'une masse de manœuvre.

Il se plaint ensuite qu'on ne transforme pas assez de fusils 1874 en fusils 1884 et qu'on ne fabrique pas directement de fusils nouveau modèle. Il nous dénonce surtout les lenteurs de la production des explosifs et la mauvaise grâce que mettent, dit-il, les Anglais à nous fournir du phénol et du benzol. Il nous donne à entendre qu'il sera bientôt forcé d'arrêter les opérations de Champagne pour ménager les munitions. La réserve des projectiles, avec laquelle il a engagé la nouvelle offensive, commence à s'épuiser ; il ne veut pas la laisser tomber au-dessous de 400 coups par pièce. Si nous n'avons pas percé les lignes allemandes avant d'atteindre ce minimum, il renoncera, pour le moment, à continuer la bataille.

Au courant de la conversation, Étienne dit à Joffre : « Gallieni a vu Doumer et lui a reproché sa campagne contre vous ; il l'a supplié d'y mettre fin. Doumer lui a promis de cesser. Peut-être feriez-vous bien de remercier Gallieni. — Oui, répond Joffre, je le remercierai, je le sais loyal et je ne le rends pas responsable de la conduite de ses amis. »

Viviani et Millerand devant être entendus, le mardi 23, par la commission du Sénat, je les mets au courant de l'entretien que Bourgeois et Freycinet ont eu à l'Élysée avec Joffre. « Très bien ! » dit Millerand avec un sourire. « J'avais annoncé qu'avant peu Joffre serait convaincu qu'il avait lui-même réclamé la formation d'unités nouvelles. » Quant à Viviani, il éclate : « Joffre veut faire croire que c'est par notre faute qu'échoue son offensive. Lorsqu'il l'a engagée, il savait très bien à quoi s'en tenir sur les fabrications. Il veut rejeter sur le gouvernement l'imprudence qu'il a commise. » Je m'efforce de calmer Viviani, dont les nerfs ne tardent pas à se détendre. Les deux ministres vont à la commission, et le président du Conseil me rapporte ensuite ses impressions, qui sont très favorables. Millerand, me dit-il, a été superbe. Cette fois, il n'est pas resté volontairement muet. Il a parlé d'abondance pendant plus d'une heure avec une clarté et une logique admirables. Il a fourni des chiffres précis sur les fabrications du début et sur celles d'aujourd'hui. Il a exposé les efforts accomplis et les résultats obtenus. Sa démonstration a frappé tout le monde. « Clemenceau, ajoute Viviani, a essayé quelques objections, mais il a été médusé. »

Le colonel Pénelon m'annonce, le mercredi 24, que les opérations de l'offensive s'élargissent en Champagne, avec la participation du XII⁰ corps et du corps colonial. On cherche à enlever le saillant du fortin de Beauséjour. On ne désespère pas de percer. Mais si l'on n'y arrive pas, Joffre fera cesser le feu dans vingt-quatre heures pour ne pas accroître sans utilité la consommation des munitions. Le colonel m'avoue que le G. Q. G. croyait aboutir plus tôt et plus facilement, qu'il ne comptait pas sur une bataille aussi longue et aussi dure et qu'il ne prévoyait pas une telle dépense de projectiles.

Je reçois, le même jour, un ancien sénateur des États-Unis, M. Beveridge, d'Indiana, qui me remet une lettre d'introduction de M. Théodore Roosevelt. Il est venu en Europe pour faire une enquête sur la guerre au nom d'une grande revue américaine, *Collier's Weekly*. Il a commencé son voyage par l'Allemagne et paraît avoir accepté un peu légèrement quelques-unes des thèses germaniques. Je m'efforce de lui démontrer que l'empire d'Allemagne, en s'abstenant de retenir l'Autriche-Hongrie, en excitant la Turquie par la mission militaire et en précipitant les déclarations de guerre, a rendu la catastrophe inévitable. Je lui déclare surtout avec force qu'ayant été attaqués et envahis, grâce à la violation de la neutralité belge, nous sommes résolus à lutter jusqu'à la victoire.

M. Quiñonès de Léon, qui vient me saluer avant de partir pour Madrid, me confie que l'Allemagne a offert à l'Espagne le Portugal et Gibraltar. Le roi a écarté ces propositions captieuses. Il désire que je ne l'ignore point. Beaucoup d'Espagnols lui reprochent de laisser, par amitié pour la France, échapper une occasion favorable. Je confirme ce que Delcassé a déjà dit à M. Quiñonès, que nous n'oublierons pas, après la victoire, l'attitude amicale du roi et de son peuple. Je remercie, en particulier, l'Espagne d'avoir bien voulu prendre sous sa protection les Français qui sont en Allemagne et spécialement nos prisonniers. Je signale à M. Quiñonès que, d'après mes renseignements, ces malheureux meurent de faim. Chaque fois que l'ambassadeur d'Espagne à Berlin visite les camps, on s'arrange pour « camoufler » la vérité.

Dans la soirée du mercredi 24, Millerand me téléphone que, d'après un avis du quartier général, l'impression est bonne en Champagne ; mais, dès le jeudi matin, nous recevons des renseignements moins rassurants. Nous avons été contre-attaqués et nous n'avons pas maintenu la totalité de nos positions. Il semble bien qu'on ne puisse aboutir le soir même à une décision. Joffre fait maintenant savoir à Millerand qu'il n'arrêtera pas l'opération. Il a changé d'avis. Ces variations inquiètent le Conseil des ministres pour le présent et pour l'avenir. Il prie Millerand de demander à Joffre, aussitôt la bataille terminée, un rapport détaillé sur les causes de l'échec et sur les conséquences. Croit-on pouvoir percer dans une nouvelle offensive du même genre? Faut-il renoncer à cet espoir? Devra-t-on chercher une solution dans une manœuvre différente, attaque en masse, diversion par une armée de réserve, opération lointaine? Ribot trouve que le gouvernement abdique trop ses prérogatives. Viviani répond avec un peu de vivacité que des interventions plus pressantes auprès du général en chef amèneraient une démission qui jetterait le trouble dans le pays et dans l'armée.

La sensibilité de Viviani est mise, sans doute, à de rudes épreuves quotidiennes. Comme président de la commission des affaires extérieures du Sénat, Freycinet vient de le convoquer, ainsi qu'Augagneur et Delcassé, pour les interroger sur l'attaque des Dardanelles. La commission voudrait savoir pourquoi la France a abandonné à l'Angleterre le commandement de l'opération et comment les Alliés comptent déterminer pour l'avenir le régime de Constantinople. « Autant négocier sur le forum, me dit Viviani. Les sénateurs sont, en ce moment, moins sages que les députés. Poussés par Clemenceau, ils cherchent constamment noise au ministère et empiètent sur les attributions du pouvoir exécutif. » La vérité est que les séances publiques étant assez rares, les commissions permanentes s'attribuent de plus en plus les prérogatives des assemblées. Au surplus, Viviani, fort inquiet avant sa comparution, revient, tout joyeux, après avoir été entendu. Les explications qu'Augagneur, Delcassé et lui, ont données à Freycinet et à ses collègues ont été très bien accueillies. Pour l'avenir, ils se sont bornés à dire que l'Angleterre et la Russie sont d'accord avec nous sur la liberté des détroits. Pour le présent, ils ont exposé que l'entreprise commencée a bien pour objectif la percée des Dardanelles et qu'elle sera poursuivie jusqu'à l'arrivée devant Constantinople. Freycinet a déclaré nettement qu'il n'admettait pas l'hypothèse d'un échec. « Ne soyons pas trop optimistes, dis-je à Viviani. Vous savez que l'amirauté britannique

REVUE DE RETHONDES (2) AVRIL 1915)

M. Raymond Poincaré, général Joffre, général Dubois

REVUE DE RETHONDES

Le président de la République remet leurs drapeaux à deux régiments
du XXXV⁰ corps.

ne se considère pas comme assurée du résultat et que Churchill a prévu le cas où il faudrait abandonner l'opération en cours de route. » Viviani reconnaît qu'il a présenté les choses à la commission sous un jour un peu favorable et que les espérances qu'elle a conçues peuvent avoir tôt ou tard un contre-coup fâcheux, mais il est souvent l'esclave de ses sensations, et, lorsqu'il a échappé à une difficulté grâce à ses magnifiques dons intellectuels et oratoires, il respire plus à l'aise et se remet au travail avec plus d'allégresse.

Les premières informations qui nous arrivent des Dardanelles sont, d'ailleurs, satisfaisantes. Deux forts sont entièrement détruits sur la rive d'Europe et deux sur la rive d'Asie. Le dragage des mines a commencé sous la protection des cuirassés et des croiseurs. Un de ces quatre forts était antérieurement armé par les Allemands. C'est, du reste, l'amiral allemand Martens qui commande les forces navales turques.

Nous prévenons sir Ed. Grey (n° 629) que le corps français, comprenant deux brigades d'infanterie, un régiment de cavalerie, deux groupes de 75 de campagne, et un groupe de 65 de montagne, en tout 400 officiers, 18 000 hommes, 5 000 chevaux et 1 000 voitures, sera prêt à partir le 2 mars, sous le commandement du général d'Amade, pour coopérer à l'action engagée contre la Turquie par les flottes alliées.

Le général Pau qui, porteur de décorations françaises, se rend en Russie par les Balkans et qui cherche à gagner partout, sur son passage, de nouvelles sympathies à la France, tire naturellement parti de cette expédition des Dardanelles et du développement qu'elle peut prendre. A Sofia, il a été chaleureusement accueilli par la population et poliment reçu par le général Fitcheff, ministre de la Guerre, mais le roi Ferdinand, averti de son arrivée, s'est abstenu de lui donner audience. (De M. de Panafieu, n°s 86 et 87.) A Bucarest, la réception faite par les habitants a été enthousiaste. Une foule que le préfet de police a évaluée à 200 000 hommes a accompagné et acclamé le général. La ville était décorée de drapeaux français. Le roi et la reine ont reçu le glorieux blessé de 1870. Deux grands dîners ont été donnés en son honneur. Le gouvernement a facilité toutes ces manifestations sans s'y associer officiellement. M. Bratiano a répété à M. Blondel que l'heure de l'intervention roumaine sonnerait un jour, comme celle de l'intervention italienne, mais qu'à raison de l'attitude bulgare et des défaites russes, il fallait attendre des circonstances plus propices. (Bucarest, n°s 79 et 80.)

Cependant l'activité intellectuelle des Allemands ne chôme pas plus que leur activité militaire. Elle s'exerce, en ce moment, à Washington en vue de faire ravitailler sous le contrôle américain la population civile de l'empire. En échange de cet incomparable avantage, l'Allemagne renoncerait, dit-elle, à la destruction systématique des navires de commerce. Dans la nuit du 23 au 24 février, au large de Boulogne, elle a coulé, sans semonce, avis ni capture préalable, le paquebot postal franco-anglais *Victoria* et quatre citoyens américains ont été parmi les victimes. Les États-Unis sont disposés à faire cesser un état de choses qui lèse aussi gravement leurs intérêts. Ils sont intervenus à Londres pour appuyer la proposition allemande. Mais l'Angleterre et la France, qui savent combien les difficultés économiques de l'Allemagne peuvent abréger la guerre, vont s'efforcer de déjouer cette savante manœuvre de l'ennemi (1). Nous avons la maîtrise de la mer. Que l'Allemagne essaie de nous l'enlever, rien de plus naturel. Mais les États-Unis peuvent-ils, sans sortir de la neutralité, nous priver eux-mêmes de cette supériorité?

Le vendredi 26, le baron Guillaume, ministre de Belgique, m'est envoyé par son gouvernement. Celui-ci prépare un *Livre gris* où doivent figurer certains documents d'avant guerre, qui sont dans les archives de Bruxelles comme dans celles de la légation et que les Allemands ont, par conséquent, sous la main. Le baron Guillaume me demande si je verrais un inconvénient à ce qu'on insérât dans le *Livre gris* le compte rendu de deux conversations qu'il a eues avec moi au Quai d'Orsay aux mois de juin et de novembre 1912 (2). Bien que ces deux pièces contiennent quelques erreurs de détail, je suis d'avis de les laisser publier, mais le Conseil des ministres, consulté par moi, préfère qu'elles ne soient pas actuellement reproduites. Il résulte, en effet, de ce que j'ai dit au baron Guillaume, que dès 1912, sur la foi des renseignements de notre état-major, je m'attendais, en cas de guerre, à une violation de la neutralité belge par l'Allemagne. J'avais déclaré au ministre que jamais la France ne troublerait la paix, que jamais non plus elle ne porterait atteinte à cette neutralité, et j'avais ajouté, d'après le baron Guillaume : « Il n'y aurait pas un seul député au Parlement pour voter une guerre d'agression. J'ai aussi la plus grande confiance dans l'esprit pacifique de l'em·

(1) De M. Delcassé à Londres, n° 621. — De M. Delcassé à Washington, n° 132. — De Londres, n° 350. — De Washington, n° 154.

(2) Lettre du 6 juin 1912. N° 5086/1798. — Lettre du 24 novembre 1912, n° 9944/3486.

pereur d'Allemagne ; mais je constate avec regret
que, depuis l'automne dernier, les pangermanistes
se remuent beaucoup et font une incessante propagande. Si l'Allemagne devait nous déclarer la
guerrè, ce serait certes contre la volonté intime
de l'empereur, cela prouverait qu'il est débordé
par l'opinion publique (1). » Mais, d'après ce que
disait le ministre, j'avais précisé qu'en cas de
guerre franco-allemande, le premier geste des
Allemands serait d'entrer en Belgique par Aix-
la-Chapelle et Liége, et j'avais exprimé le désir
que le gouvernement belge prît lui-même quelques
mesures de sauvegarde. Rien en tout cela que
les événements n'eussent justifié. De mon point
de vue personnel, j'aurais donc souhaité la publication. Mais le cabinet s'est demandé si elle ne
provoquerait pas certains hommes politiques à reprocher au commandement français de n'avoir pas
fait entrer dans le plan XVII une plus large pré-
vision de l'éventualité que, dès 1912, il avait envisa-
gée comme possible. Devant cette objection, je n'ai
pas cru devoir insister. Il n'en reste pas moins que
si la France a pu pécher, soit par imprévoyance,
soit par excès de confiance en la loyauté d'autrui,
elle n'a jamais été coupable d'intentions belli-
queuses ou d'ambitions impérialistes. Ces lettres du
baron Guillaume s'ajoutent à tous les documents
qui font foi de notre volonté de paix et elles sont
d'autant plus significatives que dans d'autres rapports bruyamment publiés par les Allemands,
le ministre belge s'est livré, on le sait, à des appréciations assez fantaisistes, démenties par les faits,
comme par l'ensemble de sa correspondance.

(1) Cette opinion était émise avant les conversations de Potsdam
entre le roi Albert et Guillaume II. (V. *L'Europe sous les armes*,
p. 329 et s.)

CHAPITRE III

Les combats redoublent en Champagne, entre Perthes et Beauséjour. Ils redoublent dans l'Argonne, autour de Boureuilles et sur la hauteur de Vauquois. Nous enlevons des tranchées, on nous les reprend, nous y pénétrons de nouveau, et nous devons nous estimer heureux si finalement nous restons accrochés au terrain bouleversé et arrosé de sang. De percée, il n'y a jusqu'ici nul espoir.

Joffre a écrit à Millerand une longue lettre où il se plaint encore du commandement britannique. Par ordre, paraît-il, de Kitchener, French ne veut ni étendre son front, ni libérer les corps français qui flanquent ses deux ailes et dont nous avons besoin pour renforcer notre armée de manœuvre. Le field-marshal a cependant déjà reçu trois divisions nouvelles, sur les quatre qui lui ont été

promises, et il serait, par conséquent, à même
d'élargir dès maintenant son champ d'action. Mais
Kitchener prétend que si nous avons pu prendre
une division dans la zone des armées pour l'envoyer aux Dardanelles, c'est que nous gardons des
troupes inoccupées. Il conclut de là que rien ne
nous force à retirer du front nos corps voisins
des Anglais. Raisonnement fragile, car la division
que Millerand a préparée en vue de l'expédition
orientale, et que doit commander le général
d'Amade, a été constituée avec des éléments de
l'arrière. La vérité paraît être que Kitchener n'a
pas confiance en l'offensive commencée par Joffre.
Il ne croit pas que nous puissions percer et il ne
serait pas fâché de garder lui-même en réserve
quelques-unes de ses divisions pour les envoyer,
au besoin, dans les Balkans ou aux Dardanelles.
Quoi qu'il en soit, French, qui a, depuis peu, la
courtoisie d'appeler Joffre « le général en chef des
armées alliées », n'accepte cependant jamais de
très bonne grâce les ordres du généralissime français ; il ne tient pas non plus grand compte de
ses instructions et de ses conseils, et ces divergences risquent de devenir funestes. Le gouvernement a donc chargé Delcassé et Millerand de
signaler à l'Angleterre les périls de cette situation, d'appuyer la protestation de notre général
en chef et de tâcher, en même temps, d'obtenir en
France l'unité de commandement sous les ordres
de Joffre, alors surtout que nous avons accepté le
commandement anglais pour l'opération des Dardanelles.

Mais, loin d'avoir l'unité d'action sur les champs
de bataille, nous ne l'avons même pas encore
en diplomatie. Paléologue télégraphie de Petrograd (n°s 347 et 348) : « Les paroles ambiguës

que sir Ed. Grey a récemment prononcées devant
la Chambre des communes sur la destinée prochaine
de Constantinople ont produit en Russie une impression fâcheuse. L'opinion publique russe craint
que l'Angleterre ne veuille, au dernier instant,
faire prévaloir telle ou telle solution qui ne satis-
ferait pas pleinement les aspirations historiques
de la Russie. Aussi, depuis quelques jours, M. Sazonoff est l'objet d'instances très vives afin qu'il
déclare publiquement que les Turcs seront expulsés
d'Europe et que le pavillon russe flottera désormais sur la Corne d'Or. Ce matin même, M. Sazonoff nous a pris, sir G. Buchanan et moi, comme
témoins du mouvement qui s'opère dans le peuple
russe : « Il y a quelques semaines, nous a-t-il dit,
je pouvais croire que la question des détroits
n'impliquerait pas nécessairement l'occupation
définitive de Constantinople. Aujourd'hui, je dois
constater que le pays tout entier exige cette solution radicale. Or, jusqu'ici, sir Ed. Grey s'est borné
à nous faire savoir que la question des détroits
devrait être complètement réglée d'accord avec
la Russie. Il est vrai que le roi George V est allé
plus loin, puisqu'il a déclaré au comte Benckendorff : « Constantinople est à vous. » Mais l'heure
est venue d'être plus explicite. » M. Sazonoff a
conclu en priant sir G. Buchanan d'insister auprès
de sir Ed. Grey pour que l'assentiment du gouvernement britannique aux desseins de la Russie
soit obtenu. Il sera reconnaissant à Votre Excellence d'appuyer sa demande. »

Le langage de Sazonoff, tel que le rapporte
Paléologue, me paraît très grave. C'est la première
fois, à ma connaissance, que la Russie nous annonce des prétentions sur Constantinople. Elle
nous a toujours déclaré qu'elle n'avait plus aucune

ambition de ce genre, et le maximum de ses revendications les plus récentes a été, depuis la guerre, la liberté des détroits, la neutralisation de Constantinople et un point sur le Bosphore. Encore n'a-t-elle obtenu de la France aucune promesse. Au demeurant, la Russie ne participe pas jusqu'ici à l'opération des Dardanelles. Les troupes annoncées n'ont pas même donné signe de vie. Si Constantinople tombe, la Russie n'y sera pour rien. Elle ne peut, d'autre part, ignorer que la Roumanie n'acceptera point de se laisser embouteiller et que les Grecs aiment mieux voir à Constantinople les Turcs que les Russes. Elle va donc irriter deux nations dont les sympathies nous sont précieuses, peut-être même nécessaires. Enfin, lorsque la Russie sera assurée d'avoir Constantinople, elle se désintéressera, sans doute, totalement de la guerre contre l'Allemagne.

Je prie Viviani et Delcassé de venir conférer avec moi de ce fâcheux incident. L'un et l'autre le déplorent. Delcassé a même déjà préparé pour Paléologue un télégramme où il indique qu'avant de décider du sort de Constantinople, il faut, d'abord, que les Alliés se prononcent sur la liberté des détroits, liberté dont le gouvernement impérial a reconnu le principe dans tous les entretiens antérieurs. Rien de plus juste. Mais comment concilier la liberté des détroits avec l'intention précédemment manifestée par la Russie d'occuper un point fortifié sur le Bosphore? Tout cela doit être précisé. Il est convenu que Delcassé, au lieu de parler des détroits sous une forme indéterminée, stipulera que la liberté devra être absolue en tout temps et pour tout le monde et s'appliquer au Bosphore comme aux Dardanelles. Quant à la question de Constantinople, que la Russie présente aujourd'hui sous un aspect nouveau, elle ne peut être réglée qu'après celle des détroits et Sazonoff sera prié de s'abstenir de toute déclaration à ce sujet.

Delcassé télégraphie effectivement en ce sens le 3 mars (n° 364). Mais le même jour, le général Pau étant arrivé à Petrograd, l'empereur l'invite à déjeuner avec Paléologue et après le repas, Nicolas II, prenant l'ambassadeur à part, lui dit : « Vous vous rappelez la conversation que j'ai eue avec vous ici même au mois de novembre dernier. Depuis lors, mes idées n'ont pas changé. Mais il est un point que les circonstances m'obligent à préciser, je veux parler de Constantinople. La question des détroits passionne au plus haut degré l'opinion publique russe. C'est un courant chaque jour plus puissant. Je ne me reconnaîtrai pas le droit d'imposer à mon peuple les terribles sacrifices de la guerre actuelle sans lui accorder comme récompense la réalisation de son rêve séculaire. Aussi ma décision est prise : je résoudrai radicalement le problème de Constantinople et des détroits. La solution que je vous ai indiquée au mois de novembre est la seule possible, la seule efficace. La ville de Constantinople et la Thrace méridionale devront être incorporées à l'empire. » Et comme M. Paléologue rappelle à l'empereur que la France possède tant à Constantinople qu'en Thrace des intérêts économiques et moraux, des privilèges, des traditions : « Vos intérêts, vos privilèges, vos traditions seront pleinement sauvegardées, » répond le tsar et il conclut : « Vous savez que le roi d'Angleterre a déclaré naguère à mon ambassadeur : « Constantinople « est à vous. » Cette déclaration me garantit les bonnes dispositions du gouvernement britannique.

Si néanmoins quelques difficultés de détail sur-
gissaient, je compte sur votre gouvernement pour
m'aider à les aplanir. » Paléologue reprend : « Et
pour les questions qui concernent directement
la France, puis-je affirmer à mon gouvernement
que les visées de Votre Majesté n'ont pas changé
non plus? — Assurément. Je souhaite que la
France sorte de cette guerre aussi grande et aussi
forte que possible. Je souscris par avance à tout
ce que votre gouvernement peut désirer. Prenez
la rive gauche du Rhin ; prenez Mayence, prenez
Coblentz ; allez plus loin encore, si vous le jugez
utile. J'en serais heureux et fier pour vous. »
(Petrograd, nᵒˢ 361 et 362.)

La lecture de ce télégramme me stupéfie et je
ne m'explique ni la nouveauté de ce langage, ni
la dangereuse bizarrerie de ces conceptions. Déjà,
sans doute, en novembre, au palais de Tsarskoïé-
Sélo, Nicolas II avait tenu à notre ambassadeur
quelques propos assez inattendus (télégr. 22 novembre 1914, nᵒˢ 957 et s.) ; mais, d'abord, il
avait pris soin de déclarer qu'il ne parlait qu'à
titre personnel et qu'il entendait, le jour venu,
prendre conseil de ses ministres ; puis il avait
nettement précisé, et c'était là l'essentiel, que les
conditions de la paix devaient être délibérées
entre l'Angleterre, la France et la Russie ; et enfin,
il avait ajouté : « En Asie Mineure, j'aurai nécessairement à m'occuper des Arméniens ; je ne
pourrai vraiment pas les replacer sous le joug
turc. Devrai-je sauvegarder l'Arménie? Je ne l'an-
nexerai qu'à la demande des Arméniens. Sinon,
je leur organiserai un régime autonome. Enfin je
serai obligé d'assurer à la Russie le libre passage
des détroits. Sur cette question des détroits, j'ai
mes raisons d'être un peu plus explicite. Mes idées

sont encore loin d'être arrêtées. La question est si grave. Il y a pourtant deux conclusions auxquelles je reviendrai toujours. La première, c'est que les Turcs doivent être expulsés d'Europe ; la seconde, c'est que Constantinople doit être désormais une ville neutre avec un régime international. Il va de soi que les musulmans recevraient toutes garanties pour le respect de leurs sanctuaires et de leurs tombeaux. La Thrace jusqu'à la ligne Enos-Midia serait dévolue à la Bulgarie ; le reste, depuis cette ligne jusqu'aux rivages et sauf les alentours de Constantinople, serait attribué à la Russie... La Serbie s'annexerait la Bosnie-Herzégovine, la Dalmatie et le nord de l'Albanie ; la Grèce s'annexerait le sud de l'Albanie, sauf Valona, qui serait dévolue à l'Italie ; la Bulgarie, si elle reste sage, recevrait de la Serbie une compensation en Macédoine... » Certes, il y avait, dans ces idées impériales, un peu de candeur et beaucoup de témérité. Mais, du moins, en novembre, la Russie ne revendiquait pas pour elle-même Constantinople. Maintenant, au contraire, elle se prévalait d'un mot échappé au roi George pour prétendre à la possession de la capitale ottomane, et pour porter ainsi une grave atteinte à la politique traditionnelle de la France.

Il semble, en effet, qu'à la fin de 1914, et au commencement de 1915, la politique russe ait eu grand'peine à fixer ses intentions à l'égard de Constantinople et des détroits. De vives discussions s'étaient même élevées entre Sazonoff, le grand-duc Nicolas, le général Yanoushkevitch, le général Danilov et l'amiral Nenyukov (1). Nous

(1) *Archives rouges,* volumes XXVI, XXVII, XXVIII, Moscou-Leningrad. — V. également Michael T. FLORINSKY, *Political Science Quarterly,* vol. XLIV ,n° dù 1ᵉʳ mars 1929.

ignorions ces détails. Nous ignorions aussi qu'à plusieurs reprises, pendant l'année 1915, l'Allemagne allait faire faire, par des intermédiaires variés, des propositions de paix séparée à la Russie, avec promesse de Constantinople et des détroits. Von Jagow, en particulier, a joué un rôle occulte, mais très actif dans ces tentatives que le tsar et l'impératrice ont toujours loyalement écartées, mais que favorisaient beaucoup de Russes germanophiles (1).

Le télégramme de Paléologue avait, du reste, suffi à nous inquiéter et j'avais signalé à Delcassé le danger des conceptions impériales. Le ministre avait trouvé mes craintes justifiées et il m'avait prié de rédiger moi-même, à l'adresse de l'ambassadeur, une lettre que le Quai d'Orsay se chargerait de transmettre. C'est la seule fois, qu'étant président de la République, j'aie correspondu avec un de nos agents diplomatiques, mais les circonstances et l'assentiment du ministre justifiaient, je crois, cette dérogation aux règles constitutionnelles. Voici donc cé que j'ai rapidement jeté sur le papier : « Paris, 9 mars 1915. Mon cher ami, ee n'est pas le président qui t'écrit, ce n'est même pas ton ancien ministre, c'est le vieux camarade de lycée. J'ai donné ma lettre à lire à M. Delcassé pour être sûr de ne te rien dire qui puisse embarrasser ton action, mais, si ce pli t'arrive par la valise, il n'a cependant rien d'officiel. Les télégrammes que tu nous avais envoyés depuis plusieurs mois ne nous avaient pas laissé pressentir le brusque changement qui vient de se produire dans les intentions du gouvernement

(1) *Les Tentatives de paix séparée entre l'Allemagne et la Russie tsariste*, par André PIERRE. *Revue d'histoire de la guerre mondiale*, numéro de juillet 1930.

russe. Il s'était borné jusqu'ici à indiquer discrètement qu'il pourrait réclamer, le moment venu, un point fortifié sur le Bosphore, mais il n'avait émis aucune prétention ni sur Constantinople, ni sur les Dardanelles, ni sur la Thrace, ni sur les îles qui commandent les détroits. Nous avons été surpris de la précipitation et de la vivacité avec lesquelles sont formulées toutes ces revendications nouvelles, au moment où commence une opération très difficile, que la Russie ne pourrait songer à poursuivre seule, et dont elle a même paru, un instant, ne vouloir supporter aucune charge. Si Constantinople tombe aux mains des Alliés, ce sera, à tout le moins, une victoire commune, et cette victoire ne sera qu'un des épisodes de la guerre que les Alliés se sont engagés à continuer en plein accord jusqu'au jour où ils seront tous décidés à signer la paix. Certains Russes de l'école de M. de Witte s'accommoderaient, sans doute, volontiers de s'attribuer Constantinople et de ne pas prolonger ensuite la guerre contre l'Allemagne et contre l'Autriche. Je ne puis croire que l'empereur accueille jamais leurs suggestions insidieuses. Gardons-nous cependant d'imprudences qui favoriseraient leurs intrigues. Une première précaution me paraît indispensable : ne pas discuter publiquement le sort futur de Constantinople et laisser ignorer à la Roumanie, à l'Italie, à tous les neutres, les désirs de la Russie, car les leur révéler, ce serait décourager des concours dont M. Sazonoff fait, à mon avis, beaucoup trop bon marché. Bornons-nous donc à causer secrètement entre nous : France, Angleterre et Russie, et causons en toute confiance et amitié. La Russie ne peut méconnaître qu'elle nous demande aujourd'hui de trancher séparément et par anticipation

une question qui fait partie d'un ensemble et qui
n'en peut être détachée. C'est à l'heure du règlement général qu'elle devra être résolue ; elle est
fonction de toutes les autres questions qui se pose-
ront alors et dont la solution dépendra elle-même
de l'étendue de la victoire commune. Nous con-
naissons les aspirations de la Russie et nous souhaitons qu'elles puissent se réaliser ; mais nous ne
pouvons y sacrifier les nôtres. L'attribution à la
Russie de Constantinople, de la Thrace, des détroits
et des rives de la mer de Marmara implique le partage de l'empire ottoman. Nous n'avons aucune
bonne raison de désirer ce partage. S'il est inévitable, nous n'entendons pas qu'il se fasse à nos dépens. Il faudra donc, d'une part, trouver une combinaison qui nous permette de rassurer nos sujets
musulmans d'Algérie et de Tunisie sur l'indépendance ultérieure du commandeur des croyants, et
d'autre part, obtenir, outre la conservation de nos
établissements d'Orient et la sauvegarde de nos
intérêts économiques en Asie Mineure, la reconnaissance de nos droits sur la Syrie, sur Alexandrette et sur le vilayet d'Adana. Mais la possession
de Constantinople et des environs ne donnerait
pas seulement à la Russie une sorte de privilège
dans la succession de l'empire ottoman. Elle l'in-
troduirait, par la Méditerranée, dans le concert
des nations occidentales et elle lui donnerait, par
la mer libre, la possibilité de devenir une grande
puissance navale. Tout serait donc changé dans
l'équilibre européen. Un tel agrandissement et un
tel surcroît de forces ne seraient acceptables pour
nous que si nous-mêmes nous retirions de la guerre
des avantages équivalents. Tout est donc for-
cément lié. Nous ne pourrons seconder les désirs
de la Russie que proportionnellement aux satis-

factions que nous recevrons nous-mêmes. La guerre avec la Turquie et les espérances qu'elle offre à la Russie ne sauraient nous faire oublier les origines de la guerre générale. C'est la question serbe qui a mis le feu à l'Europe. L'esprit agressif de l'Allemagne s'est exercé sur un sujet qui intéressait la Russie beaucoup plus directement que la France, et la France a été entraînée, malgré elle, dans le conflit. Elle a été fidèle à son alliance. Elle comprendrait mal aujourd'hui que la perspective de Constantinople détournât l'opinion russe des causes véritables et de l'objet essentiel de la guerre. Il ne peut y avoir, pour les Alliés, qu'une conduite sage et loyale : continuer la lutte en commun, exclure toute idée de paix séparée, et réserver les questions de partage pour l'heure du règlement final. Chacun peut former des souhaits ou même annoncer des revendications. Mais il n'est pas possible de composer des parts avant de savoir ce qu'il y aura à partager. Comme te l'a télégraphié le ministre, il faut, d'abord, vaincre et vaincre le plus tôt possible... Je ne doute pas qu'avec une certaine fermeté tu ne ramènes l'empereur et le ministre russe à une conception plus juste des intérêts permanents de l'Alliance. Tu as leur confiance. Uses-en pour les éclairer et pour les mettre en garde contre des initiatives où l'imagination a souvent plus de part que le sens des réalités. Reçois, mon cher ami, mon plus cordial souvenir. »

Cette lettre intime, où je m'exprime avec une entière liberté, prouve assez qu'à aucun moment, quoi qu'on en ait dit et écrit, ni le gouvernement, ni moi, nous n'avions contracté le moindre engagement envers la Russie et que nous étions, au contraire, fort surpris de ses prétentions nouvelles (1).

Or, tandis que l'empereur faisait ainsi à Paléologue des déclarations inquiétantes, Sazonoff commettait, de son côté, une étrange maladresse. Sous prétexte que, d'après les confidences du marquis Carlotti, l'Italie cherchait à obtenir de nous, en retour de son intervention militaire, de très gros avantages, le ministre russe remettait au tsar une note conçue dans un esprit tout à fait opposé à l'opinion française : « M. Sazonoff ne verrait pas sans appréhension l'Italie entrer en scène, alors que son concours militaire et naval a perdu la meilleure partie de sa valeur. Toute collaboration nouvelle rendrait les négociations de paix plus difficiles. L'intime confiance qui règne entre les trois puissances alliées est le principe même de leur force. Si une quatrième puissance s'immisçait dans leur concert, ne faudrait-il pas craindre que celle-ci ne cherchât à les désunir pour son profit personnel? M. Sazonoff estime donc que, si le gouvernement italien nous offre son concours, nous devrions l'éluder sous les formes les plus amicales. » (Petrograd, n⁰ˢ 353 et 354.) Le cabinet français s'empresse de faire savoir à la Russie qu'il refuse de s'associer à cette politique dédaigneuse et négative.

Il ne va cependant pas jusqu'à partager l'impatience de quelques-uns de nos hommes politiques qui, pour hâter la décision de l'Italie, commettraient volontiers des imprudences. La com-

(1) V. un télégramme du 15-28 mars 1915 où M. Isvolsky dit à M. Sazonoff : « Vous n'ignorez pas que l'opinion personnelle de Poincaré, demeurée inchangée, toujours empreinte des anciennes traditions de la politique orientale française, nous sera, sans doute, un obstacle, même si le gouvernement a d'autres vues. » Documents diplomatiques secrets russes, 1914-1919, d'après les archives du ministère des Affaires étrangères à Petrograd, Payot, éd.

mission sénatoriale des finances, sortant un peu de son rôle constitutionnel, demande qu'on libère les soldats garibaldiens engagés dans notre armée et qu'on leur donne une indemnité de plusieurs centaines de mille francs, pour leur permettre de constituer un corps franc et d'aller attaquer l'Autriche. Jules Guesde est déjà venu me parler, en grand mystère, de ce projet qui plaît à son romantisme révolutionnaire. Il m'a confié que les volontaires garibaldiens désirent être licenciés, après avoir reçu un peu d'argent et des fusils. Ils partiront alors, je ne sais par où, pour le Trentin, où ils commenceront en francs-tireurs une guerre de libération. Ils sont convaincus que l'Italie les suivra. L'autre jour, le général Riccioti Garibaldi m'a exprimé à demi-mot le même désir. « L'Italie marchera, s'est-il écrié, ou ce sera la fin de la monarchie. » Guesde a voulu savoir si je trouvais l'opération impraticable ou dangereuse et il a ajouté avec sa loyauté ordinaire : « Je n'en parlerai au Conseil qu'avec votre assentiment. » Je lui ai répondu que je ne voyais guère par où les garibaldiens pourraient gagner le Trentin, s'ils n'obtenaient pas que le gouvernement italien fermât les yeux sur leur équipée, mais qu'il n'était pas impossible que leur entreprise reposât sur une de ces combinaisons dont Cavour avait autrefois tiré un si beau parti. Il n'y a donc, ai-je dit, aucun inconvénient à saisir le Conseil. Le gouvernement, mis au courant par Guesde, a pensé que, sauf à demander aux garibaldiens quelques précisions sur leurs moyens d'accès au Trentin, on pourrait les libérer et leur faciliter par une distribution d'argent et de fusils l'opération projetée. La commission des finances, avertie je ne sais comment, invite donc le gouvernement à faire ce qu'il a déjà fait. Elle paraît toutefois avoir plus de confiance que nous dans cette aventureuse entreprise.

Au surplus, l'Italie, comme la Grèce et la Bulgarie, a maintenant les yeux fixés sur les Dardanelles et attend le résultat des opérations alliées. Jusqu'ici, malheureusement, nos efforts sont aussi vains en Orient qu'en Champagne. Nous avons bombardé le fort Dardanos et la redoute de Yldez, mais la flotte n'a pas avancé dans le détroit.

D'autre part, il ne reste aucun espoir d'intervention japonaise en Europe. Le ministre plénipotentiaire de Belgique à Tokyo a vu le ministre des Affaires étrangères, qui lui a dit : « Le gouvernement ne croit pas possible de donner suite à cette idée. L'armée recrutée par conscription pour la défense du sol national ne saurait être envoyée au loin. Aucun gouvernement n'oserait faire cette proposition à l'empereur. » (Tokyo, n° 34.) Cette réponse découragera-t-elle la campagne de M. Clemenceau? Rien n'est, à vrai dire, moins probable.

Dans le malaise général qui résulte de notre impuissance militaire, nous sommes en butte à des reproches contradictoires. Les uns blâment Joffre de multiplier des tentatives meurtrières, les autres se plaignent de notre immobilité. Les uns prônent la doctrine de la puissance du feu, les autres exaltent celle du courage (1). Le bon sens veut cependant qu'on les concilie.

Dans les commissions parlementaires, on s'en prend maintenant à l'amiral Boué de Lapeyrère, qui, dit-on, a tort de ne pas montrer plus d'acti-

(1) *L'Infanterie sacrifiée,* par le général Arthur BOUCHER, Berger-Levrault,

vité dans l'Adriatique. Le premier lord de l'Amirauté britannique a lui-même exprimé à Augagneur le désir qu'une offensive fût tentée dans cette mer pendant la bataille des Dardanelles. Le 24 février, Lapeyrère a écrit au ministre de la Marine qu'il avait envisagé sous tous les aspects la question d'une expédition dans l'Adriatique, qu'il venait même de réunir ses officiers généraux, au nombre de cinq, à bord du *Courbet* et que tous avaient trouvé, comme lui, l'opération aléatoire et même dangereuse. « L'un d'eux, cependant, ajoute-t-il, a émis l'idée qu'on pourrait, sans toutefois déranger les unités de ligne, détacher deux croiseurs pour aller du côté de Trieste. En principe, cette idée est juste ; mais, à mon sens, elle n'est réalisable qu'à la condition de faire soutenir les croiseurs par des cuirassés, afin d'obvier au danger de voir la retraite de ceux-là coupée par des unités de ligne sortant de Pola... Si, d'autre part, je fais entrer dans la balance la très grande satisfaction que ressentiraient nos équipages et nos états-majors d'avoir enfin quelque chance de se mesurer avec un adversaire, j'en arrive à considérer comme possible une pareille opération, malgré les gros risques qu'elle comporte, parce qu'elle est, à mes yeux, la seule présentant des chances de réussite, mais je me rends compte que je ne saurais l'entreprendre sans l'assentiment du ministre de la Marine ou du gouvernement, seuls juges compétents de son opportunité et des conséquences qu'elle peut avoir. » Question embarrassante pour le ministre et pour le cabinet, qui veulent en délibérer avant de répondre. De toutes façons, une opération sur Trieste nous paraît contre-indiquée. Elle produirait vraisemblablement très mauvaise impression en Italie. Après étude attentive, Augagneur et ses services estiment, d'ailleurs, que le raid dont parle avec tant d'hésitation l'amiral de Lapeyrère comporterait des risques trop redoutables et que, malgré le désir exprimé par le gouvernement britannique, il est plus sage d'y renoncer.

Mais voici qu'en Grèce se fait sentir brutalement l'influence personnelle de Guillaume II. Le 6 mars, toute la population de Salonique fête joyeusement l'anniversaire de la prise de Janina. De grandes manifestations populaires ont lieu dans les rues de la ville. Des drapeaux grecs, français, anglais, russes et serbes, sont partout déployés. On pousse des cris de : « Vivent les Alliés ! A bas les Boches ! A Berlin ! A Constantinople ! » M. Séon, consul de France, est acclamé. (Salonique, nº 29.) Le lendemain, à Nisch, M. Alexandropoulo, ministre de Grèce, vient informer M. Pachitch que le gouvernement hellénique a pris la décision de sortir de la neutralité et de mettre à la disposition de la Triple-Entente sa flotte et une division de son armée de terre. M. Pachitch remercie chaleureusement le ministre de sa communication. Mais tout à coup, à onze heures du soir, il reçoit du ministre de Serbie à Athènes la nouvelle de la démission de Venizelos. (Nisch, nº 131.) Le roi Constantin a, en effet, désapprouvé la politique d'intervention et l'homme d'État hellène, désavoué par son souverain, a dû se retirer. La reine Sophie l'emporte et, avec elle, son frère Guillaume.

A mesure que l'hiver approche de son terme et que s'allongent les jours, nous éprouvons un soulagement à penser que les troupes, immobilisées dans leurs tranchées, ne vont plus souffrir aussi durement des rigueurs de la saison et qu'après la neige, la boue, la brume et les gelées, elles pourront

bientôt se réchauffer aux rayons du soleil printanier. Mais je n'en demeure pas moins préoccupé de
notre impuissance militaire et je me demande si,
avec le beau temps, nous reviendra l'espérance
d'un succès rapide. Les journées passent lentement, tristement, sans que nous apparaisse aucune
chance de victoire prochaine.

Mercredi 10 *mars.*
Je prends connaissance d'un rapport que vient
de rédiger, à la date du 8, la commission instituée
par le gouvernement, à l'effet de constater les actes
commis par l'ennemi sur notre territoire en violation du droit des gens. Elle est composée des
hommes les plus impartiaux et les plus conscien-
cieux : MM. Georges Payelle, premier président de
la Cour des comptes ; Armand Mollard, notre
ancien ministre à Luxembourg ; Georges Maringer,
conseiller d'État ; Edmond Paillot, conseiller à la
Cour de cassation. Elle a interrogé les Français
faits prisonniers par les Allemands dans les régions
envahies et récemment rapatriés par la Suisse, au
nombre d'une dizaine de mille, après une plus ou
moins longue captivité dans les camps d'Holzmin-
den, d'Erfurt et autres lieux, dans la forteresse de
Rastatt ou dans les camps d'internement de Bay-
reuth. Rien de plus douloureux que le récit des
mauvais traitements endurés par ces pauvres gens.
Je m'arrête, en particulier, à quelques passages
qui relatent d'odieux abus commis dans des villages meusiens, Bantheville, Lavignéville, Saint-
Maurice sous les Côtes.
En Grèce un cabinet Gounaris est constitué.
Le roi a déclaré au ministre d'Angleterre, doyen
du corps diplomatique, que rien ne serait changé
dans la politique du pays et qu'une neutralité

bienveillante serait maintenue à l'égard de la
Triple-Entente. Ce serait là, suivant lui, le meilleur moyen d'empêcher l'intervention de la Bulgarie. (Athènes, nº 90.)

Joffre a insisté pour qu'on l'autorisât à se donner
un remplaçant intérimaire, en vue de circonstances
qui le mettraient dans l'impossibilité momentanée
d'exercer son commandement. Millerand a fait
part de ce désir au gouvernement. Je me suis
élevé contre l'idée de retirer la lettre éventuelle
de succession qui est entre les mains de Gallieni.
Mais comme, en cas de vacance temporaire, Joffre
n'accepterait pas d'être remplacé par Gallieni, il
a bien fallu, pour cette éventualité, choisir un
autre général. Le Conseil des ministres a décidé
hier que Joffre pourrait, en cas de besoin, désigner
Dubail pour le suppléer. Ce choix a été soumis au
commandant en chef, qui vient de l'accepter.

Jeudi 11 mars.

Lord Kitchener serait, dit-il, heureux de rencontrer Millerand et le général Joffre. Il propose
de se rendre au G. Q. G. français, mais il précise
qu'il ne sera question, dans cette entrevue, ni de
l'affaire des Dardanelles, ni de l'emploi de la nouvelle armée anglaise en formation. (Londres,
nº 414.) Nous sentons qu'il y a chez les Anglais
quelque mauvaise humeur. Ils voudraient avoir
Dunkerque comme base maritime et Joffre s'est
jusqu'ici refusé à leur laisser occuper cette place,
dont il déclare avoir lui-même besoin pour nos
troupes. Les événements mettent cependant chaque
jour en lumière les avantages d'une collaboration
confiante entre les deux armées. Hier encore,
les Anglais, grâce à l'appui de notre artillerie
lourde, ont remporté un éclatant succès entre la

Lys et le canal de la Bassée. Le gouvernement prend le parti d'insister auprès de Joffre pour qu'il permette à nos alliés d'utiliser le port et la ville de Dunkerque. Le Conseil charge, d'autre part, Delcassé de demander à Londres des éclaircissements sur les opérations des Dardanelles et sur le rôle réservé à notre corps expéditionnaire.

Le ministre des Affaires étrangères me communique confidentiellement un télégramme qu'il a reçu de Paul Cambon et dont il ne veut pas encore parler au Conseil. (Londres, nº 417) : « Absolument secret. Hier, mon collègue d'Italie a dit à sir Ed. Grey que, dans le cas où son gouvernement se déciderait à sortir de la neutralité, il ne pourrait, faute de préparation suffisante, exercer une action avant le 15 avril prochain. Il a ajouté qu'il consentirait à se joindre aux Alliés sous certaines conditions énumérées dans un mémorandum qu'il a remis au secrétaire d'État des Affaires étrangères en le priant de le garder secret. Sir Ed. Grey a répondu qu'il ne pouvait s'expliquer sur ce mémorandum sans avoir consulté la France et la Russie. Le marquis Imperiali a insisté pour que cette conversation fût des plus secrètes et que le mémorandum ne nous fût pas remis. En conséquence, sir Ed. Grey s'est borné aujourd'hui à nous en donner lecture, à mon collègue russe et à moi. La frontière réclamée par l'Italie au nord engloberait une partie du Tyrol. Partant du mont Ortler, elle s'élèverait jusqu'au col du Brenner et rejoindrait la frontière actuelle en passant à l'est de Brunecker, puis abandonnant cette frontière jusqu'à un point à l'ouest de Klagenfurt, elle descendrait directement à l'ouest de Fiume, laissant à l'Italie le Trentin et l'Istrie, avec les îles Cheso, Lussin, Pago, Premuda. La côte de la

Croatie, y compris Fiume, serait neutralisée. La Dalmatie serait abandonnée à l'Italie. De la limite nord de la Dalmatie jusqu'au Drin au-dessous de Saint-Jean de Medua, la côte neutralisée serait laissée à la Serbie et au Monténégro. En Albanie, on laisserait la Serbie et la Grèce prendre quelques avantages, mais Durazzo deviendrait la capitale d'une Albanie autonome et musulmane. Ses côtes, jusqu'au cap Stylos, seraient également neutralisées. L'Italie prendrait Valona et un certain territoire autour. Elle conserverait le Dodécanèse. Une zone d'influence autour d'Adalia lui serait reconnue en Asie Mineure. Si les Alliés occupaient des territoires en Turquie, l'Italie occuperait sa zone d'influence. Dans le cas où les Alliés s'attribueraient des colonies allemandes en Afrique, l'Italie recevrait des avantages du côté de l'Érythrée. Sir Ed. Grey n'a pas dissimulé au marquis Imperiali qu'il trouvait les prétentions de son gouvernement quelque peu exagérées. Je pense que ce n'est pas le dernier mot de l'Italie. *Signé* : Paul Cambon. »

Oui, certes, un peu exagérées dans leur premier mot, ces prétentions italiennes. Peut-être nos voisins ont-ils obtenu de l'Autriche quelques promesses conditionnelles et veulent-ils comparer les bénéfices qu'ils peuvent attendre des belligérants. Toujours est-il qu'avant d'entrer en guerre, ils nous demandent clairement, outre l'accès de l'Éthiopie par Djibouti, la maîtrise de l'Adriatique et de la Méditerranée orientale. C'est beaucoup. Leur mémorandum a été remis à Grey le 4 mars et Imperiali l'avait reçu dès le 16 février. Ils ont donc pris le temps de la réflexion (1).

(1) **V.** *L'Intervention italienne dans la guerre*, par M. Albert

Vendredi 12 mars.

Sir Francis Bertie a communiqué à Delcassé le mémorandum italien, dont Imperiali a fini par permettre qu'il nous fût donné connaissance. Contrairement à ce qu'avait cru Paul Cambon, il n'est pas, dans ce document, question de l'Érythrée. Peut-être le secrétaire d'État britannique a-t-il immédiatement écarté cette prétention. Mais l'Italie demande que, si elle apporte son concours à la Triple-Entente, il lui soit accordé en Europe et en Asie Mineure les avantages énumérés par Paul Cambon et, en outre, que la paix ne soit pas conclue en dehors d'elle, que la flotte anglo-française appuie la sienne contre l'Autriche-Hongrie et que la Russie maintienne contre le même ennemi un minimum de troupes à déterminer. Delcassé a examiné avec ses services les revendications territoriales de l'Italie. Il estime, comme moi, que nous devons les étudier avec bienveillance, mais il y a trois points qui commandent de sérieuses réserves, l'occupation de la Dalmatie par l'Italie, la neutralisation des territoires slaves remis au Monténégro et à la Serbie, la reconstitution d'une Albanie musulmane. Encourager l'Italie, rien de mieux ; n'allons pas cependant décourager la Serbie, qui lutte si péniblement là-bas pour son existence nationale.

Le G. Q. G. fait publier un communiqué officiel intitulé : « Notre action en Champagne, son but et son résultat. » D'après les conclusions de cette note, nos opérations auraient été « une suite ininterrompue de succès locaux. » Elles ne nous auraient coûté que « des pertes relativement

PINGAUD, *Revue de France* du 1er mai 1929. — *L'Autriche et la Hongrie pendant la guerre*, par Bertrand AUERBACH, doyen de la faculté des lettres de Nancy, p. 57 et s. Félix Alcan, éditeur.

faibles et très peu de prisonniers ». Elles auraient
« infligé à l'ennemi des pertes énormes, supérieures
à celles subies par lui en Russie au même moment ».
Elles l'auraient « obligé à concentrer sur ce point
du front cinq corps d'armée et à y dépenser en
grande quantité des munitions ». Elles auraient
« aidé aux brillants succès remportés par les Russes
et par les Anglais ». Elles auraient « entraîné l'état-
major allemand à fournir des explications qui
constituent un aveu ». Ce bel optimisme n'empêche point, hélas ! que le but visé et annoncé par
notre commandement n'ait été manqué. Nous avons
pris, perdu, repris la cote 196. Nous n'avons pas
percé les lignes allemandes. Nous n'avons même
pas fait reculer sensiblement l'ennemi. Nos soldats
se sont, comme toujours, admirablement conduits,
mais l'heure n'est pas aux chants de triomphe.

Triste nouvelle : le général Maunoury, commandant de la 6e armée, étant allé avec un de ses
commandants de corps, le général de Villaret,
visiter des tranchées de première ligne, a eu la
courageuse imprudence de monter sur le parapet
intérieur et de regarder par un créneau. Il a été
vu par un observateur placé à cinquante mètres de
lui dans une tranchée allemande ; un coup de feu
est parti et les deux généraux ont été blessés par
la même balle. Le général Maunoury a eu l'œil
gauche enlevé et le maxillaire brisé ; on craint que
l'œil droit, demeuré dans l'orbite, ne soit lui-même
privé de la faculté visuelle. Le général Villaret a
eu l'os frontal enfoncé ; on lui a fait avec succès
l'opération du trépan. Tous deux, croit-on, seront
sauvés, s'il ne survient pas de complications imprévues.

Dès que j'apprends ce double malheur, je saute
en automobile avec le général Duparge et je pars

pour Villers-Cotterets, où a été ramené Maunoury.
Je le trouve étendu sur un lit et sommeillant. Je
me garde de troubler le repos du glorieux blessé
et je me contente de déposer sur son drap la médaille militaire que Joffre m'a fait prier de lui
remettre. Je reste, quelques instants, silencieux
auprès du général endormi. Il ne se réveille pas.
En le quittant, je me rends à une ambulance voisine, installée dans l'asile des vieillards. Peu de
blessés, mais beaucoup de malades, atteints de
fièvre typhoïde, de scarlatine, de rougeole, de diph-
térie, de méningite cérébrospinale. Et pourtant,
m'assure-t-on, l'état sanitaire de la 6e armée est
bon. Que serait-ce, s'il ne l'était pas? Magnifiques
soldats, qui êtes exposés tous les jours à verser
votre sang pour le pays et qui êtes, en outre,
menacés par tant de fléaux! Comment la France
pourra-t-elle jamais vous remercier de votre
patriotisme et de votre dévouement?

Samedi 13 *mars.*

Sur interrogation de Delcassé, Paul Cambon fait
savoir que « le mémorandum italien porte formellement que, si les puissances alliées s'attribuaient
en Afrique des avantages aux dépens des colonies
allemandes, l'Italie devrait en obtenir de propor-
tionnels, notamment sur les frontières de l'Érythrée, des Somalis et de la Libye. Sir Ed. Grey n'a
pas mentionné dans le résumé adressé à sir Francis
Bertie cette disposition qui lui paraissait secondaire. Il considère comme très difficile de faire
des concessions du côté des Somalis ». (Londres,
no 434.) Secondaire, c'est bientôt dit, mais du côté
de l'Érythrée et de la Libye, c'est la France qui
serait mise à contribution, et elle n'a aucune bonne
raison de se laisser faire.

D'après des télégrammes de Vienne et de Berlin, lus par le nouveau ministre grec des Affaires étrangères à notre représentant en Grèce, M. Deville, l'empereur d'Autriche aurait présidé, mardi dernier, une réunion des deux présidents du Conseil autrichien et hongrois, des trois ministres communs et du général Conrad von Hetzendorf. Tous auraient été d'avis que, vu les succès présumés des flottes anglo-françaises contre Constantinople, l'urgence de reprendre les opérations contre la Serbie et la nécessité d'immobiliser l'Italie, l'Autriche devait accorder à celle-ci des concessions territoriales et économiques. L'empereur aurait d'abord hésité, puis cédé, et l'accord serait en bonne voie. (Athènes, n° 93.) L'Italie frappe, sans doute, aux deux portes successivement, sinon même à la fois, mais elle est trop avisée pour s'avancer à la légère, sans avoir mûrement pesé le pour et le contre.

M. Allizé, notre ministre en Hollande, nous dit également qu'un secrétaire de la légation d'Allemagne à La Haye, revenu de Berlin le 8 mars, en a rapporté la nouvelle que l'Italie aurait obtenu de l'Autriche des promesses satisfaisantes. (La Haye, n° 310.)

En attendant que le cabinet de Rome se décide, Grey a fait communiquer à Sazonoff la liste des exigences italiennes. Comme il était aisé de le prévoir, le ministre russe proteste contre l'annexion de toute l'Istrie. (Petrograd, n° 408.) Il demande que du cap Planka aux bouches de Cattaro le littoral soit attribué aux États slaves et qu'il en soit de même des bouches de Cattaro au Drin. Il exprime, en outre, le désir que l'Albanie soit partagée entre la Grèce et la Serbie. Il n'accepte pas la neutralisation des côtes entre les bouches de Cattaro et l'embouchure de la Voiousa. Il ne fait d'objections ni à l'annexion du Dodécanèse ni à la reconnaissance des intérêts italiens dans la région d'Adalia. Parviendrons nous à concilier tant d'ambitions contradictoires et tant d'idées divergentes?

Nous apprenons la mort du comte de Witte. C'est presque une victoire pour la Triple-Entente. Le tsar ne l'aimait pas et m'en avait parlé avec sévérité. Mais on pouvait toujours avoir à redouter une influence qui s'exerçait le plus souvent en faveur de l'Allemagne (1).

Comme prix de sa trop complaisante adhésion aux desseins de Nicolas II sur Constantinople et sur les détroits, le gouvernement britannique, qui ne perd pas son temps, a demandé ce matin à la Russie de consentir que la zone neutre de la Perse fût incorporée désormais à la zone anglaise. L'Empereur a, tout de suite, acquiescé. (Petrograd, nº 414.)

Le colonel Pénelon, venu du G. Q. G., me dit avec sa franchise coutumière que les opérations de Champagne ont définitivement échoué. Le général en chef, très déçu, se résigne à les arrêter. On a presque inutilement perdu 25 000 hommes, tués, prisonniers ou blessés. On a fait, en outre, une énorme consommation de munitions. A peine at-on gagné quelques kilomètres. Tout s'est passé avec une méthode irréprochable, mais avec une telle lenteur que, derrière les lignes de tranchées prises par nous, les Allemands ont toujours eu le temps d'en établir de nouvelles, aussi fortement défendues. Joffre reconnaît que si l'offensive continuait, elle ne pourrait plus nous rapporter que

(1) V. *Mémoires de Sir George Buchanan*, trad. fr. Paris, Payot.

des gains insignifiants. Il songe maintenant à
profiter des succès anglais pour laisser Foch tenter
une attaque convergente sur les deux ailes de
l'armée britannique. La nouvelle opération com-
mencerait demain.

D'accord avec Joffre, le ministre de la Guerre
a offert à Gallieni la succession de Maunoury à la
tête de la 6e armée. Après quelques heures de réflexion, Gallieni a refusé. A-t-il d'autres vues?
Ou se sent-il en dissentiment avec Joffre sur la
conduite des opérations? Il ne s'est pas expliqué.
Le commandant en chef a alors proposé le général Dubois, que Millerand a nommé. C'est un
excellent officier de cavalerie, qui a commandé
l'École de Saumur et qui a été directeur de son
arme au ministère. Il s'est distingué avec le
IXe corps sur la Somme, sur la Meuse, aux marais
de Saint-Gond, sur l'Yser, partout où ce corps
a été engagé.

Dimanche 14 mars.

Freycinet m'avait demandé audience en s'excu-
sant d'être obligé par la grippe de me proposer
lui-même son heure. Je me suis naturellement
offert à me rendre chez lui. Il m'a répondu par
un petit mot d'une politesse raffinée : « Votre
visite achèvera de dissiper une grippe qui ne demande qu'à s'en aller. Je vous remercie d'avance. »
Je l'ai trouvé, ce matin, en robe de chambre, le
nez humide, mais la tête ferme. Il me dit que la
commission de l'armée du Sénat est, de nouveau,
très irritée contre Millerand. Les délégués qu'elle
a nommés pour visiter les manufactures d'armes
ont constaté partout un grand désordre. On n'aurait transformé, au total, que 26 000 fusils et on
n'en fabriquerait encore aucun. D'autre part, la

commande de 500 canons de 75 annoncée par Millerand ne serait pas encore faite. Freycinet se plaint que le ministre ne sache pas briser la force d'inertie de ses bureaux. La commission, très mécontente, a, malgré son président, inséré un blâme dans son rapport.

J'écris à Millerand une lettre détaillée et je préviens également Viviani. « Tous ces retards, dis-je à Millerand, inquiètent d'autant plus la commission qu'ils auront, semble-t-il, pour conséquence de rendre plus difficile la constitution d'unités nouvelles. Ils me paraissent bien inexplicables après les ordres que tu as donnés et qui ne sont guère exécutés. Je te supplie, une fois encore, de prendre des mesures et d'infliger des sanctions énergiques. Sans doute, le général Baquet, le jour où il a reçu la direction de l'artillerie, osait prétendre qu'on avait trop de canons, mais ce n'est l'avis ni de Gosset, ni de Delamotte, ni de beaucoup d'autres spécialistes, et, dans le doute, à supposer qu'il y ait doute, il faut évidemment fabriquer et fabriquer le plus vite possible. »

Paul Cambon, qui vient me voir, se plaint des initiatives incohérentes de Sazonoff et regrette que Paléologue ne réussisse pas à y mettre fin. Le ministre russe passe son temps à réglementer sur le papier la future occupation de Constantinople. (Petrograd, nos 418 et 419.) Il demande que le quartier de Sainte-Sophie soit réservé aux troupes russes. On croirait entendre le duc de Menuail, comte Spadassin, exposant à Picrochole ses plans de conquête. « Je, dist il, feray doncques bastir le temple de Salomon. »

Mais, de son côté, le cardinal Gasparri a, au nom du pape, prié Mgr Amette de demander au gouvernement français si le culte catholique ne pourrait pas être rétabli dans Sainte-Sophie. En saisissant Jules Cambon de cette demande, l'archevêque de Paris a lui-même rappelé qu'en 1453, lorsque les Turcs ont pris Constantinople, Sainte-Sophie n'était déjà plus catholique, mais grecque orthodoxe, et il a spontanément déclaré que le désir du Vatican risquait de se heurter aux prétentions russes. Jules Cambon me rapporte cet entretien. Il propose de dire à Mgr Amette que, le cas échéant, la France s'efforcera de faire consacrer au culte catholique un autre édifice de Constantinople. Mais il trouve, comme moi, assez puériles toutes ces prétentions de régler, par avance, le sort d'une ville qu'on n'occupe pas.

Lundi 15 mars.

Viviani se plaint de Millerand, contre qui, dit-il, s'élève une hostilité grandissante. Léon Bourgeois me confirme, à son tour, les observations de Freycinet. Il ajoute qu'en dehors de Clemenceau et peut-être de Doumer, personne ne songe à provoquer un changement de ministère, ni une crise de commandement, mais il faut que Millerand se décide à diriger des services qui lui échappent.

Pénelon m'apprend qu'il y a encore un petit conflit entre Joffre et le maréchal French. Le commandant anglais a arrêté son offensive sans qu'on sût exactement pourquoi. Il a fallu, par suite, que Foch renonçât à la sienne. De ce côté, tout est donc suspendu. Il a été fait, en revanche, une vigoureuse attaque sur Vauquois. La moitié du village a été occupée par nos troupes. C'est un succès qui me réjouit plus que personne, puisqu'il s'agit d'une de mes chères petites communes meusiennes, mais les journaux publient à ce sujet un communiqué dithyrambique, dont il m'est vraiment impossible d'approuver les exagérations.

Mardi 16 mars.

Viviani, qui a causé avec Millerand, paraît maintenant plus rassuré. Les canons seraient effectivement commandés. La commission sénatoriale n'aurait interrogé que Châtellerault et ce serait précisément à Châtellerault, mais à Châtellerault seulement, qu'aucune commande n'aurait été passée. Quant aux fusils, un nouvel effort est fait.

M. Romanos, revenu d'Athènes, m'affirme que la politique étrangère de la Grèce ne sera pas modifiée, qu'elle restera très bienveillante pour la France, que la crise n'a été provoquée que par une divergence de vues sur l'opportunité d'une action immédiate, mais que le nouveau gouvernement peut être bientôt amené à décider lui-même une intervention militaire. « Cependant, ajoute M. Romanos, le roi est sous l'emprise de son beau-frère. Je l'ai vu deux fois. Il m'a dit : « Je ne crois pas « à une grande victoire allemande, mais je crois « qu'il n'y aura ni vainqueurs, ni vaincus. Nous « devons donc être prudents. » Je lui ai dépeint l'état moral de la France, sa certitude de vaincre, mais il est resté incrédule. »

Le général d'Amade est parti pour l'Orient avec notre corps expéditionnaire. Nos troupes et celles de l'Angleterre doivent débarquer d'abord dans la presqu'île de Gallipoli, s'y installer solidement et bombarder de là les ouvrages de la côte asiatique ; car les canons des navires ne suffisent pas à détruire les défenses organisées par les Turcs. Le Conseil des ministres examine la situation telle qu'elle nous est exposée par le gouvernement britannique. Ordre sera donné à d'Amade de ne débarquer que sur les instructions du général anglais, sir John Hamilton, et après arrivée du corps expéditionnaire britannique. Kitchener compte venir bientôt à Paris pour discuter toutes ces questions avec Millerand et avec Joffre. (Londres, n° 461.)

Dans une lettre très digne, datée d'hier, le général Florentin, grand chancelier de la Légion d'honneur, met spontanément son poste à ma disposition en faveur de l'un quelconque des généraux qui se seront signalés pendant la guerre. Je le remercie de son désintéressement et pour le moment, nous le laissons en place.

Mercredi 17 mars.
Le ministre des Affaires étrangères de Suède a dit aujourd'hui à M. Thiébaut qu'il considère comme imminente la conclusion d'un accord entre l'Italie et l'Autriche. L'Italie obtiendrait le Trentin et une rectification de frontière du côté de Trieste. (Stockholm, n° 57.) Ce projet est-il réellement sur le point d'aboutir? Ou n'est-ce pas l'Italie qui en répand le bruit pour obtenir de notre côté de plus grands avantages?

Je reçois de Clermont-en-Argonne le télégramme suivant : « Lieutenant-colonel Simon, commandant 46e infanterie, à président de la République : Ai douleur vous faire part mort Henri Collignon, conseiller d'État, soldat à mon régiment, tombé au champ d'honneur le 15 mars. Il emporte tous regrets du régiment dans lequel il avait su conquérir par son courage toutes les sympathies. Veuillez, etc. » — Préfet du Finistère, Henri Collignon avait été brusquement révoqué, sans motif plausible, sur un coup de nerfs de Clemenceau, alors président du Conseil et ministre de l'Intérieur. M. Fallières, qui ne se consolait pas d'avoir eu à signer ce décret, avait choisi Collignon comme secrétaire général à l'Élysée. Lorsque j'ai été appelé à la présidence, mon prédécesseur m'a chaudement recommandé son dévoué collaborateur. Je l'ai fait nommer conseiller d'État. La guerre déclarée, ce très brave homme s'est révélé un homme très brave. En dépit de ses soixante-sept ans, il s'est engagé comme simple soldat et n'a accepté par la suite aucun galon. Le 26 décembre dernier, dans une lettre admirable, écrite au crayon, il me disait encore fièrement : « Je vis en simple soldat avec les hommes. » Il s'est brillamment conduit et vient d'être tué dans un assaut, sur les pentes de Vauquois.

Autre mort, qui me touche encore de plus près. Le docteur Demons, de Bordeaux, m'annonce que son beau-frère Roy de Clotte, l'ancien bâtonnier girondin, vient de succomber à une attaque d'apoplexie. Il était un des avocats les plus éminents que je connusse, dialecticien vigoureux, orateur abondant et spirituel ; au demeurant, joyeux compagnon, lettré, artiste, voyageur infatigable. C'est un véritable ami que je perds et je ne me rappelle pas sans mélancolie les promenades que nous faisions ensemble, il y a quelques mois, parmi les feuilles mortes des jardins bordelais (1).

Jeudi 18 mars.
Millerand donne connaissance au Conseil d'une lettre que Joffre lui a écrite hier. « Depuis le 4 septembre, veille de la bataille de la Marne, dit le

(1) V. *L'Invasion*, p. 344 et 392.

général en chef, l'initiative des opérations stratégiques n'a pas cessé d'appartenir aux armées françaises. La manœuvre qui a suivi notre victoire a eu pour but de porter notre aile gauche jusqu'à la mer, de donner la main à l'armée belge, alors enfermée dans Anvers, enfin de déborder le flanc droit de nos adversaires. Les deux premiers de ces objectifs ont été atteints. Grâce à l'arrivée des corps nouveaux qu'ils sont parvenus à constituer, les Allemands ont pu parer à notre manœuvre débordante, mais inversement, ils ne sont pas arrivés à refouler notre gauche. Depuis la fin de la bataille des Flandres, nous avons entrepris, dans des zones choisies au point de vue des conditions tactiques, une série d'opérations dont le but final sera de briser, dans des directions permettant une exploitation stratégique, la ligne de défense organisée par l'ennemi. C'est une œuvre qui demande de puissants moyens. Je continue à être convaincu qu'elle est nécessaire et réalisable. L'offensive prise par nous en Champagne, de même que l'attaque anglaise entre le canal de la Bassée et la Lys, ne constituent qu'une phase de cette action générale, que je poursuivrai jusqu'au bout... J'estime cependant qu'il y a lieu de modifier momentanément le caractère des opérations entreprises de ce côté, pour les raisons suivantes : a) l'ennemi s'est renforcé considérablement devant notre front ; b) une certaine fatigue des troupes engagées ne permet plus, malgré leur allant, de continuer sans interruption l'opération avec autant de vigueur que précédemment ; c) enfin la consommation des munitions a été considérable... Dans l'avenir, les moyens de plus en plus puissants dont nous disposerons en hommes et en matériel nous donneront des chances plus grandes de réussite. Toutes dispositions sont prises, tant pour consolider et compléter les résultats acquis en Champagne, base de nos opérations futures, que pour reconstituer nos réserves et préparer à bref délai plusieurs actions puissantes. L'une ou l'autre sera réalisée, au moment venu, avec toute la rapidité que nos transports nous permettent et dans le secret le plus absolu, indispensable à la surprise. En attendant ce moment, je poursuivrai et engagerai des actions de détail, qui auront pour objet de maintenir le moral de l'armée et du pays et, en attirant l'attention de l'ennemi dans des directions secondaires, de l'empêcher de prendre lui-même l'initiative des événements... L'appoint de nouveaux renforts anglais et surtout des unités en voie de création à l'intérieur, l'extension de la fabrication jusqu'au chiffre de munitions reconnu nécessaire, nous donneront progressivement la possibilité d'entreprendre des actions combinées de plusieurs armées. Ces opérations, j'en suis convaincu, nous apporteront les victoires décisives que nous devons rechercher et obtenir sur notre théâtre principal, en dehors des buts poursuivis par la voie diplomatique et la lutte économique. »

A cette lettre sont annexés un rapport très optimiste sur l'offensive de Champagne, notamment sur les attaques lancées par le Ier, le IIe, le IVe, le XIIe, le XVIIe corps, et par le corps colonial, un état des munitions consommées du 26 février au 15 mars par la 4e armée, et une liste des pertes. Il a été tiré 1 094 513 coups de 75, 31 706 de 90, 23 404 de 120 long, 14 554 de 105 long et ainsi de suite. Il y a 326 officiers tués ou disparus, 382 officiers blessés, 14 659 hommes tués ou disparus, 21 923 hommes blessés. A la lecture de ces pièces, plusieurs membres du cabinet trouvent les nouveaux projets du général en chef obscurs ou illusoires. Le gouvernement me demande de convoquer Joffre pour qu'il nous donne des indications plus détaillées. Il est convenu qu'il viendra déjeuner dimanche à l'Élysée avec les ministres et qu'il sera prié de nous expliquer ses plans avec plus de précision.

Ribot a fait aujourd'hui à la Chambre un exposé financier d'une belle ordonnance et d'une grande clarté. Son discours a obtenu les honneurs de l'affichage. Qui se rappelle aujourd'hui que, l'an dernier, le cabinet présidé par Ribot a été renversé dès son premier contact avec le Parlement? C'était avant la guerre. C'était en un autre siècle.

Paléologue, invité par l'empereur de Russie à se rendre sur le front, a eu, aux confins de la Lithuanie et de la Pologne, des conversations avec Nicolas II, avec M. Sazonoff, avec le général Janouschkevitch et avec le grand-duc Nicolas. (Petrograd, nos 426 et s.) Le tsar et son ministre des Affaires étrangères ont dit à notre ambassadeur qu'ils nous laisseraient, le cas échéant, toute liberté d'action en Syrie et en Cilicie, mais ils ont déclaré que la Russie n'abandonnerait jamais au protectorat d'une puissance catholique (ni évidemment d'une puissance protestante) Jérusalem, la Galilée, le Jourdain, le lac de Tibériade. Le général Janouschkevitch a dépeint la situation de l'armée russe sous de sombres couleurs. Le grand-duc Nicolas, que M. Paléologue a trouvé émacié, blanchi, les traits crispés, a répété que la coopération immédiate de l'Italie et de la Roumanie serait « d'une inqualifiable valeur ». Il a même accentué cette déclaration en ajoutant : « d'une impérieuse nécessité ». Comment concilier tant d'exigences diplomatiques avec une telle pénurie

militaire? Comment concilier l'opinion du grand-
duc avec les résistances de Sazonoff?

Vendredi 19 mars.
Un radio allemand annonce qu'un de nos cuirassés, le *Bouvet*, a heurté une mine aux Dardanelles. Je reste jusque vers cinq heures et demie du
soir sans avoir confirmation de cette triste nouvelle. A ce moment, Augagneur me téléphone
qu'elle est malheureusement vraie. Le *Gaulois* se
serait, d'autre part, échoué. On ne sait pas encore
quels sont les résultats du bombardement sur les
forts.

La Chambre, qui avait siégé hier, a aujourd'hui
encore tenu séance. Viviani me rapporte que la
fièvre obsidionale sévit dans les couloirs. Les bruits
les plus étranges circulent; une poignée d'alarmistes prennent des mines effarées et prédisent
des catastrophes. Il n'en faut pas davantage pour
empoisonner l'atmosphère du Palais-Bourbon.

Samedi 20 mars.
Kitchener ajourne son voyage en France. Sa
présence à Paris est cependant de plus en plus
nécessaire. Millerand et Augagneur ne peuvent
tarder davantage à s'entretenir avec lui de l'affaire des Dardanelles. Le corps expéditionnaire
anglais n'a pas encore quitté l'Égypte et le gouvernement de Londres voudrait que le général
d'Amade, dont la division est déjà à Lemnos, revînt à Alexandrette. Augagneur a gardé de ses
conversations avec M. Winston Churchill l'impression que l'amirauté nourrit le dessein secret
d'agir à proximité de l'Égypte.

Maginot, qui ne marche encore qu'à l'aide de
béquilles, vient déjeuner à l'Élysée avec Briand.

Le docteur Hartmann, qui le soigne, m'a dit hier à l'Hôtel-Dieu, où je suis allé voir les blessés belges et français, que le genou du député de la Meuse ne retrouvera sans doute jamais son fonctionnement normal et que la jambe restera ankylosée. Après le déjeuner, Maginot et Briand critiquent avec quelque vivacité Joffre et le quartier général, qui, disent-ils, se tiennent trop à l'écart des réalités de la guerre.

Il nous arrive des renseignements sur l'attaque que la flotte britannique a entreprise avant-hier sur Chanak. Nos cuirassés *Suffren, Gaulois, Charlemagne* et *Bouvet* se sont avancés dans le détroit pour tirer à plus courte portée sur les forts. Le *Bouvet* a heurté une mine et a coulé en moins de trois minutes. On n'a réussi à sauver que quatre officiers et une soixantaine d'hommes d'équipage. Le *Gaulois* a eu l'avant fortement endommagé par le feu de l'artillerie ennemie ; il a une voie d'eau et a été mis à la côte. Notre tentative pour forcer le détroit a été menée avec une admirable bravoure par l'amiral Guépratte, mais elle a finalement échoué.

M. Sonnino, ministre des Affaires étrangères d'Italie, a dit un mot à M. Barrère des conversations engagées par son pays avec l'Autriche. (Rome, n° 204.) « Il n'y a pas de négociation proprement dite, a-t-il déclaré. Autrement je ne serais pas en mesure de vous répondre. On nous a fait des offres, et naturellement nous devons les entendre et les examiner. Je crois qu'elles n'aboutiront pas facilement à un accord. »

De son côté, sir Ed. Grey, après avoir recueilli notre avis et celui du gouvernement russe, cause avec le marquis Imperiali. Sazonoff envisage maintenant la possibilité de laisser l'Italie s'éta-

blir dans la région de Zara-Sebenico. (Londres,
n° 498.) Mais Grey trouve que les demandes formées par l'Italie, au sujet de la Dalmatie et des
îles du Quarnero, restreindraient exagérément
l'issue de la Serbie sur la mer, et à Londres, non
plus qu'à Vienne, rien n'est fait. Nul encore ne
sait qui l'emportera.

Dimanche 21 mars.

Cette nuit, à une heure et demie, j'ai été réveillé
par un coup de téléphone. C'était le service postal
de l'Élysée qui m'informait que, d'après un renseignement donné par Compiègne au gouvernement
militaire, deux zeppelins s'avançaient sur Paris.
Quelques minutes après, les automobiles des pom-
piers parcouraient les rues voisines et faisaient
entendre dans tout le quartier les gémissements
de leurs sirènes. Les gardes du Palais éteignaient
les lumières du jardin, tournaient les clefs des becs
de gaz et interrompaient le courant des lampes
électriques. La ville tout entière était brusquement
plongée dans l'obscurité. Aussitôt, les projecteurs de la tour Eiffel et de l'Arc de Triomphe diri-
geaient leurs faisceaux sur un ciel clair et constellé ;
et comme nous avions ouvert, dans la grande
chambre à coucher, la fenêtre qui donne sur le
parc, nous nous sommes mis à fouiller du regard,
au-dessus des arbres, l'immensité peuplée d'étoiles.
Une sentinelle, postée dans le parterre, nous ayant
alors annoncé qu'un zeppelin venait directement
sur nous du côté du faubourg Saint-Honoré, nous
nous sommes rendus dans l'une des chambres
qui ont vue sur les terrasses et presque immédiatement, dans l'espace que continuaient de balayer
les projecteurs, j'ai distingué un gigantesque
fuseau doré qui se déplaçait dans le ciel. Nos bat-

teries essayaient de l'atteindre et les projectiles embrasés passaient tout rouges au-dessous de lui, comme une pluie d'aérolithes. Il dominait dédaigneusement cette impuissante aspersion et continuait sa route avec une majestueuse tranquillité. Tout à coup, cependant, se sentant poursuivi par la lumière des projecteurs, il a viré vers le nord et a disparu dans l'ombre. Deux ou trois autres dirigeables ont également approché de Paris, mais ont été forcés de se retirer. Des bombes sont tombées sur la rue des Dames, aux Batignolles, à Neuilly. Les avions du camp retranché sont sortis pour donner la chasse aux zeppelins. Vers quatre heures, la flotte aérienne allemande s'éloignait, la canonnade cessait, et, peu à peu, dans la ville rassurée, les feux se rallumaient.

J'ai su, dès le matin, qu'il n'y avait pas de blessés à Paris, mais il s'en trouve six dans la banlieue, à l'île de la Grande-Jatte, à Courbevoie, à Levallois. Nous allons, Mme Poincaré et moi, nous enquérir de leur état. Aucune de leurs blessures n'est grave, mais dans le nombre des victimes se trouvent deux petites filles de treize et huit ans, dont le père est mobilisé. D'autres bombes, assez nombreuses, sont tombées à Compiègne et à Saint-Germain. Elles n'ont fait partout que des dégâts matériels.

Joffre vient déjeuner à l'Élysée avec les ministres. Nous avons ensuite, tous ensemble, une conversation qui se prolonge jusque vers quatre heures de l'après-midi. Le général en chef nous expose ses idées avec une grande clarté. Il explique de nouveau les opérations de Champagne par la nécessité où il s'est trouvé d'aider les Russes et d'empêcher les Allemands d'écraser nos alliés en Pologne. Les résultats obtenus lui paraissent, dit-il, satisfaisants, mais il ne veut pas pousser les attaques plus loin, parce qu'il est obligé, en ce moment, de ménager encore les munitions. Contrairement à ce que m'avaient dit les officiers de liaison, on a dépensé depuis un mois plus qu'on n'a fabriqué et on a, une fois de plus, fait tomber la réserve de 600 à 450 coups par pièce.

Joffre nous prévient que nous rentrons dans une période d'attente. Il ne manque ni de canons, ni de fusils, mais la crise des effectifs n'est pas terminée ; elle ne le sera pas avant le 15 ou le 20 avril. Et puis, l'armée de réserve n'est encore composée que de quatre corps ; elle en comptera huit, avec la classe 1915 et avec les unités qui sont en formation, et dont Joffre reconnaît maintenant l'utilité. Vers le 15 avril, il se propose donc de reprendre l'offensive sur deux points à la fois et il ne doute pas qu'on ne réussisse alors à percer les lignes allemandes. Il est très catégorique. C'est sur notre front que doit intervenir la décision, et elle interviendra probablement avant l'été, certainement avant l'automne. Nous avons en face de nous les meilleures armées allemandes. Lorsqu'elles seront vaincues, l'Allemagne sera à notre merci ; or, elles sont déjà sur la pente de la défaite ; nous faisons beaucoup plus de prisonniers que les mois derniers ; eux-mêmes, les officiers ennemis, commencent à se rendre. Lorsque nous aurons les munitions et les réserves nécessaires, le général prendra les résolutions dont il attend la victoire. Il ne désire pas que Kitchener nous envoie la totalité de l'armée qu'il forme. Avec l'armée de French, complétée comme elle doit l'être d'ici à quelques jours, il trouve qu'il aura assez de forces anglaises à ses côtés. Il ne paraît pas souhaiter qu'on lui en donne davantage. Mais il croit nécessaire que le maréchal French soit mis sous son commandement. C'est un point qu'il faudra traiter avec Kitchener, quand il viendra en France.

Joffre parle des Anglais avec un peu d'amertume. Il refuse de leur donner Dunkerque comme base navale. Kitchener déclare cependant avec insistance que si on lui refuse cette base, il n'arrivera point à ravitailler ses troupes. Il y a là un germe redoutable de conflit contre lequel j'essaie de mettre en garde le général en chef. Il reste intransigeant.

Je lui fais remarquer que, si l'on ne parvient pas à s'entendre avec les Anglais, ils n'enverront pas leur armée nouvelle en France et chercheront un autre théâtre d'opérations. Il me répète que cette perspective ne lui déplaît pas. « Mais, dis-je, supposez que l'Italie se décide à la guerre et que l'Angleterre envoie ses troupes dans le Piémont. Nous pouvons nous trouver politiquement dans l'impossibilité de laisser l'Angleterre seule porter secours à l'Italie, car nous croyons savoir que, de plus en plus, l'Italie se tourne vers l'Angleterre et se prépare à nouer avec elle, dans l'avenir, une alliance méditerranéenne. — Jamais je ne consentirai, répond Joffre avec force, à laisser distraire du front une parcelle de nos troupes, car c'est ici qu'aura lieu la décision. » Joffre nous présente cet ultimatum avec une telle fermeté, avec un sentiment si vif de sa pleine indépendance envers le pouvoir civil, que je me sens obligé de répliquer : « Général, le gouvernement n'a pas pris parti à ce sujet, mais s'il décidait d'envoyer des hommes en Italie, vous n'auriez qu'à vous incliner. — Alors, monsieur le Président, riposte-t-il avec véhémence, il ne me resterait qu'à aller me faire tuer devant mes troupes. — Non, mon cher général, vous ne vous feriez pas tuer, car ce serait encore là une fa-

çon de désobéir. Comme gardien de la constitution,
je ne puis que maintenir les droits du gouvernement. Mais nous vous remercions de nous faire
connaître librement votre pensée. »   Joffre me
regarde de ses bons yeux bleus et reprend avec
calme : « Je compte obtenir une décision en France
avant le mois de mai, et lorsque notre front sera
reculé et moins étendu, je ne m'opposerai plus au
prélèvement de quelques unités qui pourraient
être utiles sur un autre théâtre d'opérations. »
La bonhomie de Joffre, la franchise de ses explications, sa douce opiniâtreté, nous laissent, aux
ministres et à moi, une impression favorable. Nous
lui ferons donc le nouveau crédit qu'il nous demande.

Lundi 22 mars.
Briand m'amène le prince Georges de Grèce,
gendre du prince Roland Bonaparte et, à ce titre,
grand ami de la France. Il va partir pour Athènes,
avec l'espoir d'amener le roi Constantin à une
intervention militaire. Mais il voudrait lui pouvoir promettre que la Grèce obtiendrait la garantie
de son territoire, pour le cas où elle serait attaquée
par la Bulgarie, et il ne cache pas non plus que le
seul motif qui soit de nature à déterminer la Grèce,
c'est la perspective d'entrer à Constantinople
avec les Alliés. La Russie donnera-t-elle son consentement à cette coopération?
L'agence Havas annonce la prise de Przemyls
par les Russes, qui l'assiégeaient depuis six mois.
La garnison comptait près de 120 000 hommes.
Je télégraphie à l'empereur et au grand-duc Nicolas pour les féliciter d'un succès qui peut ouvrir
à nos alliés, par la Galicie, les principales routes
de la Hongrie.

Mardi 23 *mars.*

Millerand donne connaissance au Conseil des ministres d'un plan stratégique imaginé par le général d'Amade. Il voudrait qu'on lui envoyât la brigade de fusiliers marins et qu'on le laissât, d'une part, débarquer dans le golfe d'Adramit pour marcher sur Bali Kessir et Panderma, d'autre part, attaquer Smyrne. Notre état-major considère ces entreprises comme impraticables. Le ministre de la Guerre informera le général d'Amade qu'il convient d'y renoncer.

M. Tittoni, qui, au lendemain de la première attaque des Dardanelles était tout feu tout flammes, annonçait joyeusement la très prochaine intervention de l'Italie et ne quittait plus le cabinet de Delcassé, s'est tout à coup refroidi après la perte du *Bouvet.* Il passe son temps à peser les avantages et les inconvénients d'une action militaire ; il recommande à son gouvernement la prudence et la circonspection. Cependant à Londres, Imperiali continue de négocier avec Grey. La Triple-Entente est d'accord pour promettre à l'Italie à peu près tout ce qu'elle convoite : le Trentin, Trieste, la plus grande partie de l'Istrie, la plus grande partie de la Dalmatie, Valona et son hinterland, Rhodes, le Dodécanèse, Adalia, que sais-je encore? Le cabinet de Rome réclame autant de terres slaves ou grecques que de terres italiennes. Il oublie les vers de Dante :

> *Si com'a Pola presso del Quarnaro*
> *Che Italia chiude e suoi termini bagna* (1).

L'Italie, qui n'a rien connu des premières difficultés de la guerre, recueillera ainsi les meilleurs

______
(1) *Inferno*, canto IX.

fruits de la victoire. Le Conseil désire que, du moins, il ne soit fait,·dès maintenant, ni dans l'Adriatique, ni en Asie Mineure, de trop larges promesses. Elles pourraient, l'heure venue, grever lourdement les conditions de la paix. Delcassé est chargé de contenir, pour le moment, dans des limites moins larges les aspirations italiennes (1).

Le gouvernement pense, d'autre part, que le voyage du prince Georges à Athènes ne présente que des avantages. Briand est chargé de dire au frère de Constantin que, si la Grèce se déclare contre tous nos ennemis, nous la garantirons, après la guerre, contre les suites d'un coup de force tenté par la Bulgarie.

Maintenant que la Roumanie voit la Russie enlisée en Pologne, elle émet des prétentions grandissantes. (Bucarest, n°ˢ 125 et 126.) Maintenant que la Russie se croit déjà maîtresse de Constantinople et des détroits, elle se montre plus réservée envers la Roumanie (Petrograd, n° 448) ; mais elle estime, comme sir Ed. Grey, qu'il est opportun de faire une démarche auprès du gouvernement bulgare pour l'engager à se prononcer sur-le-champ. (Petrograd, n° 447. — Sofia, n° 127.)

Kitchener a déclaré à notre attaché militaire que les difficultés rencontrées dans les opérations navales des Dardanelles, et l'impossibilité de tenter un débarquement dans la presqu'île avant une longue et minutieuse reconnaissance, allaient retarder pendant un certain temps l'emploi des contingents alliés. Dans ces conditions, et sur la proposition du général Hamilton, Kitchener a prescrit de diriger le corps expéditionnaire bri-

(1) V. *La Guerre et l'Italie,* par Jacques BAINVILLE, A. Fayard, éditeur.

tannique sur Alexandrie et Port-Saïd. Il demande
que le général d'Amade ne conserve à Lemnos
qu'une faible partie de ses troupes et envoie tout
le reste en Égypte. (Londres, nᵒˢ 514 et 513.)
Étrange destinée d'une expédition sur les détroits !

Je me rends à Juilly, près de Meaux, et j'y visite
une ambulance installée par un certain nombre
d'Américains dans un collège d'oratoriens, qui
date de 1638 et dont les bâtiments pittoresques,
provenant d'une ancienne abbaye et entourés d'un
beau parc, abritent le tombeau et la statue du cardinal de Bérulle. Je suis reçu par l'ambassadeur
des États-Unis, M. Sharp, qui ne dit toujours pas
un mot de français, et par un nombreux personnel américain de médecins, de chirurgiens et
d'infirmiers. Dans trois grandes salles, je m'entretiens avec cent vingt ou cent trente blessés,
dont le moral est, comme toujours, excellent.

Mercredi 24 mars.

Félix Decori, qui a dîné hier soir chez Paul
Adam avec Doumer, a trouvé celui-ci déchaîné
contre Joffre, qui serait, suivant lui, entouré d'un
comité jeune-turc et dont l'impuissance écla-
terait bientôt aux yeux de tous. A la Chambre
même, d'après Charles Benoist, grande serait l'irritation contre le général en chef. On lui repro-
cherait, en particulier, de n'avoir pas, dans les
opérations de Champagne, laissé au général
de Langle de Cary la libre disposition de ses
réserves.

Pénelon me dit lui-même qu'au grand quartier
général, la plupart des officiers sont d'avis que
Joffre aurait dû, ou bien donner au général de
Langle de Cary le droit d'utiliser ses réserves, ou

bien commander en personne les opérations. C'est
notamment l'opinion du général Pellé, qui va
remplacer le général Belin aux côtés de Joffre et
devenir désormais le principal collaborateur du
général en chef. Pénelon s'en félicite, parce que
Pellé, qui a été attaché militaire à Berlin, a des
vues générales, mais il ajoute qu'en réalité, Joffre
ne subit pas l'influence de son entourage et qu'au
contraire, il garde obstinément intactes ses idées
propres. Personne à Chantilly ne croit, comme
lui, que la guerre puisse être finie en été, et alors
que Joffre voudrait employer rapidement la
classe 1916 et incorporer la classe 1917 dès le
mois de juillet, l'état-major estime que ce serait
« manger le blé en herbe » et qu'il ne faut pas précipiter l'entrée en ligne des jeunes classes. Au surplus, Millerand m'avait fait signer, à la demande
de Joffre, un projet prescrivant l'incorporation
de la classe 1917. La commission de l'armée de
la Chambre ne consent à voter que les mesures
préparatoires et renvoie à une loi ultérieure la
décision sur l'incorporation. Millerand était porté
à s'incliner, mais Joffre insiste auprès de lui
et j'ignore quel sera l'avis définitif du gouvernement.

A dîner, dans l'intimité, les ménages Marcel
Prévost et Maurice Donnay. Nous nous rappelons
le charmant déjeuner du Prieuré, à la veille de
mon départ pour la Russie (1). Marcel Prévost,
qui est mobilisé comme officier d'artillerie et qui
vient d'écrire dans la *Revue de Paris* un excellent
article contre les « décourageurs », nous dit que
dans certaines salles de rédaction pullulent les
alarmistes. Il va falloir remédier à cet affaissement

(1) V. *L'Union sacrée*, p. 203.

moral qui, dans une guerre longue, deviendrait mortel.

Grey cause toujours avec Imperiali. L'Italie insiste pour la neutralisation de la côte adriatique depuis Cattaro jusqu'à Valona et au delà de Valona jusqu'à la frontière de l'Épire. Elle réclame la Dalmatie jusqu'à un point proche de Raguse et les îles voisines de l'Istrie. Grey pense que nous devrions, dès maintenant, signer l'accord. (Londres, n° 524.)

Jeudi 25 *mars* 1915.

Millerand et Augagneur informent le Conseil que le gouvernement anglais ne compte pas reprendre effectivement les opérations aux Dardanelles avant le 15 avril. D'ici là, on amusera le tapis. Affaire mal engagée, insuffisamment étudiée à Londres, imaginée par l'amirauté et trop rapidement tentée, sans qu'on en eût mesuré les difficultés militaires, ni les répercussions diplomatiques.

Bertie a remis à Delcassé, de la part de Grey, une note relative aux propositions italiennes. (Londres, n° 530. — De Paris à Londres, n°s 916 et 917.) Grey est d'avis de les accepter sans délai et le Conseil, mis au courant par Delcassé, se résigne à les subir. Mais Ribot, Doumergue, Millerand signalent, comme moi, tout ce qu'aura d'inélégant la limitation des avantages réservés aux Serbes. Nous n'avons pas, du reste, encore l'assentiment de Sazonoff. (Petrograd, n° 460.)

Vendredi 26 *mars.*

Pierre Loti m'a demandé, il y a quelques semaines, de le faire détacher par Augagneur au ministère de la Guerre, pour avoir la liberté de se

rendre aux armées. La mesure a été prise et je l'en
ai informé : « La bonne nouvelle que vous avez
bien voulu m'annoncer, m'a-t-il répondu, me rem-
plit de joie et je vous remercie du fond du cœur.
Et maintenant, je voudrais tant me rendre utile
à mon pays, ne fût-ce que par ma plume en attendant mieux ; je voudrais tant ne pas rester celui
qui ne sait rien, qui ne voit rien, qui n'est même
pas allé sur le champ de bataille et qui, par suite,
ne peut rien écrire. Je vous prie bien de ne pas
voir dans ce que je dis là, une intention de récri-
miner, mais seulement le désir de travailler à la
cause commune et à la persuasion des neutres.
Si un semblant de mission pouvait m'être donné à
Ypres et auprès du roi Albert, comme vous en avez
eu l'idée avec M. Barthou, combien j'en serais
heureux ! Ne sortant plus du camp retranché de
Paris je suis écrasé par le sentiment de mon
inutilité, quand je me sens capable de faire quelque
chose. Et je viens vous soumettre mon ardent
désir de voir et de fixer pour ceux qui n'auront
pas vu. »

J'ai envoyé à Loti une lettre d'introduction
auprès du roi Albert. Il est allé à la Panne, et,
à son retour, il m'a écrit sur son papier jaune
favori : « Monsieur le Président, je suis rentré
samedi de Belgique. N'osant pas vous demander
audience une fois de plus, je me permets de vous
envoyer par lettre mon profond remerciement. Le
roi, qui a causé longuement avec moi, m'a chargé
de vous remercier et de vous dire qu'il allait vous
écrire. J'ai ensuite causé pendant une heure au
moins avec la reine. Bien que je n'aie pas eu
l'honneur d'entendre le canon, j'ai cependant pu
entrevoir, à Ypres et à Furnes, quelques petites
choses, auxquelles j'essaierai d'accrocher mes ar-

ticles pour l'Amérique. Si seulement j'avais un peu vu les champs de bataille, si on m'avait un peu plus mêlé à la guerre, — comme on n'eût pas manqué de le faire dans tout autre pays que le nôtre, — au lieu de m'en tenir à l'écart systématiquement, je sais bien, hélas ! que j'aurais pu écrire un livre durable à la gloire de notre France. Vous avez prononcé l'autre jour, peut-être un peu distraitement, une parole que je n'ai pas oubliée : « Je vous enverrai (ou vous emmènerai) en Al-« sace. » Oh ! si cela pouvait se réaliser ! Veuillez agréer, je vous prie, monsieur le Président, avec mon grand merci, tout mon dévouement respectueux.

Oui, certes, je me ferai un plaisir d'emmener Pierre Loti en Alsace, mais qu'entend-il au juste par être mêlé à la guerre? Est-ce la faire ou est-ce la peindre?

Le roi des Belges m'a écrit de son côté : « Monsieur le Président, heureux de vous être agréable et de rendre hommage à un grand écrivain de France, je me suis empressé de réaliser le désir que vous aviez bien voulu m'exprimer. La reine et moi, nous sommes encore sous le charme de l'entretien que nous venons d'avoir avec M. Pierre Loti. J'ai à cœur, monsieur le Président, de vous remercier de la délicate attention que vous avez eue de charger un tel interprète de vérifier dès maintenant les faits qui mettent en lumière devant la postérité le rôle des troupes belges et la vaillance commune de nos armées. Recevez, je vous prie, la cordiale expression de mes sentiments de vive amitié. *Signé* : ALBERT. Furnes, le 21 mars 1915. »

Je communique cette lettre du roi à Loti, qui me répond : « Tout en faisant la part de la flat-

terie, je suis heureux que ma petite ambassade
n'ait pas laissé mauvaise impression en Belgique
et je vous suis profondément reconnaissant d'avoir
pris la peine de me le dire. Et maintenant je vis
dans l'attente du voyage que vous avez bien voulu
me promettre du côté de l'Alsace. L'*Illustration*
commence dans son numéro prochain la première
partie de ma tournée en Belgique. »

Samedi 27 mars.
Je quitte Paris vers deux heures en automobile
et je vais coucher à la préfecture de la Marne.
Je ne suis accompagné que du général Duparge
et du colonel Pénelon. Je dîne à Châlons avec le
préfet, M. Chapron, avec le général de Langle de
Cary, qui commande la 4ᵉ armée, et avec le général
Dalstein qui commande la 6ᵉ région. Je trouve
de Langle de Cary très confiant. A nos précédentes
rencontres, lorsque je lui demandais s'il comptait
pouvoir un jour percer le front ennemi, il me répondait avec beaucoup de réserve. Il est aujour-
d'hui plus affirmatif. Il me dit que non seulement
lui-même, mais ses officiers et ses hommes, tous
ont maintenant la conviction d'avoir acquis sur
l'adversaire un incontestable ascendant. La bataille de la Marne a prouvé qu'en y mettant le
prix nous pouvions chasser les Allemands de leurs
tranchées. Le général de Langle de Cary, interrogé
par moi, me laisse parfaitement entendre que, s'il
avait eu la libre disposition de ses réserves, il aurait
forcé les deuxièmes lignes ennemies. Il ne se
plaint pas d'avoir été paralysé par le quartier
général, il est trop discret et trop discipliné pour
émettre un reproche de ce genre, mais, lorsque
je lui pose des questions, il ne se défend pas de
me dire à demi-mot son opinion, et cette opinion

est celle-ci. On a eu tort de retenir, au grand quartier général, le pouvoir de mettre les réserves à la disposition du commandant d'armée ; on a ainsi ralenti les mouvements et donné aux Allemands le temps de se rétablir dans les secondes lignes, aussi fortifiées que les premières.

Dimanche 28 mars.
Je pars de Châlons vers sept heures et demie du matin, seul en automobile avec le général de Langle. Duparge et Pénelon suivent dans une autre voiture. Nous descendons la vallée de la Tourbe, par Somme-Tourbe, Saint-Jean-sur-Tourbe, Laval, Wargemoulin. Spectacle d'une épouvantable désolation. Tous les arbres ont été coupés au ras du sol. Plus une plante, plus un brin d'herbe. Ce ne sont que terres arides et crayeuses. Des hommes, des convois, des chevaux, appartenant aux XVIe et XVIIe corps, vont et viennent dans la poussière. Nous nous arrêtons à Wargemoulin, village entièrement détruit, dont les caves servent d'abris à nos soldats. Tout le long de la vallée, des huttes en planches, des gourbis, des trous de troglodytes, quelques tentes, forment les logements des troupes. Pour que nos automobiles n'attirent pas l'attention des aviatiks, nous nous rendons à pied, dans une zone souvent balayée par l'artillerie allemande, jusqu'au poste de commandement du général Vidal, chef d'une des deux divisions du XVIe corps. Le terrain que nous suivons est çà et là creusé par des « marmites ». A peine le général Duparge est-il descendu de son automobile qu'elle est, derrière lui, fort exactement encadrée par deux bombes, qui éclatent avec un dégagement d'épaisse fumée noire, mais qui n'atteignent personne. Avant d'arriver au poste de commande-

ment, nous passons à côté de batteries de 75 en action et les laissons derrière nous. Puis, nous gravissons une hauteur boisée, où le général Vidal est installé avec quelques hommes, en un point que les Allemands ont repéré depuis déjà quelques jours et qu'ils ont pris l'habitude d'arroser de projectiles. En ce moment, ils s'abstiennent de tirer. Le haut de la colline est sillonné de tranchées et de boyaux de communication qui conduisent à des observatoires recouverts de rondins et de feuillages. Les hommes appellent ce poste de commandement le balcon. De là, nous voyons parfaitement la cote 196 et le terrain gagné dans les dernières batailles, mais constamment aspergé depuis lors par l'artillerie ennemie. Nous revenons à pied dans les terres labourées par les obus. Nous visitons à Wargemoulin les cantonnements établis dans les caves ou dans de véritables cavernes. Les hommes sont pleins d'entrain. Nous remontons la vallée de la Tourbe. A Laval, nous nous arrêtons un instant au P. C. du général Grossetti, aujourd'hui chef du XVIᵉ corps ; il commandait précédemment la division qui s'est si brillamment conduite à Nieuport. A Saint-Jean-sur-Tourbe, nous faisons halte à des ambulances installées dans l'église et sous des tentes. Beaucoup de plaies de poitrine ou de tête. A Somme-Tourbe, grands baraquements en planches, très bas et hâtivement construits, où les hommes sont heureux de venir se reposer sur la paille, les jours de relève. De là, nous rejoignons, à quatre ou cinq kilomètres vers le nord-ouest, le parc d'aérostation du XVIIᵉ corps, installé dans des boqueteaux de sapins. Officiers et sapeurs se sont bâti des baraques en planches, autour desquelles ils ont dessiné de petits jardins avec de la rocaille et des décors de coquillages.

Nous entrons dans plusieurs de ces maisonnettes, qui sont vraiment charmantes, et nous y trouvons de gais Toulousains. Nous déjeunons dans la chaumière du capitaine qui commande le parc. Malgré un grand feu de bois qui brûle dans la petite cheminée, le vent et le froid s'insinuent à travers les rondins qui forment les parois de la chambrette, et il ne pénètre pas beaucoup de lumière par la lucarne. Mais avec quel appétit nous mangeons l'omelette, les pommes de terre et le bœuf, qui nous sont aimablement offerts !

Après un excellent café noir, nous assistons à la manœuvre d'un nouveau ballon captif que vient de recevoir l'armée et qui ressemble tout à fait aux drachen allemands. C'est un ballon allongé, en forme de chenille ; il a, à l'arrière, un appendice gonflé qui lui sert de gouvernail et il porte, en outre, une longue queue comme un cerf-volant. Il est très laid, mais il est plus stable que les ballons sphériques.

L'après-midi, nous allons voir le général Gouraud qui, après avoir été blessé dans l'Argonne, à la tête de la 10e division, commande maintenant en Champagne le corps colonial. Les troupes nous font partout un accueil très empressé. Vers la fin de l'après-midi, nous partons enfin pour Sainte-Menehould, où m'a été réservée, dans une maison particulière, la chambre où, hélas ! a couché le kronprinz.

Je dîne avec le général Sarrail qui commande toujours la 3e armée. Je le trouve beaucoup moins confiant que le général de Langle dans la possibilité de percer le front ennemi. Il préférerait une opération sur un autre théâtre. En tout cas, affirme-t-il, on ne peut, en Argonne, que gagner très peu de terrain et en le payant très cher. A son

avis, si l'on voulait briser les lignes allemandes,
l'effort devrait être fait soit en Belgique, soit du
côté de Spincourt, soit en Alsace, en tâchant de
passer par un pont du Rhin jusqu'au grand-duché
de Bade ; mais ses préférences sont pour Spincourt. Sarrail parle avec amertume des ordres et
contre-ordres qu'il reçoit, dit-il, du quartier général. Il paraît très monté contre Joffre. Il me
confie que le général en chef lui a demandé de
lui rapporter exactement notre conversation.
Est-ce défiance à l'égard de Sarrail? Est-ce défiance à l'égard de moi? Quoi qu'il en soit, autant
d'uniformes je rencontre, autant d'opinions je
recueille.

Lundi 29 mars.
Ce matin, par   les Islettes, Clermont, Aubréville, malheureuses communes échelonnées sur des
routes qui me sont familières, nous sommes allés,
Sarrail et moi, suivis de Duparge et de Pénelon,
dans la forêt de Hesse, à une cote 290, du haut
de laquelle on voit à merveille, sur la colline de
Vauquois, où a coulé tant de sang, les restes lamentables de ce pauvre village meusien. Un régiment français et un régiment allemand y sont
retranchés nez à nez dans les caves des maisons
détruites. A Clermont et à Aubréville, nous rencontrons précisément des troupes qui descendent
de Vauquois et dont l'allure est magnifique. Nous
passons quelques heures à parcourir des tranchées
dans le bois de la Chalade, à visiter des baraquements improvisés par les hommes, et à regarder
dans des bouquets d'arbres des pièces d'artillerie
lourde, savamment camouflées. Je rentre à Paris
dans la soirée, les yeux remplis d'images guer-
rières.

Mardi 30 *mars.*

Millerand vient me voir avant le Conseil et me rapporte la conversation qu'il a eue hier à Paris avec Kitchener. Le ministre anglais promet d'envoyer en France deux divisions nouvelles d'ici à la fin d'avril, de manière qu'à cette date Joffre puisse dégager le IXe et le XXe corps et avoir huit corps d'armée de manœuvre. Pour l'opération des Dardanelles, Kitchener est d'avis de faire débarquer le corps expéditionnaire par la mer Égée dans le sud de la presqu'île de Gallipoli, derrière Sedil Bahr, en face de Tchanak.

D'après les renseignements d'Augagneur, les forts ont été endommagés par notre bombardement, mais un seul canon a été mis hors de service et les résultats sont, en somme, très médiocres. Cependant, M. Winston Churchill voulait que la marine continuât son action sans attendre les troupes de terre; l'amiral anglais de Robeck n'a pas été du même avis et ses observations l'ont emporté.

Sur la question du commandement des armées de terre, Kitchener a déclaré qu'il était entièrement d'accord avec Joffre pour considérer l'unité comme nécessaire. Il a, dès le début de la guerre, donné des instructions à French et il est prêt à les communiquer à Paul Cambon pour qu'au besoin Joffre puisse s'en prévaloir. « Mais, dit-il, pourquoi ne nommez-vous pas Joffre maréchal? French ne cesse de m'objecter que lui, il est maréchal et que Joffre n'est que général. »

Pour la base maritime, Kitchener persiste à réclamer Dunkerque, mais il a été frappé de certaines observations de Joffre et il demande que la question soit examinée sur place dans une conférence mixte. Kitchener affirme que, d'après ses renseignements, l'Allemagne va déclarer la guerre à la Hollande pour se ménager de nouvelles bases maritimes et avoir les coudées franches derrière la Belgique. « Que pourra-t-on faire, en ce cas, pour soutenir la Hollande? » s'est écrié le ministre anglais. Pour toute réponse, Joffre s'est borné à lever les bras au ciel.

Millerand est, au total, très satisfait de son entretien avec son collègue britannique, mais il a trouvé le maréchal French et son ministre assez crêtés l'un contre l'autre.

Delcassé annonce joyeusement au Conseil qu'il y a maintenant neuf chances sur dix pour que l'Italie entre en action. Mais autant il était prêt, au début, à sacrifier exagérément les intérêts de la Serbie, autant Sazonoff est tombé dans l'excès contraire et s'est d'abord montré disposé à négliger les avantages de l'intervention italienne. Delcassé a dû envoyer avant-hier à Paléologue un télégramme (492 et s.), que j'ai trouvé hier en rentrant, qu'il a lu ce matin au Conseil et qui a enthousiasmé Ribot, Thomson et Sembat. L'Italie a fait un pas. (Londres, n° 544.) D'après une note communiquée par M. Isvolsky, la Russie, de son côté, en a fait un. (Petrograd, n°s 482 et 483.) Elle a chargé le comte Benckendorff de dire à Grey qu'elle comptait sur lui pour obtenir le plus possible en faveur de la Serbie, mais elle n'a pas maintenu une position intransigeante. Tout semblait donc en voie d'arrangement, quand Sazonoff, sous prétexte de ne pas violenter la conscience slave, s'est encore ravisé et a répondu aux télégrammes de Delcassé que l'Italie n'était plus libre de ne pas attaquer l'Autriche, qu'elle sortirait de la neutralité en tout état de cause et qu'il n'y avait donc aucune bonne raison de se

montrer aussi généreux envers elle. (Petrograd,
nº 488.)

Mercredi 31 mars.
La Triple-Entente continue à étudier le futur
régime provisoire de Constantinople. Des télégrammes s'échangent quotidiennement entre Paris, Londres et Petrograd. On dirait que déjà nos
drapeaux flottent à la Corne d'Or et que trois
cultes se disputent Sainte-Sophie..

CHAPITRE IV

Jeudi 1ᵉʳ avril.

Millerand va terminer avant peu la formation
de cinq divisions nouvelles. Elles s'ajouteront aux
quatre récentes qui se trouvent déjà dans le camp
retranché de Paris, à celle qui est partie pour
l'Orient et à celle qui, en préparation près de Marseille, est également destinée à la presqu'île de
Gallipoli. Sur les cinq dernières, il en remettra
immédiatement quatre à Joffre, en lui laissant la
faculté de les utiliser comme l'entendra le commandement, mais le ministre ajoutera que le
gouvernement se réserve le droit d'en reprendre
l'équivalent à un moment quelconque, s'il juge
nécessaire d'envoyer des effectifs sur un autre
théâtre d'opérations. Les quatre divisions qu'il
recevra, Joffre se propose de les incorporer, non
plus comme il l'avait d'abord pensé, par régiments,
mais par brigades, dans les corps du front, et il
dégagera ainsi deux corps d'armée, qu'il adjoindra

à son armée de manœuvre. Millerand lui a, d'ailleurs, rappelé qu'il n'était pas généralissime de toutes les armées françaises, mais seulement commandant en chef des armées du Nord-Est, que seul le gouvernement était maître de répartir les troupes entre les différents fronts et que quatre divisions ou deux corps d'armée pourraient être, si le besoin s'en faisait sentir, retirés du G. Q. G. de Chantilly pour être portés ailleurs. J'ai beaucoup insisté pour qu'on réservât ainsi l'avenir. L'idée d'une diversion dans les Balkans, écartée en janvier par le Conseil sur les instances de Joffre, n'est pas définitivement abandonnée. L'heure peut venir de la reprendre et de la réaliser.

Kitchener a donné lecture à Paul Cambon des instructions approuvées par le cabinet de Londres et remises le 9 août dernier au maréchal French avant son départ pour la France. (Londres, n° 588.) Elles sont loin d'être aussi précises que l'avait donné à entendre le ministre britannique. Elles prescrivent bien, sans doute, à French de se concerter dès son arrivée avec Joffre sur la direction générale des opérations. Il est bien recommandé au général anglais de « s'efforcer le plus sympathiquement possible (sympathically) de se conformer aux plans et volontés du chef de l'armée française ». Mais il lui est ordonné de n'exposer ses forces contre des forces ennemies supérieures qu'avec l'assurance d'être appuyé par des forces françaises. Dans le cas où les opérations proposées par Joffre seraient de nature à compromettre l'armée anglaise, French devrait en référer à lord Kitchener, mais la responsabilité du maréchal n'en resterait pas moins entière. A bien peser ces recommandations, il doit comprendre que son commandement est indépendant et qu'il ne saurait décliner aucune responsabilité en s'abritant derrière un ordre de Joffre. De telles prescriptions n'ont évidemment qu'un rapport très lointain avec l'unité de commandement et elles favorisent les discordances plus qu'elles ne les préviennent.

Millerand a obtenu aujourd'hui un très grand et très légitime succès en défendant à la Chambre le projet de loi qui autorise le recensement de la classe 1917. Il a profité de l'occasion pour faire, aux applaudissements unanimes de l'assemblée, un exposé détaillé de notre situation militaire et des progrès accomplis dans la fabrication du matériel. Il a notamment indiqué que, pour l'artillerie lourde, nous avions, depuis le commencement des hostilités, septuplé le nombre des batteries. Il a parlé avec une émouvante conviction de la confiance et de la volonté nationales. Il faut espérer que ce discours apaisera un peu l'opposition qui s'est formée contre lui à la commission de l'armée du Sénat et dont Clemenceau est l'âme. Il reste entendu qu'une loi spéciale fixera la date à laquelle la classe 1917 sera appelée sous les drapeaux. La Chambre, qui a la sagesse de comprendre l'inutilité de séances trop fréquentes, s'est spontanément ajournée au 29 avril.

Vendredi 2 avril.

M. Gustave Ador, président de la Croix-Rouge, ancien président de la Confédération helvétique, qui est allé récemment en Allemagne, me dit que le moral de la population y baisse sensiblement. En Suisse, tout le monde maintenant nous est favorable. Je sais bien que M. Ador, avec qui j'ai entretenu, comme avocat, d'excellentes relations confraternelles, est très francophile et qu'il peut prendre ses désirs pour des réalités. Je n'en accueille pas moins ses renseignements avec la joyeuse émotion d'un cœur qui se refuse à désespérer.

La Relief Commission, organisée par les Américains et notamment par M. Hoover, pour ravitailler les populations belges des territoires occupés, commence à fonctionner assez heureusement. Elle doit s'étendre aux départements français envahis. Mais les Allemands suscitent encore de nombreuses difficultés. (La Haye, n° 390.)

Le Reichstag a célébré hier avec éclat le centenaire de Bismarck. C'est l'ombre du vieux chancelier qui plane depuis huit mois sur les champs de bataille. Il est juste que les Allemands n'oublient pas leur inspirateur.

Les négociations continuent péniblement entre la Russie et l'Italie sous les auspices de l'Angleterre. (Petrograd, n°s 505 et 506. Londres, n° 601.)

Samedi 3 avril.

Protecteurs des Turcs, les officiers allemands organisent de plus en plus solidement la défense des Dardanelles. Depuis plusieurs semaines, il est arrivé à Constantinople de nombreux wagons de matériel de guerre, envoyés d'Allemagne et d'Autriche par la voie de la Roumanie et de la Bulgarie. M. Ledoux, premier drogman de notre ambassade, demeuré à Péra, a réussi à nous adresser secrètement cette information.

Dimanche 4 avril.

Lugubre jour de Pâques.

Le colonel Pénelon m'apprend que le général Pütz a été déplacé par Joffre, qui n'a pas été très satisfait des opérations récemment engagées en Alsace, particulièrement dans la vallée de Munster.

Le IXe et le XXe corps devant être bientôt complètement retirés de la région du Nord, il n'y restera plus que la division Hély d'Oissel et quelques faibles unités destinées à appuyer les Belges. Le général Pütz sera chargé de commander cette petite armée. Il sera remplacé dans les Vosges par le général de Maud'huy, qui commande actuellement la 10e armée. Le général d'Urbal, qui avait sous ses ordres en Belgique le IXe et le XXe corps, passera à la tête de la 10e armée. Voilà bien des changements. J'entends beaucoup d'officiers se plaindre de ces perpétuelles mutations.

La grande-duchesse Anastasie, notre ancienne voisine d'Èze (1), me communique un télégramme qu'elle a reçu en Italie de l'une de ses filles, la femme du kronprinz impérial, et qui est ainsi conçu : « Pourrais-tu t'adresser directement au président Poincaré pour le prier de faire cesser traitement dur du lieutenant Schierstaedt, des cuirassiers de la Garde, et du comte Strachwitz, de la Garde du corps? Ils sont tous les deux prisonniers et on dit qu'on leur a mis des chaînes et que bientôt on les fera transporter à Cayenne pour des travaux forcés. Te serai reconnaissante pour cette bonne œuvre. » En me faisant cette communication, la grande-duchesse se défend de croire à l'étrange accusation dont sa fille l'a saisie, mais elle me demande des renseignements. Après m'être informé au ministère de la Guerre, je lui réponds : « Paris, 4 avril 1915. Madame, les lieutenants von Schierstaedt, des cuirassiers de la Garde allemande, et von Strachwitz, de la Garde du corps, au sujet desquels Votre Altesse a bien voulu m'écrire, ont été faits prisonniers le 27 sep-

____
(1) V. *L'Union sacrée*, p. 100.

tembre 1914 et condamnés le 1ᵉʳ octobre par un conseil de guerre pour pillage avec armes. Ils ne sont pas partis pour Cayenne et n'ont jamais porté de chaînes. Ils sont en France, où ils ne sont exposés à aucun mauvais traitement et ils subissent simplement leur peine dans un pénitencier militaire, loin de tous condamnés de droit commun. Les bruits qu'on a fait courir sont donc, comme Votre Altesse le supposait, entièrement controuvés. »

Lundi 5 avril.
Vieilles connaissances : le *Gœben* et le *Breslau* sont sortis hier dans la mer Noire et venus sur les côtes de Crimée. L'escadre russe les a rencontrés et poursuivis. Un croiseur turc, vraisemblablement le *Medjidié*, a touché une mine russe et a coulé dans les parages d'Odessa. (Petrograd, nᵒ 518.)

J'ai envoyé de nouveaux questionnaires à Millerand sur la fabrication quotidienne des fusils, des obus, des explosifs, des projectiles encartouchés, des canons et des tubes. Je reçois aujourd'hui des réponses qui constatent des améliorations sensibles.

Au bois d'Ailly, près de Saint-Mihiel, nous avons enlevé trois lignes successives de tranchées. Mais nous sommes loin d'avoir réduit le saillant formé, de la Woëvre à la Meuse, par l'armée ennemie. A la Haute-Chevauchée, le 4ᵉ régiment d'infanterie, que commande le colonel Défontaine et qui s'est déjà signalé en Argonne, a prononcé une vigoureuse attaque.

Mardi 6 avril.
Millerand m'a envoyé une longue note, de carac-

tère confidentiel, qui vient d'être rédigée par le G. Q. G. à propos de la bataille de la Marne. Il n'y est fait allusion, ni aux ordres donnés par le gouvernement pour la constitution de l'armée Maunoury et pour la défense de Paris, ni à l'intervention du général Gallieni. J'ai signalé ces lacunes au ministre de la Guerre.

Le succès de la négociation avec l'Italie ne paraît plus subordonné qu'au sort de la presqu'île de Sabioncello et des îles de Lesina, Curzola et Meleda, voisines du rivage qui s'étend de Spalato à Raguse. M. Sazonoff les réclame pour la Serbie, M. Sonnino pour l'Italie.

Mercredi 7 avril.

Les communiqués du G. Q. G. sont toujours d'une lugubre monotonie. Journées de brouillard et de pluie. Nous enlevons ou perdons une tranchée aux Éparges, au bois Brûlé, au bois Le Prêtre, sur les flancs de l'Hartmannswiller, et c'est tout. Mais les hommes tombent et la mort poursuit impitoyablement son œuvre fatale.

Delcassé a suggéré une transaction au sujet du littoral adriatique. L'empereur a fini par l'accepter. (Petrograd, n° 522.) Les îles de Curzola, Meleda et Lesina seraient données à l'Italie. La presqu'île de Sabioncello serait neutralisée. Rien ne prouve, d'ailleurs, qu'au moment de la paix toutes ces attributions puissent être maintenues.

Jeudi 8 avril.

Nouvelle déception. Joffre avait amené trois corps d'armée au nord et au sud de Saint-Mihiel, pour essayer d'en chasser les Allemands. Les officiers de liaison m'avaient assuré que le général en chef avait très bon espoir. L'opération a échoué.

Le G. Q. G. s'en prend au temps, qui a été très
mauvais, et il ne compte plus que sur des résultats
particls, presque insignifiants.

Vendredi 9 avril.
Tout en négociant, l'Italie se prépare. Depuis
quelques semaines, la mobilisation est en cours ;
elle s'est accentuée en ces derniers jours. (M. Barrère, nᵒˢ 251 et 252.) Près de 500 000 hommes sont
répartis dans le nord de la péninsule. Un très grand
nombre d'officiers de complément ont été rap-
pelés.

Samedi 10 avril.
Longue discussion en Conseil sur la manière de
conclure un accord avec l'Italie (1). Delcassé et
la plupart des ministres sont d'avis qu'un protocole signé par les quatre puissances doit préciser
les conditions de l'Entente. Paul Cambon fait
à cette méthode des objections que j'ai moi-même
déjà présentées au gouvernement. (M. Paul Cambon, nᵒ 642.) Entre l'Angleterre, la Russie et la
France, il n'existe pas encore d'arrangement sur
les avantages territoriaux qu'elles pourront réclamer au moment de la paix : elles n'ont même
pas échangé leurs vues à cet endroit. Si nous
consentons aujourd'hui à l'Italie des abandons ou
des attributions de territoires, nous contracterons
l'obligation de lui assurer la possession des contrées visées. Supposons que l'Italie se sente incapable de les conquérir elle-même : elle pourra
s'opposer à toute négociation de paix, jusqu'à ce
que nous l'en ayons rendue maîtresse. En un mot,

(1) V. *Histoire de France contemporaine,* par Édouard Lavisse,
t. IX, *Les interventions et les négociations,* par A. Gauvain,
p. 337 et s. — *Livre vert italien de mai* 1915.

nous nous exposons à être tenus d'assiéger Pola ou, si les Serbes occupent toute la Dalmatie, à être obligés d'agir contre la Serbie. La Triple-Entente accordera ainsi à l'Italie des avantages qui n'auront pas leur contre-partie, puisque nous ne lui demandons aucune garantie de même nature. Paul Cambon conclut donc qu'il serait équitable et prudent de nous borner à l'acceptation d'un mémorandum italien, avec déclaration que les trois puissances seront heureuses de voir l'Italie entrer en possession des territoires réclamés par elle. J'appuie auprès du Conseil les sages observations de notre ambassadeur, mais vainement. On attend avec tant d'impatience l'entrée en action de l'Italie qu'on est prêt aux plus larges promesses. Le Conseil accepte bien de suivre l'avis de Cambon sur la procédure et de remplacer l'accord à quatre par l'adhésion à un mémorandum. Mais, malgré moi, il décide qu'on laissera dans le texte une formule comme celle-ci : « Dans le traité de paix, l'Italie obtiendra... » D'autre part, l'Italie avait proposé la rédaction suivante : « L'Italie s'engagera avec toutes ses forces contre l'Autriche et la Turquie et n'importe quelle autre puissance qui leur portera secours... » Elle se réservait ainsi d'essayer encore de ne pas entrer en guerre avec l'Allemagne. Grey et Delcassé ont heureusement écarté cette formule et ont demandé qu'elle fût remplacée par celle-ci : « L'Italie s'engagera avec toutes ses forces contre tous les ennemis des Alliés. » Mais cette nouvelle proposition a immédiatement effarouché le marquis Imperiali, qui se dit obligé d'en référer à Rome. En dépit de mon insistance, le Conseil a décidé que, si l'Italie repoussait le texte de Grey et de Delcassé, on se rallierait à la rédaction qu'elle a présentée. « Dans quelques mois, ai-je dit aux ministres, vous regretterez de n'avoir pas suivi les conseils de Paul Cambon. »

Aujourd'hui, réouverture des salles belges au musée du Luxembourg. Je préside cette petite cérémonie artistique, en compagnie de M. Carton de Wiart et du baron Guillaume. Temps délicieux, joli soleil, foule nombreuse et empressée devant les grilles. Et cependant, hélas ! là-bas, dans les tranchées, on continue à s'entre-tuer sans que les Allemands reculent.

Dans la soirée, accompagné de Millerand, je prends, à la gare du Nord, le train pour Saint-Pol.

Dimanche 11 avril.

C'est à Saint-Pol qu'est installé le quartier général de la 10e armée. Le général d'Urbal, qui vient de remplacer dans le commandement de cette armée le général de Maud'huy, mis à la tête de l'armée des Vosges, nous expose, avec une grande clarté, la situation de son front (1). Il est, nous dit-il, en admiration devant ses troupes, qui sont pleines de confiance et d'entrain. Il a le ferme espoir de percer, lorsque aura lieu, au commencement de mai, une opération nouvelle que Joffre compte entreprendre dans la région. Les renforts envoyés à l'armée anglaise ont déjà permis de retirer du front tout le IXe corps et une partie du XXe. Le XXe sera entièrement dégagé dans une dizaine de jours. Les deux corps seront mis en réserve derrière la 10e armée. Le IXe corps occupe déjà ses cantonnements au sud de Saint-Pol, du côté de Frévent et de Canteleux, et le XXe rejoint les siens. Nous sommes allés à Frévent

(1) V. *L'Invasion*, p. 419 et 420

et à Pont-Bouret-sur-Canche, voir le général Curé
et des troupes du IX⁶ corps, déjà au repos dans
les granges. Elles semblaient toutes prêtes à repartir pour les tranchées.

Nous sommes ensuite revenus à Saint-Pol pour
nous rendre, par Aubigny, au moulin de Bouvigny,
au nord-ouest d'Arras. Nous étions accompagnés
par deux généraux, avec qui j'avais, pour la première fois, l'occasion de m'entretenir un peu longuement et qui m'ont frappé l'un et l'autre par
leur intelligence et la précision de leurs vues, les
généraux Maistre, commandant le XXIe corps,
et Pétain, commandant du XXXIIIe. L'un et
l'autre m'ont paru beaucoup moins rassurés que
d'Urbal sur les résultats d'une offensive.

Du moulin de Bouvigny, on domine le « pays
noir ». Le bassin houiller qui s'étend devant nous
est coupé en deux par les lignes françaises et allemandes. De chaque côté, les cheminées fument,
le travail se poursuit, les puits se vident, mais les
Allemands bombardent constamment les fosses
exploitées par les Français, tandis que nous n'osons
guère bouleverser par des obus celles qui sont
occupées par eux et qui nous appartiennent. J'assiste à l'un de ces duels d'artillerie, qui se suc-
cèdent continuellement entre les deux armées.
Près de nous, une batterie de 75 ne cesse de tirer.
Les projectiles allemands éclatent par intervalles
à notre droite sur les tours, déjà à demi détruites,
du mont Saint-Éloi et à notre gauche sur Grenay.
C'est le XXXIIIe corps qui tient, en ce moment,
cette partie du front. Le général Pétain, qui le
commande, est un enfant du Pas-de-Calais. Grand,
bien découplé, la tenue élégante, il m'explique avec
une lumineuse simplicité ses dispositions de combat,
mais se garde sévèrement de toutes illusions.

Nous revenons en auto vers l'ouest, à travers les cantonnements de la 43e division, et nous reprenons le chemin de fer à Calonne-Ricouart pour aller retrouver le général Foch à Cassel. Nous arrivons, vers une heure et quart, au sommet d'où l'adjoint du commandant en chef continue à surveiller la plaine des Flandres. Je retrouve chez Foch la même ardeur et la même fougue qu'à notre dernière rencontre. Il est convaincu qu'au début du mois de mai, on pourra obtenir une décision. S'il avait des doutes, d'ailleurs, il ne nous les confierait pas, par crainte de nous en inspirer à nous-mêmes. Pour lui, la meilleure voie à suivre est la trouée d'Arras et de Lille sur la Belgique. Il nous montre une grande carte où sont représentées, par un lavis sombre, les hauteurs et les forêts des Ardennes et par des teintes claires les plaines flamandes et wallonnes. Il nous désigne Fleurus et Waterloo : « C'est là, nous dit-il, que nous devons vaincre. »

Pendant que nous sommes à Cassel, le général anglais Wilson, qui fait la liaison entre l'armée Foch et l'armée britannique, vient me saluer. C'est un officier de belle allure, parlant fort bien le français, tout à fait ouvert à nos idées, très renseigné sur nos habitudes, et plus apte que n'importe qui à dissiper les malentendus entre les deux états-majors.

Nous partons de Cassel avec le général Pütz, qui commande maintenant l'armée de Belgique et qui paraît regretter un peu les Vosges et l'Alsace. Nous nous dirigeons sur la frontière par Steenwoorde. Il n'y a plus, comme à mon dernier voyage, de réfugiés sur les routes ; les villages n'ont plus cet aspect tragique qui m'avait tant frappé. Les petites villes belges qu'on traverse

avant d'arriver à Ypres, Poperinghe, Wlamer-
tynghe, sont entièrement occupées par des troupes
françaises, qui y sont comme chez elles, au milieu
d'une population très hospitalière. Ypres est, au
contraire, remplie de soldats anglais. Nous par-
courons à pied la vieille cité flamande que les Allemands continuent de bombarder par intervalles,
et nous nous arrêtons longuement devant les
ruines de la cathédrale et des Halles. Ce ne sont devant nous que murailles éboulées, pignons chance-
lants, restes béants de façades ébranlées. Du magnifique beffroi communal, du gracieux Nieuwerk dont
Ypres avait fait son hôtel de ville, de la pittoresque boucherie, de la délicieuse place du Musée,
de la cathédrale Saint-Martin et de son admirable
chœur, de la halle immense et majestueuse, rien
ne subsiste que des débris. Sept ou huit cents
habitants sont cependant restés ou revenus dans
la ville ravagée.

A quatre heures de l'après-midi, départ pour
Elverdinghe, où se trouve encore le quartier général du XXe corps, commandé par le général Bal-
fournier. Là, devant les marches d'un beau château, dans un parc merveilleux, revue et défilé
d'une compagnie d'un régiment nancéien, le 26e,
où j'ai servi comme soldat et comme caporal, et
de tout le 2e bataillon de chasseurs, où j'ai ensuite
commandé une section. Émouvante coïncidence
qui me permet de retrouver réunies dans ce
coin de terre belge les deux unités lorraines où
j'ai fait pacifiquement mes premières armes,
avant d'aller respirer, au milieu des chasseurs
alpins, l'air des hauteurs savoyardes. Ils ont
été cruellement éprouvés depuis quelques mois,
mon régiment de Nancy et mon bataillon de
Lunéville. Pendant qu'ils défilent devant moi,

je cache assez mal à mes voisins le trouble qui
m'envahit.

Je m'arrête à Woersten, où je suis reçu par le
général Roy, au quartier général de la 87ᵉ division territoriale. Là, je retrouve deux autres compagnies du 26ᵉ, qui me font fête comme à un
camarade. Puis, par Oostvleteren et par Rousbrugge, nous rentrons en France, et par Bergues,
nous nous dirigeons sur Dunkerque, où nous
sommes reçus par le général Eydoux et où je
trouve encore des traces de nouveaux bombardements.

Lundi 12 *avril* 1915.

Après une nuit passée à la sous-préfecture, je
pars pour Bergues, où m'attend le général Pütz.
Avec lui et avec le général Quiquandon, je visite,
dans les villages flamands des environs, à Hoy-
mille et à Warhem, à Killem et à Rexpoede,
plusieurs cantonnements de la 45ᵉ division et du
XXᵉ corps. Je pénètre dans des fermes, dans des
granges, dans des bâtiments de tous genres ; je
cause avec des soldats qui sont tous de bonne
humeur et qui donnent aux gens de l'arrière de
splendides exemples d'endurance et de ténacité.
Je retrouve le colonel du Jonchay avec les goums
algériens, fraîchement reconstitués. Les agas me
reconnaissent ; les hommes, vraiment magnifiques,
se précipitent vers moi (1).

Nous déjeunons dans la petite ville belge de
Rousbrugge, où le général Pütz a établi son quartier général chez un notaire qui paraît avoir adopté
l'art allemand pour la décoration de sa maison et
l'art japonais pour la décoration de son jardin. Il

(1) V. *L'Invasion*, p. 417.

s'est, du reste, réservé l'idée française pour la décoration de son esprit. Les rues sont pavoisées aux couleurs belges.

De Rousbrugge, nous montons vers le nord, le long de la frontière, et nous nous arrêtons à Houthem, où le roi Albert a transporté son quartier général, Furnes étant, depuis quelques semaines, impitoyablement bombardée par l'ennemi. C'est là, dans un pauvre presbytère de village, que le vaillant souverain prépare avec ses lieutenants les opérations de son armée et la délivrance de son pays. Toujours discret et un peu triste, doux et souriant dans sa mélancolie, supportant avec une héroïque force d'âme la prolongation indéfinie de l'épreuve tragique qu'il a volontairement affrontée par patriotisme et par loyauté, le roi m'introduit dans son humble demeure. Nous y causons avec Millerand. Le souverain nous dit toute la confiance qu'il a dans la solidité de ses troupes ; mais il ne croit pas que le chiffre de soixante mille hommes, aujourd'hui atteint, puisse être dépassé. Je demande si je pourrai voir la reine à la Panne vers la fin de l'après-midi. « Certainement, me répond le roi, je serai là avec elle. »

A la sortie du presbytère, le colonel Génie, notre attaché militaire, me présente la mission française. Puis par Furnes, Coxyde et Ostdunkerke, nous arrivons au poste de commandement du général Hély d'Oissel. Il est situé au milieu des dunes, entre Oostdunkerke et Nieuport. Je connais depuis longtemps le général, qui a été, il y a quelques années, en garnison à Sampigny. Dans un très intéressant tour d'horizon, il nous indique nos positions, celles des Belges et celles de l'ennemi. Partout des éclatements. Les Allemands tirent sur Nieuport, sur nos lignes, et en arrière, sur Furnes, sur Coxyde, sur Oostdunkerke ; ils tirent en l'air sur nos avions ; ils ont une pièce de 420 qui a déjà lancé plus de 100 coups sur les ponts de Nieuport. Ces paisibles plages, échelonnées le long de la côte, sont toutes exposées maintenant à des pluies d'obus.

Nous trouvons des zouaves campés au milieu des monticules de sable. L'amiral Ronarc'h nous conduit ensuite auprès des fusiliers marins, installés, eux aussi, à l'abri des dunes. Comme il serait désirable que la France entière pût voir la tranquillité de ces braves gens, sous l'éternelle menace de la mort !

Le général Hély d'Oissel me montre un projectile de 77 que les Allemands ont tiré sur Nieuport quarante-huit heures avant mon arrivée et sur le corps duquel ils avaient inscrit dans leur langage : « Œuf de Pâques pour M. Poincaré. » Ils avaient enlevé la fusée pour qu'il n'y eût pas d'éclatement et que l'inscription restât intacte. Par avance, ils connaissaient donc ma venue. Voulant garder le témoignage de cette plaisanterie un peu lourde, j'emporte l'obus à Paris et vais le faire remettre au musée de l'armée.

Sur la lisière des dunes, nous revenons jusqu'à la Panne. La reine, toujours simple et charmante, nous reçoit dans sa modeste villa, où le roi est rentré. Elle me parle des ruines d'Ypres, du bombardement de Furnes, du courage des soldats belges. Elle recherche les photographies qu'elle a faites à ma dernière visite et m'en donne une pour Mme Poincaré (1). Puis elle nous présente la jeune princesse, qui a beaucoup grandi depuis son voyage à Paris et à qui je demande si elle se

(1) V. *L'Invasion*, p. 432 et 433.

rappelle nous y avoir vus, Mme Poincaré et moi. Avec une gracieuse franchise, elle me répond : « non », malgré ses parents qui, gentiment embarrassés, font de vains efforts pour réveiller ses souvenirs d'enfance. Évidemment, la vue d'un président de la République n'a pas beaucoup frappé sa jeune imagination.

Nous prenons congé de la famille royale, et repartons pour Dunkerque. Sur le trajet, nous nous arrêtons au vaste sanatorium de Zuydcoote, organisé par M. Vancauvenbergue et rempli, en ce moment, de typhiques et de blessés. La population de Dunkerque, prévenue cette fois de mon arrivée, me fait un accueil aussi vibrant qu'au mois de juillet 1914 et c'est aux cris répétés de « Vive la République ! vive la France ! » que je reprends, le soir, le train de Paris. Non, non, il n'y a jusqu'ici aucun fléchissement dans la volonté du pays.

Mardi 13 *avril.*

Pendant mon absence, le gouvernement britannique, attachant une importance particulière à voir la marine grecque collaborer à l'opération des Dardanelles, a proposé que les représentants de la Triple-Entente à Athènes fissent connaître au gouvernement hellénique qu'en retour de son intervention lui seraient assurées les acquisitions territoriales déjà promises dans le vilayet d'Aïdin. M. Sazonoff ayant, contrairement à son idée primitive, accepté que fût demandé le concours de la Grèce dans les détroits, Delcassé s'est rallié à la démarche proposée et les ordres ont été donnés en conséquence. On essaye également de renouveler la pression sur Sofia. Mais ni Constantin, ni Ferdinand ne paraissent disposés à se laisser con-

vaincre. (De Paris à Athènes, nᵒˢ 133 et 134. —
De Sofia, nᵒ 162.)

A la fin de l'après-midi, Delcassé me dit qu'il a
vu M. Tittoni, revenu de Rome. L'ambassadeur
lui a déclaré qu'il considérait l'accord comme fait
et que si Londres n'avait pas encore reçu la réponse italienne, c'était que le Conseil des ministres
avait dû être réuni à Rome ; mais dès maintenant,
MM. Salandra et Sonnino acceptent les dernières
propositions de M. Asquith, auxquelles M. Sazonoff lui-même s'est, il y a quelques jours, rallié
sur notre demande. Tout paraît donc arrangé.

Le général Pau, de retour à Paris, me rend
compte de sa mission en Russie. Il a trouvé le
grand-duc Nicolas très résolu et très confiant
malgré l'insuffisance du matériel et des munitions.
Le grand-duc affirme n'avoir pas dit à M. Paléologue qu'il tenait pour « indispensables » l'intervention de l'Italie et celle de la Roumanie ; il a
seulement déclaré qu'elles étaient « désirables ».
Pau a trouvé l'armée russe dans un parfait état
moral ; le ravitaillement est très bien organisé ;
le service sanitaire fonctionne remarquablement ;
les généraux d'armée sont, pour la plupart, des
hommes très intelligents et très expérimentés. Au
total, le général rapporte une impression excellente. Le seul point noir, mais très noir, c'est
l'affaire des munitions.

Mercredi 14 avril.

Jules Cambon me donne connaissance d'une
lettre de la princesse Radziwill qui représente
Guillaume II comme devenant chaque jour plus
mystique et plus superstitieux. Il est allé seul,
avec un de ses officiers, jusqu'à la frontière de
Pologne, est entré dans un monastère, a fait dire

une messe, y a assisté et a payé quinze mille marks. En Allemagne, on surveille et, au besoin, on interne toutes les personnes suspectes de sympathie pour la France, la comtesse de Munster, la princesse de Radolin.

Dans l'après-midi, au Trocadéro, grande fête offerte par les artistes de Paris aux blessés militaires. La salle est remplie de soldats de toutes armes et d'infirmières en costume de la Croix-Rouge. Viviani prononce un très beau discours, qui obtient un succès mérité. De la loge de face, j'assiste silencieusement à la cérémonie, flanqué de sir Francis Bertie et de M. Isvolsky. Ce dernier me raconte qu'en 1909, lorsque, ministre des Affaires étrangères, il a signé avec M. Tittoni, chargé lui-même de ce portefeuille en Italie, les accords de Racconigi, il a demandé à son collègue : « Eh bien ! maintenant, nous voici amis. Pourquoi ne sortez-vous pas de la Triple-Alliance? » — « À quoi bon? » a répondu M. Tittoni. « Nous n'en sortirons que pour faire la guerre à l'Autriche. »

Je félicite Bertie d'un mot plaisant qu'on lui prête à propos des zeppelins. On prétendait devant lui qu'ils cherchaient à atteindre l'Élysée. Comme l'ambassade d'Angleterre est toute proche de cet objectif, il aurait dit : « Pourvu qu'ils visent bien ! » Il se défend en riant d'avoir lancé cette boutade.

Le retard de la réponse italienne ne dit rien qui vaille à l'ambassadeur d'Angleterre. « Elle négocie avec l'Autriche, affirme-t-il. Elle va chercher de nouveaux prétextes pour ajourner. Cela est très italien : « Domani, domani. »

Le roi d'Espagne m'ayant fait remettre par M. Quiñonès de Léon une longue lettre relative à de menus événements, survenus au Maroc, sur la frontière des deux zones, j'adresse aujourd'hui à S. M. Alphonse XIII, d'accord avec Delcassé, une réponse détaillée : « Cher et grand ami, lui dis-je, j'ai conféré avec le ministre des Affaires étrangères des diverses questions sur lesquelles Votre Majesté a bien voulu appeler mon attention et dont m'a entretenu M. Quiñonès de Léon. Je n'ai pas besoin de répéter à Votre Majesté que dans la pensée du gouvernement de la République, comme dans la mienne, les intérêts de l'Espagne et de la France sont étroitement solidaires au Maroc et que notre voisinage en Afrique doit contribuer à resserrer entre nos deux pays leur bonne entente traditionnelle... Il me paraît heureusement facile de dissiper, à la lumière d'un examen complet et impartial, des malentendus passagers, nés de rapports d'indigènes ou d'agents subalternes. » J'entre donc dans cette analyse ; je m'explique sur de petits incidents locaux inexactement rapportés et notamment sur certaines manœuvres de l'ancien sultan Moulay Hafid, et je conclus : « J'espère, cher et grand ami, que Votre Majesté voudra bien trouver, dans ces franches explications, la preuve que mes sentiments concordent avec les siens et que je souhaite, moi aussi, que le Maroc reste « l'expression et le symbole de l'union cordiale et étroite de l'Espagne et de la France. »

Le maréchal Lyautey est personnellement tout à fait favorable à cette politique de collaboration ; mais les agents des deux pays ne la pratiquent pas toujours avec un tact irréprochable.

Jeudi 15 avril.
Attaques réciproques près de Berry-au-Bac, aux

Éparges, en Argonne, au bois d'Ailly, au bois de Mortmare. Le communiqué reste aussi terne, aussi vide, aussi fastidieux que tous ces jours derniers.

Le prince Georges de Grèce, gendre du prince Roland Bonaparte, est en ce moment à Athènes. Il a prié notre ministre, M. Deville, de dire à M. Delcassé qu'il allait revenir à Paris, chargé par le gouvernement grec de négocier avec nous une intervention. Il demande instamment que les pourparlers restent secrets. Il a donné à entendre que l'internationalisation de Constantinople était pour la Grèce une condition *sine qua non* de son concours. Il semble que le gouvernement grec actuel veuille maintenant faire pièce à Venizelos et reprendre avec nous, pour amuser le tapis, les conversations qu'il a lui-même rompues. En attendant, il émet la prétention que les Alliés lui garantissent durant la guerre, et pour une certaine période qui en suivrait le terme, l'intégrité de son territoire continental et insulaire, y compris l'Épire du Nord. (Athènes, nos 144 et 145.) Quant à l'Italie, elle abandonne sa revendication sur la presqu'île de Sabioncello. Elle accepte que la côte réservée à la Serbie depuis le cap Planca ne soit pas neutralisée. Mais elle demande à être chargée seule de la représentation diplomatique du futur État autonome d'Albanie, et sir Ed. Grey n'y voit pas d'inconvénient. Le gouvernement italien déclare, en outre, qu'il ne pourra ouvrir les hostilités qu'un mois après la signature des accords. (Londres, no 691.)

Vendredi 16 *avril* 1915

Le comte Ehrensvärd, ancien ministre des Affaires étrangères de Suède, a confidentiellement rapporté à notre ministre, M. Thiébaut, les impressions que lui avait laissées un récent voyage en Allemagne. On voit partout de nombreux soldats de moins de trente ans. Un million d'hommes bien exercés va être envoyé ce mois-ci sur les deux fronts. Il ne faut pas compter sur la pénurie des vivres pour abréger la guerre ; le pain est détestable, mais l'Allemand se rejette sur la viande et sur les poissons, dont le prix n'a pas augmenté. On espère encore vaincre, mais on n'en est plus certain. On se contenterait d'une paix satisfaisante, c'est-à-dire du *statu quo ante*. (Stockholm, n° 6.)

Samedi 17 avril.

Le grand quartier général, convaincu que la bataille de Champagne, terminée le 20 mars dernier après une série de petits succès chèrement achetés, aurait pu aboutir à la rupture du front, si l'aménagement de nos tranchées de départ et de nos boyaux de communication avait été meilleur et si la liaison entre l'infanterie et l'artillerie avait été plus étroitement assurée, prépare en ce moment, pour le mois de mai, une nouvelle opération, qui aura lieu en Artois. Mais, dès maintenant, il a cru devoir monter en Woëvre, malgré la mauvaise saison, une offensive qui devait s'engager notamment dans le secteur Étain-Saulx-en-Woëvre, devant Marchéville et aux Éparges. Elle s'est déroulée sous les rafales et dans la boue. Elle s'est terminée sans autre résultat que l'enlèvement de l'éperon des Éparges, qui domine la plaine, mais d'où nous n'avons pu descendre au bas des côtes de Meuse. Les radio-télégrammes de Nauen annoncent au monde que nos attaques sont brisées.

Sazonoff essaie de recommencer la politique

d'intimidation et de menace envers la Bulgarie.
Comme le télégraphie M. de Panafieu (Sofia,
n° 176), depuis trente-cinq ans cette méthode n'a
valu que des déboires à la Russie. De son côté,
sir Ed. Grey veut procéder par la douceur : il propose de dire à Sofia que les Alliés emploieront
leur influence au profit de la Bulgarie. Mais M. de
Panafieu trouve cette promesse vague et insuffisante ; il croit qu'il faudrait préciser que la Bulgarie obtiendra, à la conclusion de la paix, les
frontières occidentales prévues par le traité
de 1912. A défaut de cet engagement, il n'y a plus
rien à espérer d'elle. Le Conseil des ministres est
d'avis de tenter ce dernier effort, Delcassé est
chargé d'en prévenir nos alliés.

Pour la Grèce, Briand, qui a vu la princesse
Marie Bonaparte, femme du prince Georges, demande qu'on ne laisse pas plus longtemps sans
réponse la démarche du gouvernement royal.
Tout le cabinet partage son opinion. Mais alors se
pose l'embarrassante question de Cavalla. Elle
risque de diviser la Grèce et la Bulgarie, et nous
sommes, par conséquent, obligés de demeurer
très réservés à cet endroit. Nous ne pouvons non
plus admettre que le gouvernement du roi Constantin nous impose, comme il en émet la prétention, la dissolution de l'Empire ottoman.

Visite de Joffre. Je le mets confidentiellement
au courant des intentions italiennes. Il me dit
qu'à son avis l'intervention de nos voisins du
Sud-Est, pour être vraiment efficace, devrait se
produire dans les premiers jours de mai. Sinon,
l'offensive russe dans les Carpathes pourrait être
arrêtée par l'effort austro-allemand. Suivant Joffre,
il est indispensable que l'Autriche reste immobi-
lisée dans le Trentin et dans la région de Trieste ;

il est même désirable qu'elle soit forcée d'envoyer de ce côté des troupes nouvelles. Autrement, si la Russie est, par malheur, battue ou paralysée, l'Allemagne pourra retirer du front oriental plusieurs corps d'armée et les ramener en France. « Nous n'avons pas, sans doute, continue le général en chef, à redouter la percée de nos lignes, mais nous pourrions être entravés dans notre prochaine offensive. Quant à cette offensive elle-même, nous avons intérêt à ne pas trop la retarder, à profiter des excellentes dispositions morales de nos troupes, à marcher dès que nous aurons toutes nos munitions prêtes et tous nos engins en état, c'est-à-dire dans les premiers jours de mai. A la même époque, du reste, les Anglais seront en mesure d'attaquer. French y est décidé. On comprend donc les motifs de l'insistance que met M. Sazonoff à obtenir des Italiens une entrée en guerre immédiate. »

Joffre me dit, en outre, qu'il y a eu, en Woëvre, une cinquantaine d'éclatements de nos pièces de 75, dus tantôt aux obus, tantôt à l'usure des tubes, tantôt à la précipitation excessive du tir. On a pris les mesures nécessaires pour remédier, autant que possible, à ces inconvénients ; mais si l'on fabrique des tubes, on ne fabrique pas de freins hydrauliques ; il s'ensuit que le nombre des canons diminue. Encore une question grave, qui réclame toute notre vigilance.

Paléologue télégraphie à Delcassé (n° 560) qu'il a reçu ma lettre du 9 mars avec un mois de retard et, pour y répondre, il nous explique, au ministre et à moi, comment se sont produites les prétentions croissantes de la Russie sur Constantinople et les détroits. C'est le 25 septembre que Sazonoff a pour la première fois exposé à notre ambassadeur ses vues à cet égard. Il estimait alors que la liberté des détroits devrait être sauvegardée par un organisme international et par une fortification russe à l'entrée du Bosphore. Le 2 novembre, la Turquie déclare la guerre. Le 12 novembre, le roi d'Angleterre, parlant à l'ambassadeur de Russie, prononce cette ʿparole décisive : « Constantinople doit être à vous. » Deux jours plus tard, sir G. Buchanan déclare au gouvernement russe : « La question de Constantinople et celle des détroits devront être résolues selon le vœu de la Russie. » Le 21 novembre, l'empereur fait appeler Paléologue à Tsarskoïé-Sélo et lui confie ses idées sur les conditions générales de la paix future. Au cours de l'entretien, Nicolas II exprime sa résolution d'expulser les Turcs d'Europe et son désir d'annexer à la Russie la Thrace méridionale, jusqu'à la ligne Enos-Midia. Quant au régime de Constantinople, son opinion, dit-il, est encore loin d'être arrêtée : il incline à penser que la ville devra être neutralisée avec un statut international. Enfin, le 4 mars, sous l'action persistante des promesses britanniques, l'empereur de Russie se décide officiellement à réclamer pour la Russie Constantinople, la Thrace méridionale et la rive asiatique du Bosphore. Paléologue constate qu'avant ma lettre il n'avait reçu de Delcassé aucune instruction contraire aux projets dont l'empereur lui avait fait confidence, et il est malheureusement vrai que Delcassé a laissé, sur ce point, le champ libre aux ambitions russes, sans oser se mettre en travers.

Dimanche 18 *avril.*

L'empereur Nicolas et Sazonoff refusent de laisser à l'Italie, pour son entrée en action, un délai qui dépasse le 1er mai. Toute la négociation, disent-ils, a eu lieu en vue de cette échéance. Les opérations dans les Carpathes et vers Cracovie sont en pleine activité. Le grand-duc Nicolas a besoin de savoir immédiatement si, oui ou non, il rencontrera devant lui la totalité des forces austro-allemandes pour lui barrer la route de l'Oder. (Petrograd, n° 566.) Paul Cambon trouve injustifiée cette exigence de la Russie et ne croit pas qu'elle soit acceptée par l'Italie. (Londres, n° 717.) Grey et Delcassé insistent donc pour convaincre Sazonoff, maintenant aussi pressé d'avoir le concours de l'Italie qu'il était naguère pressé de l'écarter. Mais, d'après Paléologue, comme d'après Joffre, la question est plutôt stratégique que diplomatique et c'est du généralissime russe que vient la principale résistance. Le grand-duc Nicolas consent enfin à céder, pourvu que l'adhésion de l'Italie à l'alliance soit publiée le 1er mai. (Petrograd, n°s 567 et 570). Mais Grey estime que l'Italie ne peut publier son adhésion à notre alliance que le jour où elle sera prête à entrer en campagne. (Londres, n° 720.) Nous tournons dans ce cercle sans trouver d'issue.

Lundi 19 *avril* 1915.

Pour essayer d'en finir, et sur ma demande, Delcassé envoie aujourd'hui à Petrograd le télégramme suivant (n° 592) : « Veuillez remettre à M. Sazonoff, avec prière de le faire tenir à l'empereur, ce télégramme par où le président de la République a à cœur de manifester à quel point le gouvernement est unanime à souhaiter, dans l'intérêt commun des Alliés, la signature immédiate de l'accord avec l'Italie, condition indispensable de la prompte entrée en campagne de cette dernière :

« Mon cher et grand ami, Votre Majesté me permettra de lui dire combien me paraît dangereux le retard à l'adhésion des Alliés au mémorandum italien. Le général Joffre désire, comme S. A. le grand-duc Nicolas, que l'entrée en action de l'Italie soit aussi prochaine que possible, mais la seule manière de la hâter est de signer immédiatement l'accord. Tant qu'il ne sera pas signé, il sera à craindre que la négociation soit brusquement compromise par des circonstances imprévues. Une fois engagée par la signature de l'Entente, l'Italie serait, au contraire, obligée de marcher dès qu'elle serait matériellement en mesure de le faire, et nous nous emploierons, d'ailleurs, à l'y déterminer. Le délai qu'elle réclame pourra être raccourci, lorsqu'elle sera effectivement notre alliée, mais nous avons ici la certitude et la preuve qu'elle ne le réclame pas pour se dérober, qu'elle a à prendre certaines dispositions préalables et que nous risquons, en lui refusant un peu de temps, de la maintenir dans la neutralité. Mieux vaudrait encore qu'elle intervînt tard que jamais. Votre Majesté, qui a une conscience si haute et si éclairée des intérêts des pays alliés, n'hésitera certainement pas à conjurer une rupture qui pourrait avoir les plus graves conséquences. Il est, du reste, évident que l'Italie ne peut faire connaître publiquement son adhésion à la déclaration du 5 septembre 1914 (1) avant le jour où elle entrera en action. Plus on tarde à signer, plus longtemps on la met, par suite, dans l'impossibilité de publier cette adhésion. Je m'excuse d'être contraint par l'urgence d'envoyer indirectement ce mot télégraphique à Votre Majesté et je la prie de croire à mon inalté-

____

(1) Sur la renonciation à toute paix séparée.

rable et dévouée amitié. *Signé* : R. POINCARÉ. »

Ce n'est pas cependant que le mémorandum italien soit de nature à nous donner pleine satisfaction. Delcassé vient de me le communiquer. Le concours de l'Italie, si précieux qu'il soit, semble devoir coûter cher. Elle s'attribue dès maintenant la part du lion : le Trentin, le Tyrol cisalpin avec la frontière du Brenner, Trieste, les comtés de Gorizia et de Gradisca, toute l'Istrie jusqu'au Quarnero, y compris Volosca et les îles istriennes de Cherso, Lussin, les petites îles de Plaverik, Unie, Canidole, Palazzuoli, San Pietro di Nembi, Asinello, Gruica et les îlots voisins. Elle doit également recevoir la province de Dalmatie dans ses limites administratives actuelles, les îles situées au nord et à l'ouest de cette province, Valona, l'île de Sasseno ; elle est maintenue dans la possession des îles du Dodécanèse ; elle obtient qu'une grande partie de la côte orientale de l'Adriatique soit neutralisée ; elle se fait charger de représenter l'État d'Albanie dans ses relations avec l'étranger ; elle prétend qu'il lui soit réservé, en cas de partage total ou partiel de la Turquie d'Asie, une part dans la région voisine d'Adalia. Si la France et la Grande-Bretagne augmentent, aux dépens de l'Allemagne, leurs domaines coloniaux d'Afrique, elle se réserve de réclamer des « compensations équitables », notamment sur les frontières de l'Érythrée, de la Somalie, de la Libye ; il est seulement indiqué que ces compensations ne seront pas prises sur la colonie française d'Obock Djibouti. L'Italie stipule, en outre, que ses alliés devront s'unir à elle pour écarter des futures négociations de paix tout représentant du Saint-Siège. Et enfin, elle demande qu'une convention militaire détermine immédiatement le minimum des forces que la Russie devra employer contre l'Autriche-Hongrie, afin d'empêcher cette puissance de concentrer tous ses efforts contre l'armée italienne. Voilà un gouvernement qui sait ce qu'il veut.

En retour, l'Italie s'engage à poursuivre, avec la totalité de ses ressources, la guerre en commun contre tous les ennemis de la Triple-Entente.

Ce marché diplomatique paraît avoir mis en goût le comte Romanones, chef du parti libéral espagnol. (M. Geoffray, n° 174.) Dans un discours que vient de prononcer cet homme d'État, un des plus francophiles de la péninsule, il réclame, sans détour, l'attribution de Tanger à la zone espagnole et se déclare opposé au projet de donner à ce port un statut international.

Mardi 20 avril.

Je reçois de la grande-duchesse Anastasic, actuellement à Èze, une lettre où elle me remercie des renseignements que je lui ai donnés sur les protégés de la femme du kronprinz : « J'ai télégraphié, m'écrit-elle, à ma fille Cécile : « Ni chaînes, ni Cayenne, » sans lui communiquer les autres indications de votre lettre. Comme elle vient d'accoucher d'une jolie petite fille, je n'ai rien voulu dire qui aurait pu lui donner des émotions. Je me demande si je dois lui communiquer tout le contenu de votre lettre. Je suis d'accord avec vous dans toutes vos pensées. Seulement, je ne sais pas si vous les avez écrites pour moi seule ou pour ma fille aussi. J'ai envie d'envoyer la copie de votre lettre au roi de Danemark, mon charmant gendre, et je lui dirai d'en décider. Que dites-vous de ce plan? Je suis en dehors de la politique, bien entendu, ce qui n'empêche pas que je puisse aussi avoir des pensées. Ainsi en été, lorsque vous avez fait votre voyage des pays du Nord, en commençant par ma belle patrie, je me suis dit que sachant combien vous étiez partisan de la paix, on profitait exprès du moment où vous naviguiez pour vous rendre plus difficiles les pourparlers. Moi, qui suis aussi pour la paix, ce que je souffre de cette guerre, déclenchée d'une façon tellement injuste au surplus ! Je me dis à présent : je ne veux plus qu'on tue n'importe quelle nationalité. Ils me font trop de peine, ces braves soldats et citoyens. Assez de plaies et de souffrances. Naturellement, l'Entente a ses plans et ses intentions. La question se pose : peuvent-ils dès à présent poser leurs conditions et dire : Voici ce qui vous attend?... » J'ai tout lieu de croire que la grande-duchesse n'a reçu de personne mandat de me parler ainsi. Je lui réponds donc, aussi sobrement que possible, qu'elle peut communiquer ma première lettre à la kronprinzessin et que la France entend continuer jusqu'à la victoire la guerre qui lui a été imposée.

Le prince Georges de Grèce, qui revient d'Athènes, où il a longuement causé avec son frère Constantin, se présente à mon cabinet. Le gouvernement anglais nous a mis très nettement en garde contre ses propositions. On estime, en effet, à Londres que le prince Georges et le roi n'ont d'autre pensée que de faire pièce à Venizelos. On nous demande instamment de ne pas accueillir leurs ouvertures. (M. Paul Cambon, n° 718. — Athènes, n° 157.) J'écoute toutefois avec politesse les explications du prince (1). « Le roi et le gouvernement grec sont, me dit-il, disposés à

---

(1) V. *La Grèce et la crise mondiale*, par M. FRANGULIS, ancien ministre de Grèce, librairie Alcan, p. 222 et 223.

marcher avec la Triple-Entente. Les conditions
qui ont été posées par eux ne sont pas impé-
ratives ; le texte a été mal rédigé ; il pourra être
.corrigé. Mais la Grèce ne saurait consentir à céder
Kavala. Sur le reste, on s'entendra. » Je réponds
que je souhaite cette entente, mais qu'il appartient
au gouvernement seul de se prononcer. Le prince
ne me cache pas qu'à son avis, la question serait
beaucoup plus facile à régler si nous rompions
immédiatement avec la Bulgarie et si nous aidions
la Grèce à la combattre. Bref, la coopération à
laquelle songe Constantin, il la réclame de nous
bien plutôt qu'il ne nous l'offre.

Delcassé m'informe que le roi George d'Angleterre a télégraphié, comme moi, à l'empereur
Nicolas II pour le prier de hâter l'accord avec
l'Italie.

Mercredi 21 avril.
Toujours les mêmes actes de sauvagerie : cinquante obus incendiaires ont été lancés sur Reims.

Un télégramme de Paléologue nous annonce
enfin que le gouvernement russe consent à signer
l'accord avec l'Italie. Toutefois l'ambassadeur de
Russie.à Londres a été chargé de faire un certain
nombre de réserves en faveur du Monténégro, de
la Serbie et de la Grèce. (Petrograd, nᵒˢ 579 et 589.)

D'autre part, l'empereur m'a adressé un télégramme qui m'arrive un peu brouillé (nᵒ 582) :
« Très cher et grand ami, conscient de l'utilité que
pourrait offrir le concours de l'Italie, qui permettrait peut-être d'abréger la durée de la guerre
(mot passé)... concède... aux exigences italiennes,
bien que ces exigences fussent très considérables
et, sur plusieurs points, en contradiction avec les
aspirations des peuples slaves dont le sacrifice

me fait appréhender des périls pour l'avenir. L'entrée en lice de l'Italie n'a de prix à mes yeux que si elle a lieu incontinent et je ne puis vous cacher que j'ai été mal impressionné quand, ayant obtenu presque tout ce qu'il demandait, le cabinet de Rome a déclaré vouloir ajourner son entrée en action, qu'il avait pourtant fait lui-même prévoir pour la fin d'avril nouveau style. Toutefois, du moment que vous faites appel à moi en invoquant les intérêts des pays alliés, je ne veux point m'opposer à la signature de l'accord avec l'Italie et confie à cet effet à mon gouvernement les pleins pouvoirs nécessaires. Refoulant ainsi la formule proposée à Londres pour ce qui concerne la date d'exécution de l'accord franco-russe, j'aime à espérer que les Alliés continueront à s'employer pour amener l'Italie à accélérer son intervention. Je compte, en outre, que tous les autres engagements stipulés entre Alliés avant l'accession de l'Italie restent immuables. Veuillez croire à mes sentiments de constante et sincère amitié. *Signé :* NICOLAS. »

Jeudi 22 *avril.*

Dans un télégramme que Delcassé fait transmettre par le quai d'Orsay, je réponds à l'empereur que nous ne négligerons pas les intérêts des peuples slaves et que d'ailleurs l'intervention de l'Italie ne saurait rien changer aux accord antérieurs des Alliés. Il est bien entendu, en particulier, que l'entente du 5 septembre, qui interdit toute paix séparée, subsiste intégralement. L'Italie, du reste, y a elle-même adhéré.

L'ambassadeur d'Espagne à Londres a fait connaître à sir Ed. Grey le désir de son gouvernement de voir attribuer Tanger à l'Espagne, à raison des diverses modifications qui vont se pro-

duire dans le bassin de la Méditerranée. Le secrétaire d'État britannique a prudemment réservé
sa réponse, jusqu'à ce que la guerre fût terminée
et que l'Angleterre eût étudié la question avec la
France. (Madrid, n⁰ 177 ; Londres, n⁰ 759.)

Vendredi 23 avril.
Hier, au nord d'Ypres, près de Langemark,
entre le canal et le chemin de fer de Staden, est
venue fondre sur nos lignes une épaisse nuée
toxique. Les troupes canadiennes et françaises,
qui n'ont encore ni masques, ni autres moyens de
protection contre les gaz délétères et que ce
nouveau procédé d'attaque a naturellement surprises, se sont d'abord repliées au sud de Pilken et
à hauteur de Poelcappelle. Le régiment des grenadiers, corps d'élite de l'armée belge, a, par un
héroïque crochet offensif, défendu la position dont
les occupants français et britanniques avaient
été asphyxiés. Aujourd'hui des unités fraîches
sont amenées sur le champ de bataille et, en liaison intime avec les Belges et les Anglais, elles vont
s'efforcer de reprendre le terrain perdu. De combien de crimes la science ne devient-elle pas la
complice ! Déjà, au mois de janvier, les Allemands
avaient utilisé un obus à gaz délétère, qu'ils appelaient l'obus T. Mais, depuis lors, ils paraissent
avoir constitué une troupe spécialement préparée à la manipulation des récipients qui contiennent des vapeurs asphyxiantes. C'est l'organisation de l'assassinat ; et demain, pour nous
défendre, n'allons-nous pas être forcés d'employer,
hélas ! les mêmes moyens (1) ?

(1) V. les récits de l'inauguration du monument de Steenstraete
dans les journaux belges et français du 29 avril 1929.

L'Italie et la Russie discutent encore sur quelques points : territoires attribués aux États slaves de l'Adria‎que, neutralité des côtes du Monténégro ; mais l accord définitif paraît imminent.

Samedi 24 avril.

M. Blondel continue à se plaindre des maladresses de la diplomatie russe à Bucarest (n° 181 et s.). Il redoute que les moyens employés par M. Sazonoff pour gagner la Roumanie ne finissent par la détourner de nous.

Le *Journal officiel* de ce matin publie un décret qui précise les conditions dans lesquelles sera décernée la croix de guerre, instituée par la loi du 8 avril dernier. Les deux Chambres, réalisant une idée de Maurice Barrès (1), ont, en effet, décidé à l'unanimité qu'il serait créé une décoration exceptionnelle pour récompenser les nombreuses actions d'éclat individuelles, reconnues par les citations à l'ordre du régiment, de la brigade, de la division, du corps d'armée et enfin de l'armée. Le Conseil des ministres a choisi le modèle sur la proposition de Millerand. La croix, en bronze florentin, a quatre branches, entre lesquelles s'entre-croisent deux épées. Le centre représente à l'avers une tête de République au bonnet phrygien, ornée d'une couronne de lauriers. Le ruban, chargé d'une palme ou d'une étoile, est vert avec liseré rouge et bandes rouges. Oui, comme l'a écrit Barrès, ce peut être « une grande chose qu'une décoration accordée, ratifiée par un groupe d'hommes, dans le moment où l'enthou-

____

(1) V. *L'Ame française et la guerre : les Saints de France,* Émile-Paul frères, éditeurs, p. 144 et s.

siasme du champ de bataille les rend sincères ».

Partant ce soir pour les armées, je n'ai pas voulu quitter Paris sans dire à M. Tittoni combien je me félicitais de voir la France et l'Italie reprendre leurs destinées naturelles. Je l'ai prié de venir à l'Élysée. N'osant télégraphier au roi, par peur des indiscrétions, je demande à l'ambassadeur d'exprimer à son souverain ma grande satisfaction. M. Tittoni me dit qu'il considère l'accord comme signé et qu'il y voit lui-même l'amorce d'une politique nouvelle. M. Sonnino vient de l'appeler en Italie pour quelques jours. Il ne sait pourquoi on l'a mandé, mais ce n'est certainement pas, me déclare-t-il, à cause d'une difficulté quelconque ; il n'y en a plus aucune (1).

Dimanche 25 avril.

Nous sommes venus hier soir, Millerand et mo dîner et coucher à la sous-préfecture de Compiègne. Nous avons été reçus par l'ancien chef du IXᵉ corps, le général Dubois, qui commande depuis le 16 mars la 6ᵉ armée, à la place du général Maunoury, malheureusement frappé d'une incurable cécité. Ce matin, par un joli temps printanier, nous sommes allés ensemble visiter, au nord-est de Compiègne, les organisations de la forêt de Laigle et nous avons poussé, par un boyau étroit et sinueux, jusqu'à l'observatoire d'Ollancourt, d'où la vue s'étend sur les lignes allemandes et sur les communes occupées de Bailly et de Tracy-le-Val. Nous apercevons très distinctement les tranchées ennemies, mais le secteur est, en ce moment, tout à fait calme.

(1) V. *Revue d'histoire mondiale*, 3ᵉ année, nº 1, janvier 1925. *Les origines de l'intervention italienne*, par Paul-Henri MICHEL.

Accompagnés du général Ebener, commandant du XXXVe corps, nous inspectons des batteries et des positions défensives. Puis nous venons passer, près de Rethondes, sur la rive droite de l'Aisne, entre les deux forêts verdoyantes de Laigle et de Compiègne, la revue de deux régiments de nouvelle formation, éléments du XXXVe corps. En présence de Joffre qui nous a rejoints, je remets à ces deux régiments leurs drapeaux et j'essaye, en une brève allocution, de soutenir le courage des soldats. Je leur exprime les vœux du gouvernement de la République, au moment où ils vont prendre place au milieu des combattants, et je m'efforce de leur inspirer, en même temps que le respect de leur mission, la confiance en la victoire. Mais jamais les mots dont je me suis servi pour exprimer ma pensée ne m'ont paru plus pauvres et plus inertes.

Lundi 26 avril.

Après de nombreuses visites d'ambulances, nous avons couché à Compiègne et ce matin, au moment où nous allions repartir pour la vallée de l'Aisne, nous avons remarqué un taube qui survolait la ville. Il a jeté deux bombes, qui sont tombées, l'une dans la gare, l'autre sur un hangar voisin, dans le chantier d'un marchand de ferrailles. Les dégâts ont été insignifiants. Je suis allé serrer la main au propriétaire du chantier, à sa femme et à sa fille qui ne manifestaient aucune émotion. La population tout entière a gardé, du reste, son sang-froid et n'est sortie de son calme que pour nous applaudir, le ministre, le général en chef et moi. Nous nous rendons à l'observatoire de Montagu, pittoresquement installé dans un bois de bouleaux, à quelques kilomètres en aval de

LE PRÉSIDENT DE LA RÉPUBLIQUE ET LE MINISTRE
DE LA GUERRE MILLERAND, SUR LE FRONT DE LORRAINE

LE PRÉSIDENT DE LA RÉPUBLIQUE INSPECTE AVEC LE
GÉNÉRAL DUBAIL UN SECTEUR DU GROUPE DES
ARMÉES DE L'EST (23 MAI 1915).

Soissons. De là, nous voyons nos lignes et les lignes allemandes sur le coteau de Cuisy au nord-est, dans la vallée de l'Aisne au nord et à l'est. Nos 75, qui tirent sur les tranchées ennemies, les atteignent avec une admirable précision.

Après avoir visité à Ambleny, avec le général de Villaret, des cantonnements du VIIe corps, puis à Dommiers des cantonnements de territoriaux, nous nous dirigeons vers l'observatoire de Belleu, où nous arrivons par une longue grotte et par un boyau montant qui aboutit à un petit entonnoir. Tout à coup s'étend à nos pieds un vaste panorama, au centre duquel je découvre mortellement blessée la malheureuse ville de Soissons. Je regarde se dresser sous mes yeux plusieurs siècles de l'histoire de France, dans cette plaine « qui a vu César vaincre, Clovis régner et Napoléon chanceler » (1). Le général Deprez, qui commande le 5e groupe de divisions et qui m'accompagne, a amené avec lui un lieutenant d'artillerie en qui je reconnais mon neveu Léon Daum, gendre de Henri Poincaré. Je me fais rendre compte de la bataille qui a entraîné notre repli sur la rive gauche de l'Aisne.

Après avoir déjeuné près de Taux-Tigny, je vais passer en revue, au sud de Grand-Rozoy, la 89e division territoriale, qui vient d'arriver du Nord, et une brigade de la 55e division. Toutes ces troupes ont excellente tenue et défilent très convenablement sur un terrain fort accidenté. Je rentre à Paris à la fin de la journée et parcours aussitôt les télégrammes arrivés pendant ma courte absence.

Le roi de Bulgarie se plaint amèrement que

____

(1) Victor Hugo, *le Rhin*, lettre IV.

M. Guénadieff, qu'il se proposait de nommer ministre à Paris, en remplacement de M. Stancioff, envoyé à Rome, n'ait pas encore reçu l'agrément du gouvernement français. M. de Panafieu craint que Ferdinand, froissé dans son amour-propre, ne saisisse cette occasion de prendre une détermination funeste. (Sofia, nos 191 et s.)

Une attaque générale a eu lieu hier aux Dardanelles. Le débarquement de l'armée, couvert par la flotte, a commencé avant le lever du soleil sur divers points de la péninsule de Gallipoli. Avant la nuit, des forces imposantes étaient déjà établies sur la côte. Au War Office, on est très satisfait de la manière dont les opérations se sont effectuées. (Londres, nº 812).

Les accords avec l'Italie ont enfin été signés aujourd'hui à Londres. (M. Paul Cambon, nº 816.)

L'empereur d'Allemagne vient d'adresser en clair à la reine de Grèce, via Bucarest, un télégramme dont M. Blondel, notre ministre en Roumanie, nous communique le texte (Bucarest, nº 184) : « L'offensive russe dans les Carpathes est définitivement arrêtée ; les Russes y ont perdu 100 000 hommes ; leurs pertes en tués depuis le commencement de la guerre sont de 700 000 hommes et 60 000 officiers. Ma victoire est certaine, je te la garantis ; malheur à ceux qui lèveront la main contre moi. Amitiés à Tino. » Guillaume ne change point. Moi, moi, moi. *Ich, ich, ich...* »

Mardi 27 avril.

Après l'air calme et salubre qu'on respire sur le front, voici de nouveau l'atmosphère lourde et agitée des milieux politiques. Avant la séance du conseil, Viviani me confie ses inquiétudes. Il se plaint du quartier général qui, dit-il, ne sort toujours pas de sa tour d'ivoire et qui nous cache la vérité sur les dernières opérations, notamment sur celles de la Woëvre. Ribot vient, à son tour, reprocher à Millerand la multiplicité des marchés que ses services passent en Amérique. Le change devient mauvais. Il va falloir exporter de l'or. Le billet de banque souffrira de ces sorties forcées. Il est indispensable d'enrayer les dépenses qu'on engage aux États-Unis. D'autre part, faute d'entente avec l'Angleterre, nous nous faisons, elle et nous, concurrence dans nos achats et nous contribuons à l'élévation des prix. Ribot me demande d'intervenir auprès de Millerand. Je les réunis dans mon cabinet, l'après-midi, avec le président du Conseil. Millerand promet de se conformer aux indications du ministre des Finances.

A la fin de la journée, je reçois M. Lahovary, ministre de Roumanie, qui a appris par M. Tittoni l'entente entre l'Italie et nous. Il me donne de nouveau pour certaine l'entrée en action de la Roumanie. Mais il me parle du Banat, et aussi de Czernovitch, de la ligne du Pruth en Bukovine, et même un peu de la Bessarabie. De son côté, Bratiano a écrit personnellement à Delcassé et il a émis des prétentions sur le Banat et sur la partie ruthène de la Bukovine. C'est donc bien un mot d'ordre et un programme. N'ayant pas le droit d'encourager de si vastes espérances, je m'abstiens de toute promesse et me contente de répéter à M. Lahovary que nous serons très heureux si la Roumanie devient notre alliée et que nous seconderons de notre mieux ses désirs.

Mercredi 28 avril.
Le roi d'Angleterre me télégraphie : « Quoique le fait ne puisse pas encore être divulgué, je désire

saisir tout de suite l'occasion de vous exprimer très confidentiellement mon profond sentiment du concours que vous avez apporté aux délicates négociations avec l'Italie, qui ont été conduites aujourd'hui à une issue favorable, et ma très ferme espérance que la coopération de notre nouvelle alliée contribuera à hâter notre complète victoire. Je suis avec beaucoup d'intérêt les courageux faits d'armes des vaillantes troupes françaises et je vous félicite chaleureusement de leurs succès. *Signé :* GEORGE. » Je remercie le roi et lui adresse, à mon tour, mes compliments et mes vœux.

Nous apprenons que le croiseur cuirassé *Léon-Gambetta*, en croisière à l'entrée du canal d'Otrante, a été torpillé dans la nuit du 26 au 27 à vingt milles du cap Santa Maria de Leuca. Les Italiens ont envoyé du matériel pour sauver l'équipage. Je télégraphie au roi Victor-Emmanuel pour lui en exprimer notre reconnaissance. Cent trente-six hommes ont pu être recueillis sains et saufs, mais tous les officiers sont morts courageusement à leur poste.

Ce matin, des obus de très grand calibre, 305 et 420, sont tombés sur Dunkerque. Ils paraissent lancés par une pièce établie au nord de Nieuport, c'est-à-dire à une trentaine de kilomètres. Nouvelle surprise que nous a réservée la science allemande.

Jeudi 29 avril.
Millerand décide d'envoyer aux Dardanelles une seconde division, commandée par le général Bailloud, et de donner au général Gouraud le commandement de l'ensemble des troupes.

M. Quiñonès de Léon m'apporte une nouvelle

et longue lettre autographe du roi d'Espagne.
Tout en me remerciant de ce que je lui ai écrit,
Alphonse XIII ajoute : « Il doit y avoir un défaut
originel dans le régime marocain, qui annule en
partie nos efforts. Je crois que nos deux gouvernements devraient l'étudier dans l'esprit fraternel
digne des deux peuples que nous dirigeons, afin
que le Maroc, ainsi que vous le dites, d'accord
entièrement avec mes. sentiments, soit toujours
l'expression et le symbole de cette amitié et de ces
rapports très cordiaux. Je ne prolonge pas ces
lignes, ne voulant pas vous fatiguer, mais Quiñonès de Léon, en vous les remettant, ainsi qu'en
toute occasion pourra vous compléter mes idées
et sentiments... » Nul mieux que moi ne connaît
la sincérité des sentiments du roi envers la France.
Je ne peux donc fermer l'oreille à son appel. Mais
que désire-t-il au juste? Je le demande à M. Quiñonès de Léon. Il me dit, avec beaucoup de réserve, que l'Espagne souhaiterait un changement
dans le régime de Tanger. Il ne précise pas davantage. Je réponds qu'après la victoire nous cher-
cherons de grand cœur le moyen de resserrer
nos relations avec l'Espagne et que je ferai part au
gouvernement de la République de la démarche
royale. Mais je ne me crois pas autorisé à aller plus
loin. Il y a, en effet, à Tanger, une colonie française qui proteste vivement, d'avance, contre
toute cession à l'Espagne de la ville et du port.

Vendredi 30 avril.
Quelques députés français, MM. Franklin-Bouillon, Leygues, Albin Rozet, de Chambrun, accom-
pagnent à l'Élysée une délégation assez nombreuse
des représentants de l'Irlande à la Chambre des
communes. M. T. P. O' Connor, qui la conduit et

qui remplace M. Redmond, malade, est un des partisans les plus actifs de l'entente avec la France. Sir Ed. Grey nous a priés de lui faire bon accueil. M. T. P. O'Connor m'adresse, en effet, au nom du parti irlandais, une chaleureuse allocution. Il me rappelle les liens étroits de parenté et d'affection qui ont toujours uni nos deux peuples. « Constituant nous-mêmes, me dit-il, un des rameaux de la race celte, comment aurions-nous oublié que la France est le plus grand des pays celtiques? Ces liens du sang ont été fortifiés par l'étroite association de votre peuple et du nôtre à travers les siècles de leur histoire. La vieille querelle millénaire entre l'Angleterre et l'Irlande a heureusement presque fini. Aussi, d'un même élan, avec toutes les autres nations de l'Empire britannique, le peuple d'Irlande, fidèle à son passé, s'est dressé pour défendre la cause sacrée de la liberté et de la justice... Nous avons été tout aussi fiers que vous pouvez l'être vous-mêmes de voir que cette dernière invasion s'est brisée contre l'énergie indomptable et l'héroïsme du peuple français... Ce sera l'orgueil des générations irlandaises de songer que des soldats de leur race ont pris part à cette lutte héroïque... Aujourd'hui, de toutes les lèvres, en France, s'échappe le même cri immortalisé par votre histoire : « Vive la « France une et indivisible ! » Ce cri, toute la race irlandaise le fera retentir dans le monde. »

Je réponds aux députés irlandais que je suis heureux de leur souhaiter la bienvenue sur cette terre de France qui n'a jamais laissé dépérir, sous la riche floraison de la civilisation latine, la puissante sève de notre race commune et dont les habitants ont, eux aussi, conservé à travers les âges, les traits essentiels du caractère celte ; et j'ajoute : « Les souvenirs que vous évoquez nous sont aussi chers qu'à vous-mêmes. L'histoire a resserré, entre l'Irlande et la France, les liens noués par la parenté, et chaque siècle, en passant, nous a plus étroitement unis. La guerre actuelle sera la consécration définitive et solennelle de notre fraternité. Ce sang que nous ont donné les mêmes ancêtres, les enfants de nos pays le versent ensemble aujourd'hui avec le même courage, dans les mêmes combats, contre les mêmes ennemis, pour la même cause sacrée. Ils seront bientôt récompensés par les mêmes victoires. »

Le roi Victor-Emmanuel m'a aimablement remercié du télégramme que je lui ai envoyé à propos du sauvetage de nos marins, mais il ne fait aucune allusion à l'entrée en guerre de l'Italie. La consigne donnée par le cabinet de Rome est le silence, et notre censure veille, nuit et jour, pour supprimer dans la presse française toute allusion à la signature de l'accord.

CHAPITRE V

Un rapport de la commission sénatoriale de l'armée. — Négociations navales, avec l'Italie. — Torpillage du *Lusitania*. — *Colette Baudoche*. — Visite à la 2ᵉ armée. — La bataille d'Arras. — Le prince Georges de Grèce. — Démission et retour du cabinet Salandra. — La Russie et la Roumanie. — M. Albert Thomas sous-secrétaire d'État. — Grèce et Bulgarie. — Ce que l'Autriche avait offert à l'Italie. — Visite à l'armée de Lorraine et à la 7ᵉ armée. — Pierre Loti diplomate.

Samedi 1ᵉʳ mai.

Au Trocadéro, nouveau gala au profit des blessés. La salle est toute remplie de soldats en traitement. Deschanel prononce un très beau discours, vigoureusement applaudi, où il parle de moi en termes aimables. Moins bienveillant est Clemenceau dans *l'Homme enchaîné.* Ce matin, il nous prend encore à partie, les ministres et moi, avec une rare violence et il ne nous reproche rien de moins que de conspirer contre le Parlement. Au demeurant, depuis quelques mois, M. Clemenceau n'épargne personne, ni en France, ni à l'étranger. Il donne des leçons à MM. Salandra et Sonnino (3 février et 13 mars 1915), au pape Benoît XV (5 février), à M. Bratiano (26 février, 2 mars, 18 mars), à M. Woodrow Wilson (4 et 7 mars), à M. Gounaris (14 mars), à nos amis comme à nos ennemis.

Je reçois le général Bailloud, qui part pour les

Dardanelles avec le 2ᵉ division. Il me paraît assez
fatigué et un peu nerveux. Millerand a réservé
à d'Amade une mission à l'étranger et l'a remplacé
par Gouraud, qui commandera les deux divisions.

Dimanche 2 mai.

A la suite de nouveaux arrangements, nous cons-
tituerons désormais provision à la Banque d'Angleterre pour nos paiements aux États-Unis. La
maison Morgan se charge de ces paiements. Elle
se couvrira en tirant sur la Banque d'Angleterre.

De renseignements recueillis par le quartier
général belge, il semble résulter que le bombardement systématique de Dunkerque, commencé
ces jours derniers, est exécuté par un canon à
longue portée, établi non pas auprès de Westende
comme on l'avait d'abord cru, mais entre Dixmude et Mercken. La population de Dunkerque,
constamment menacée, conserve son calme et sa
dignité.

Longue conversation avec Viviani et avec Millerand au sujet d'un rapport très sévère qu'a déposé M. Paul Doumer à la commission de l'armée
du Sénat et qui résume des études partielles de
MM. Léon Bourgeois, Charles Humbert, Chéron
et Henry Bérenger. C'est un véritable réquisitoire
contre Millerand et contre l'administration de la
guerre. La commission dit avoir constaté que
nous possédions, au commencement des hostilités,
moins de trois millions de fusils d'infanterie
modèle 1886, soit le nombre strictement nécessaire,
même pour une campagne de courte durée ; qu'il
avait disparu, depuis le début d'août, plus de
700 000 fusils et qu'au huitième mois de la campagne, il n'avait pas encore été fabriqué un seul

fusil neuf ; qu'on avait simplement effectué des transformations, en petit nombre d'ailleurs, de fusils modèle 1874 ; que le travail des manufactures n'avait été conduit ni activement, ni méthodiquement ; qu'il avait été fait tardivement appel à l'industrie privée et que les dispositions envisagées par l'administration militaire restaient insuffisantes. En ce qui touche l'artillerie de campagne, le danger paraît à la commission plus inquiétant encore et plus imminent. Il existait, au commencement de la guerre, 4 700 pièces de 75, nombre tout juste suffisant pour fournir à chacun des corps d'armée actifs 30 batteries ou 120 pièces en dehors de l'artillerie affectée aux divisions isolées. Le 17 mars, un rapport de M. Charles Humbert indiquait que 447 pièces avaient disparu dans les combats et que 122 avaient éclaté. Depuis lors, le premier de ces chiffres s'est sensiblement accru. Quant aux éclatements, affirme M. Doumer, il s'en est produit au minimum 500. Une fabrication abondante de pièces neuves eût été indispensable. Mais l'effort accompli est resté au-dessous des nécessités. L'atelier de Bourges, seul établissement de l'État qui fabrique des tubes, est arrivé à grand'peine, en mars, à en produire 24 par semaine ; il doit actuellement atteindre le chiffre, encore beaucoup trop faible, de 36. L'administration de la guerre ne semble pas, ici non plus, utiliser les ressources que lui offre l'industrie privée. La situation de l'artillerie lourde n'est pas plus rassurante. Les canons de 105, mis en commande au début de 1913, ont été livrés très lentement avant et depuis la déclaration de guerre. Sur 48 pièces reçues et utilisées, il y a eu, d'ailleurs, 18 éclatements. Le rapport fait des constatations aussi fâcheuses sur l'artillerie de siège, sur l'aéronautique, sur les munitions, sur les explosifs et les poudres, sur le renforcement de l'armée.

J'interroge Viviani et Millerand sur les diverses questions traitées par la commission et je leur demande de me donner, une fois de plus, par écrit l'état de chacune des fabrications et l'indication des mesures prises. Millerand affirme que rien n'a été négligé ni par lui, ni par ses collaborateurs, et que le pessimisme de la commission dérive d'un parti pris. Il me promet des justifications décisives.

Lundi 3 mai 1915.

Aux Dardanelles, nos troupes, après avoir repoussé une violente attaque, ont progressé, mais au prix d'une perte de mille hommes environ par régiment. Les unités anglaises ont perdu la moitié de leur effectif.

Le général Gouraud vient me voir avant de partir pour l'Orient. Il paraît heureux d'aller se battre sur un sol étranger, où il espère pouvoir sortir de l'immobilité.

M. Tittoni, de retour de Rome, m'exprime les remerciements du roi d'Italie pour les vœux que je lui ai fait transmettre. Lui aussi, Victor-Emmanuel III considère, me dit l'ambassadeur, que nous bâtissons en ce moment pour l'avenir. L'Italie restera, après la guerre, la fidèle alliée de la France.

J'ai aujourd'hui entre les mains le texte définitif de l'accord signé, le 26 avril, à Londres entre Paul Cambon, Ed. Grey, Imperiali et Benckendorff, et de la convention militaire annexée. M. Tittoni ne me laisse aucun doute sur la prompte exécution de ces arrangements. L'Italie s'est engagée à employer la totalité de ses ressources à poursuivre la guerre en commun avec la France, la Grande-Bretagne et la Russie, contre tous nos ennemis. Elle ne peut donc tarder à rompre avec l'Allemagne comme avec l'Autriche.

Cependant, après m'avoir donné ces assurances, M. Tittoni me parle de la Roumanie. « Le roi d'Italie, me déclare-t-il, désire vivement la prochaine intervention de cette puissance. — Nous aussi, dis-je. — Oui, mais il faudra faire effort à Petrograd pour que la Russie consente à quelques concessions. — Sans doute, mais la Roumanie majore maintenant ses prétentions primitives. — C'est vrai, et en ce qui concerne le Banat, le roi pense qu'il ne faut pas trop désobliger les Serbes ; mais du côté de la Bukovine, la Russie serait bien inspirée en cédant un peu. — Assurément, mieux vaudrait en cette affaire obtenir des concessions d'une grande puissance que d'en imposer à une petite, mais la Russie s'est mise d'accord avec la Roumanie pour un partage ethnique, et le Pruth n'est pas, je crois, une frontière ethnique. — Il n'importe. L'intérêt de la Russie est de se montrer généreuse. Peut-être accepterait-elle, au moins, de donner un petit morceau de Bessarabie. — Je l'ignore. — Enfin, enfin, il faut des concessions réciproques. — Bien entendu, et nous nous emploierons, comme vous, à les obtenir. Mais songeons, d'abord, à gagner la guerre ensemble. »

Visite de Léon Bourgeois. Il partage les inquiétudes de la commission de l'armée. Je rectifie quelques-unes des assertions du rapport qui m'a été communiqué et j'essaye de démontrer que Millerand ne mérite pas tous les reproches qui lui ont été adressés. Il a obtenu, à force de volonté froide, un certain nombre de résultats appréciables.

C'est ainsi, par exemple, qu'il a déterminé Joffre
à dégager assez de corps d'armée pour constituer,
comme le désirait la commission, une importante
armée de manœuvre. Bourgeois est agréablement
surpris de cette information. « Que voulez-vous?
me dit-il, nous sommes exigeants, parce que nous
sommes inquiets. — Oui, mais vous risquez,
répliqué-je, de semer votre inquiétude autour de
vous. Stimulez le gouvernement, rien de mieux,
mais ne niez pas ses efforts. Ou bien, si vous le
jugez incapable, renversez-le. Ne le paralysez pas,
ne le diminuez pas par des réquisitoires qui sont
de véritables mises en accusation. » Bourgeois
me parle ensuite, avec une vive émotion, des éclatements. Il est irrité d'un mot de Millerand à la
commission : « Il fallait la quantité, nous avons dû
sacrifier la qualité. » Léon Bourgeois souffre visiblement, dans sa conscience de patriote, de ce désaccord entre le ministre de la Guerre et la commission. Comme dans le feu de la conversation, il
se prend tout à coup à me tutoyer, je lui réponds : « Eh bien, c'est entendu. Désormais nous
nous tutoierons. » Lorsqu'il me quitte, j'insiste :
« Reviens me voir souvent et sois convaincu que je
continuerai à faire l'impossible pour stimuler
la fabrication. »

Mardi 4 mai.
Pendant que Millerand a des difficultés avec la
commission sénatoriale de l'armée, Augagneur
en a de presque aussi pénibles avec la commission
de la marine de la Chambre. L'amiral Bienaimé,
député, vient me remettre un rapport qui contient
de vives critiques contre l'amiral Boué de Lapeyrère, accusé d'inertie, et contre le ministre, soup-
çonné de mauvaise volonté envers la Commission.

D'autre part, Millerand m'exprime la crainte qu'Augagneur n'ait fait montre d'un peu trop d'exigence dans les pourparlers relatifs à la convention navale avec l'Italie. On n'a pas abouti et les délégués italiens ne semblent pas satisfaits. Augagneur, que j'interroge en conseil, m'explique que l'Italie aurait voulu voir confié au duc des Abruzzes le commandement général des flottes dans la Méditerranée et il ajoute qu'il démissionnerait plutôt que de laisser, même dans l'Adriatique exclusivement, nos escadres sous les ordres d'un chef allié.

Le cabinet a complaisamment donné à M. Raynaud, ancien ministre des Colonies, une mission pour .assurer en Russie l'exécution de certains marchés de blés. M. Raynaud, qui m'a sourdement gardé rancune d'avoir, en août dernier, laissé se reconstituer sans lui le cabinet Viviani, a cependant eu la politesse de venir me saluer avant son départ. Il a cru, contrairement à la vérité, que j'avais conseillé son élimination, alors que j'avais seulement recommandé à Viviani d'élargir le ministère. Il est un de ceux qui ont, depuis lors, répandu des flots de bile dans les couloirs du Palais-Bourbon.

Je visite longuement, à l'hôpital Cochin, une ambulance où sont surtout soignés des soldats marocains, algériens et tunisiens. Le loyalisme de ces indigènes est vraiment admirable. Jamais nous n'aurons le droit d'oublier la dette de reconnaissance que nous contractons aujourd'hui envers les populations musulmanes de nos colonies africaines.

Mercredi 5 mai.
Viviani, qui est allé hier, avec Millerand, à la

commission du Sénat et qui y est retourné aujour-
d'hui, me rapporte que les choses se sont bien
passées ; on a traité la question des fusils ; on
abordera cet après-midi celle des canons et des
éclatements.

Le commandant Herbillon me dit que les officiers italiens venus au quartier général ont trouvé
Augagneur cassant. La convention navale n'est
pas encore signée. Je convoque le ministre de la
Marine avec Viviani et Delcassé. Je me réserve
de lui demander, s'il en est besoin, de filer un peu
d'huile. D'après ce qu'il m'explique, ce n'est plus
la question du commandement qui est la pierre
d'achoppement. Les Italiens n'ont plus réclamé la
subordination de l'amiral Boué de Lapeyrère au
duc des Abruzzes. Mais ils ont exposé un plan
d'action que l'amirauté britannique a, comme
notre état-major naval, trouvé dangereux. Ils
voudraient aventurer immédiatement de grosses
unités dans le nord de l'Adriatique, malgré les
mines et les sous-marins. Lapeyrère, d'accord
avec les Anglais, croit, au contraire, qu'on ne
peut agir dans ces parages qu'avec une flotte
légère. On a donc proposé aux Italiens la combinaison suivante : le duc des Abruzzes aura le commandement de la flotte italienne, qu'il composera
comme il l'entendra et à laquelle les Anglais et
les Français fourniront un certain nombre de
petites unités : sous-marins, croiseurs rapides et
torpilleurs. La flotte de ligne française, composée de grosses unités, restera sous les ordres
de Lapeyrère. Si les Autrichiens sortaient de
Pola, le duc des Abruzzes appellerait notre amiral, qui viendrait avec la flotte de ligne, mais
en conserverait le commandement. Les délégués italiens ont accepté cet arrangement, mais

avant de signer, ils ont voulu en référer à Rome.

Gabriel d'Annunzio, qui vivait en France ces mois derniers et qui a fait récemment à la Sorbonne, sous la présidence de Paul Deschanel, une conférence en l'honnéur de l'union latine, était hier à Gênes et, dans un magnifique langage, il a adressé à la population enthousiasmée un appel vibrant : « Que voulez-vous, Génois? Que voulez-vous, Italiens? Amoindir ou accroître la nation? Vous voulez une Italie plus grande, non par acquisition, mais par conquête, *non a misura di vergogna, ma a prezzo di sangue et di gloria. Fiat! Fiat! Si facia! Si compia! Viva San Giorgio armato! Viva la giusta guerra! Viva la piu grande Italia!* » Ce soir et les jours suivants, Gabriel d'Annunzio doit continuer, parmi ses concitoyens, cette campagne patriotique (1).

Je reçois, avec le cérémonial accoutumé, le nouveau ministre du Portugal, M. de Bettencourt-Rodriguez. Nous échangeons des allocutions particulièrement cordiales où nous mettons, l'un et l'autre, en pleine lumière la traditionnelle amitié de nos deux pays, mais où nous ne risquons aucune allusion à la guerre qui s'éternise.

Millerand me fait remettre par son chef de cabinet, le colonel Buat, des réponses détaillées aux critiques de la commission sénatoriale et aux questions que j'avais moi-même posées. Il y a eu certainement des erreurs et des mécomptes. Mais la commission a poussé les choses au noir. Viviani et Millerand sont retournés aujourd'hui devant elle et ils ont exposé la situation de l'artil-

---

(1) V. *Per la piu grande Italia,* Orazioni e messagi di Gabriele D'ANNUNZIO. (La sagra dei mille.) Fratelli Treves Editori. Milano, 1915.

LE COMMANDANT VIAUD (PIERRE LOTI)

lerie. La séance a naturellement été moins favorable qu'hier, les éclatements et le nombre des canons mis hors de service ayant provoqué de grandes inquiétudes. Les ministres ont fini, du reste, par accepter la collaboration permanente qui leur était offerte par la commission.

Jeudi 6 mai.

Mes seules promenades quotidiennes, je les fais dans les allées du jardin. Encore me reproché-je d'être momentanément sensible aux grâces printanières dont il s'est paré. Les marronniers en fleurs, les aubépines chargées de bouquets roses, les cytises qui laissent pendre leurs grappes jaunes, les rosiers qui montrent craintivement leurs premiers bourgeons, l'eau qui murmure dans la grotte, les canards blancs qui s'ébattent dans le bassin, les fauvettes et les chardonnerets qui chantent dans les buissons, Babette et Miette qui courent joyeusement autour de nous, tout cela n'est-ce pas, pendant quelques instants, un enchantement qui donne l'oubli? Mais là-bas, le canon gronde, les obus pleuvent, le sang coule, des hommes meurent. Le spectacle que j'ai sous les yeux disparaît devant le spectacle lointain, et plus rien ne m'est doux dans une nature qui me ment.

M. Winston Churchill est venu à Paris pour signer la convention navale avec l'Italie.

Joffre part ce soir pour le Nord. L'armée d'Urbal est sur le point de prendre l'offensive, en liaison avec les Anglais, dans la région située entre Lens et Arras, notamment sur la colline de Notre-Dame de Lorette et sur la falaise de Vimy.

Vendredi 7 mai.

Les délégués italiens n'ont pas encore reçu la

réponse de leur gouvernement au sujet de la convention navale. Piano, piano.

L'offensive n'a pas commencé. Pénelon me dit que le mauvais temps n'a permis, ni hier, ni aujourd'hui, le vol des avions et le réglage du tir. Joffre n'est même pas encore parti pour Doullens, où il doit transporter son poste de commandement.

Ribot a défendu aujourd'hui devant la Chambre, avec un très grand succès, le projet de loi portant à six milliards la limite d'émission des bons du Trésor, des bons ordinaires et des bons de la Défense nationale. Il a rendu solennellement hommage à l'effort financier qu'accomplit le pays pour soutenir son effort militaire. Il a été acclamé et a obtenu un vote unanime.

Le vapeur transatlantique *Lusitania*, magnifique « lévrier des mers », venant de New-York, a été torpillé à huit milles au sud-ouest de la pointe d'Old Kinsale, sur la côte irlandaise, à l'entrée du canal Saint-Georges, par un sous-marin allemand. Tant comme passagers que comme hommes d'équipage, il y avait à bord près de 2 000 personnes, dont beaucoup d'Américains. Le nombre des survivants paraît inférieur à huit cents. Telle est, au vingtième siècle, la civilisation européenne.

Samedi 8 mai.

La convention navale n'est toujours pas signée. Les délégués italiens attendent encore des instructions qui ne viennent pas.

Maurice Barrès m'a écrit pour me prier d'assister cet après-midi, au Théâtre-Français, à la répétition générale de la pièce que M. Frondaie a tirée de *Colette Baudoche*. « Ce n'est pas le moment d'aller au théâtre, me dit-il lui-même, mais *Colette*

Baudoche est quelque chose d'un peu particulier.
Je ne développe pas cette idée, qui est vraie. Vous
me feriez un grand plaisir, mais je ne puis me
permettre de vous exprimer mon désir qu'en me
hâtant d'ajouter que je m'incline devant tout
empêchement que vous pouvez y voir. » Quelque
admiration que j'aie pour le roman et quelque
amitié que je porte à l'auteur, je n'aurais pas le
courage de me rendre dans un théâtre, si la représentation n'était donnée en faveur de l'œuvre des
Alsaciens-Lorrains et si Mmes Charras, Marcelin
Pellet, Siegfried, Delanney, n'avaient insisté
auprès de Mme Poincaré pour que je vinsse.

Je me suis donc décidé. M. Frondaie a prolongé
le sujet du livre jusqu'après la bataille de la
Marne et dans le dernier acte Asmus se révèle
odieusement brutal. Il était difficile de le présenter tel qu'il est dans le roman, c'est-à-dire
presque sympathique dans ses maladresses et ses
fautes de tact, devant un auditoire que la guerre
ne dispose pas à l'indulgence envers les Allemands.
M. Frondaie a donc été forcé de pousser un peu le
portrait à la caricature, mais avec ce changement,
la secrète inclination de Colette ne se comprend
plus très bien. Après la répétition générale, le
dernier acte, où était mise en relief la grossièreté
foncière du personnage, a, du reste, été supprimé.
Le succès a été, malgré tout, assez vif. Marie Le-
comte a joué Colette avec grâce et, quand il le
fallait, avec dignité. Mme Pierson a été une
Mme Baudoche de très noble allure. Féraudy
s'est montré un admirable Herr Professor. A la
fin de la représentation, le public, très ému par
cette vivante image de Metz, s'est tourné vers ma
loge, en m'adressant des vivats, comme pour
s'engager à libérer Colette.

En m'écrivant pour me remercier de ma présence, Barrès ajoute : « Je ne suis pas venu vous demander votre sentiment sur la pièce, parce que, de mon côté, je faisais des réflexions que je n'aurais pas su cacher et qu'il eût été regrettable pour moi d'exprimer dans une loge si retentissante. Je n'ai pas écrit une ligne de *Colette* pièce ; je n'avais jamais vu les quatre actes joués ensemble ; j'avais entendu un jour un acte, le lendemain un autre. Ce dont je m'accommodais, seul avec Carré et Frondaie, dans le désert de la salle des Français, et tout à l'amusement de regarder le gentil travail des acteurs, a pris un tout autre caractère quand je me suis trouvé relié aux émotions d'une foule. Le père de Colette, au lendemain de ce mariage, se demande si, ayant refusé Colette à Asmus, il a eu raison de la donner à Frondaie. »

Viviani et Millerand sont appelés tous les jours pendant trois ou quatre heures devant les commissions parlementaires. Viviani me dit que ses forces ne résisteront pas à la fatigue qu'on lui impose. La commission de l'armée de la Chambre, rivalisant avec celle du Sénat, a pris une délibération pour déclarer que le ministre de la Guerre lui rend impossible l'accomplissement de sa mission et qu'elle se réserve d'envoyer des délégués à son gré soit dans la zone de l'armée, soit à l'intérieur. Millerand s'étant présenté hier devant cette commission, le général Pédoya, président, lui a lu cette déclaration et lui a demandé une réponse. « Je n'ai rien à répondre, a dit le ministre ; je suis prêt à collaborer avec la commission, mais je ne puis accepter qu'elle se substitue à moi. » Sur quoi, il est parti. Pédoya a couru au ministère et a demandé à Millerand, avec des supplications, si c'était son dernier mot. « Oui, a répli-

qué Millerand, et au besoin, la Chambre nous départagera. » Le ministre a raison de vouloir gouverner lui-même. La commission, élue par la
Chambre, a raison de vouloir contrôler. Est-il
donc impossible de concilier leurs droits respectifs
et de séparer le contrôle de l'action?

Dimanche 9 mai.

Accompagné du général Duparge, je me rends
en automobile à Cagny, commune située à quelques
kilomètres d'Amiens et occupée, en ce moment,
par le quartier général de la 2ᵉ armée, que commande le général de Castelnau.

Je recueille les premières nouvelles de l'offensive commencée le matin au nord d'Arras. On a
bien débuté, on a enlevé plusieurs lignes de tranchées, mais Castelnau ne paraît guère croire à
une décision très importante. Contrairement à
l'idée de Joffre, il envisage la nécessité de chercher
un résultat sur un autre théâtre d'opérations,
Italie ou Danube.

L'après-midi, nous allons ensemble, lui et moi,
par Ressons-sur-Matz, jusqu'à Cambronne et aux
environs, près des lignes qui passent à peu près
à mi-chemin entre Compiègne et Noyon. Nous
visitons l'emplacement de plusieurs batteries,
ainsi que leurs observatoires, où nous accédons à
travers bois par de longs boyaux de communication. Nous avons en face de nous, dans la vallée
de l'Oise, le village de Pimprez, occupé par les
Allemands. On n'aperçoit pas un seul homme
parmi les maisons à demi détruites. Dans les
vergers, autour des ruines, les pommiers sont en
fleurs. Des levées de terre jaunâtre nous indiquent
le tracé des tranchées ennemies. En face de Pimprez, voici Ribécourt avec d'autres tranchées de

même forme et de même couleur : ce sont les nôtres.
Tout est désert et tout serait calme si, sur notre
droite, au nord de la forêt de Laigle, ne se livrait,
dans l'armée voisine, un duel d'artillerie. Le général de Castelnau me quitte à Machement et nous
revenons, Duparge et moi, à Paris par Compiègne.
Temps splendide. Nature en fête. Humanité en
larmes.

Lundi 10 *mai.*
La Roumanie négocie à Petrograd, à Rome, à
Paris, à Londres. Mais on n'avance point.

La convention navale avec l'Italie est signée à
la fin de l'après-midi. Les difficultés sont venues
du nombre d'unités légères que l'Italie nous demandait pour l'Adriatique et aussi de l'insistance
qu'elle mettait à réclamer immédiatement de
l'Angleterre, pour la même flotte, quatre croiseurs cuirassés, actuellement retenus aux Dardanelles.

L'article 3 du mémorandum italien signé à
Londres le 26 avril dernier est mis à exécution. Il
est convenu que « les flottes de la France et de la
Grande-Bretagne donneront leur concours actif
et permanent à l'Italie jusqu'à la destruction de
la flotte austro-hongroise ou jusqu'à la conclusion
de la paix. » Il sera constitué, sous le commandement du commandant en chef de l'armée navale
italienne, une première flotte alliée qui comprendra,
indépendamment des unités italiennes, douze
contre-torpilleurs français ; autant de torpilleurs, sous-marins et navires dragueurs de mines
qu'il sera possible au commandant en chef de
l'armée navale française de détacher ; une escadrille d'avions et un navire porte-avions français ;
quatre croiseurs légers anglais, qui rallieront la

première flotte alliée, dès qu'ils seront numériquement remplacés par quatre cuirassés anglais aux Dardanelles ; une division de quatre cuirassés anglais à la disposition du commandant en chef italien. En vue d'opérations dans l'Adriatique, il sera formé une seconde flotte alliée, composée des vaisseaux de combat français et des vaisseaux de combat italiens ou anglais dont n'aurait pas disposé le commandant en chef de l'armée navale italienne. Cette seconde flotte alliée, accompagnée de ses bâtiments de flottille et placée sous le commandement du commandant en chef de l'armée navale française, sera prête à répondre à l'appel du commandant en chef de la flotte italienne. Bref, sur tous les points essentiels, l'Italie a obtenu les satisfactions qu'elle demandait.

Plusieurs sénateurs, Henry Chéron, Boudenoot, Trouillot, viennent se plaindre à moi de Joffre et de Millerand. Ils reprochent au premier ses lenteurs, au second l'influence qu'il laisse prendre à ses bureaux. A la vérité, toutes ces critiques trahissent surtout l'inquiétude patriotique de ceux qui me les apportent. Je vois bien, aux lettres que je reçois, combien se multiplient dans le pays et même sur le front, les signes de lassitude et d'impatience. L'état général des esprits est encore excellent, mais çà et là, sur l'ensemble d'un organisme robuste et sain, apparaissent de petites taches infectées. Et cependant il faut durer.

Je rends au président Loubet une visite qu'il m'a faite vendredi. Il est très confiant et très résolu. Nous parlons de Clemenceau. Loubet, qui déplore ses articles de *l'Homme enchaîné*, le traite sans ménagements de « malfaiteur public ». Il ne veut plus se rappeler que le jour où il est entré à l'Élysée, Clemenceau avait crié : « Moi, je vote pour Loubet. » Le Tigre n'agit pourtant lui-même que sous l'empire d'un patriotisme défiant qui le porte à se croire seul capable de sauver le pays. Ces jours-ci, paraît-il, à la commission sénatoriale de l'armée, il a tout à coup éclaté en sanglots. Pour ces larmes-là, que ne lui pardonnerait-on pas ?

Nous avons sensiblement progressé hier au nord d'Arras, dans la direction de Loos, de Lens et de Vimy. La bataille s'est engagée sur les deux flancs de la colline de Notre-Dame de Lorette, que chevauchaient les lignes allemandes. L'ennemi était protégé par un grand nombre de mitrailleuses sous casemates, disposées de façon à multiplier les feux flanquants ; il était abrité dans une véritable place, formée par un immense lacis de tranchées et de boyaux, que nous appelions le Labyrinthe. C'était le kronprinz de Bavière qui avait le commandement. Notre attaque, menée par le IXe, le XXIe, le XXXIIIe, le XXe, le XVIIe et le Xe corps, a été très brillante. Nous nous sommes emparés du village de la Targette et de la moitié de Neuville-Saint-Vaast. Nous avons fait deux mille prisonniers et enlevé six canons. Au XXXIIIe corps surtout, notre succès, minutieusement préparé par le général Pétain, a été foudroyant. Nous avons avancé de quatre kilomètres. Malheureusement, une fois encore, nous n'avions pas de réserves à proximité. Personne n'avait prévu une marche aussi rapide et, comme le front attaqué s'étendait sur huit kilomètres, les réserves d'armée avaient été laissées à douze kilomètres en arrière, pour être portées sur le point où elles seraient nécessaires. Nous n'avons donc pu exploiter notre victoire.

Mardi 11 *mai*.

Bonne nouvelle : M. de Panafieu nous laisse espérer que la Bulgarie va mobiliser, marcher sur Constantinople et s'allier à nous. (Sofia, n° 210.) M. Radoslavoff pose cependant des conditions et Ferdinand se tait. (Sofia, 10 mai, n° 214.) L'illusion a été courte.

Nous avons encore fait mille prisonniers et pris quatre canons au nord d'Arras. Mais les Allemands ont fortement contre-attaqué.

Un taube a jeté cinq bombes sur Saint-Denis. Une d'elles est tombée sur la cour de la caserne. Elle a blessé cinq zouaves, dont trois grièvement. Je suis allé voir les victimes à l'hôpital de la Compassion, de Saint-Denis, et à l'hôpital Saint-Martin, de Paris, où l'homme le plus atteint a été transporté en plein coma. Je me suis également rendu à la caserne, où j'ai trouvé une centaine de zouaves sur le point de partir pour le front. J'ai causé quelque temps avec eux. Ma présence ayant été connue des habitants, une foule nombreuse est venue, à ma sortie de la caserne, me saluer par des cris répétés de « Vive la France ! » comme pour me prouver que le fond du peuple ne se laisse pas contaminer par le découragement. Quelques succès bien visibles ne seraient cependant pas inutiles pour soutenir le moral de ces braves gens.

Je reçois de nouveau le prince Georges de Grèce (1). Il a télégraphié hier au roi Constantin pour le supplier de ne pas laisser échapper l'occasion de réaliser les aspirations de son pays. Il me lit ce télégramme très pressant et très ferme. Le

(1) *L'Entente et la Grèce pendant la grande guerre*, par M. S. Cosmin, Société mutuelle d'éditions, Paris, p. 84 et s. — *Histoire diplomatique de la Grèce*, par Édouard Driault et Michel Lhéritier, Presses universitaires de France, t. V, p. 185 et s.

roi lui a répondu en le priant de me venir voir et de me dire : « Ce qui arrête la Grèce, c'est le refus qu'on oppose à ses demandes de garantie territoriale. Si cette garantie lui était donnée pour le traité de paix, elle marcherait. » Je lui réponds qu'il a paru difficile au gouvernement français de prendre un engagement dont le sort ne dépend pas de lui. Le prince me rapporte alors qu'il a vu Delcassé, que Delcassé lui a fait la même réponse que moi, mais a fini par accepter, sans trop de protestations, une formule comme celle-ci : « En adhérant à la Triple-Entente la Grèce contractera une alliance qui implique le maintien de son intégrité. » — « De cette façon, ajoute le prince, les Alliés ne prennent aucun engagement envers la Grèce. C'est elle seule qui interprète l'alliance à sa manière. » Je réponds que jusqu'ici, le ministre ne m'a pas parlé de cette formule, mais que je la trouve assez équivoque.

Le bombardement de Dunkerque par la pièce à longue portée a recommencé. Il y a des morts et des blessés. Le communiqué du grand quartier général avait cependant annoncé que cette pièce avait été repérée et réduite au silence. Comment veut-on que la population civile croie maintenant à l'exactitude de nos comptes rendus militaires? Dans une guerre de peuples, l'opinion publique n'est cependant pas chose négligeable. Le Conseil des ministres demande à Millerand d'appeler l'attention du commandement sur le danger de telles erreurs.

La bataille d'Arras n'a finalement produit aucun résultat décisif. Le quartier général avait accumulé de fortes réserves derrière la 10e armée ; il avait fait des approvisionnements considérables de munitions ; il avait massé de l'artillerie lourde dans le

secteur choisi ; le général Joffre s'était transporté
de sa personne à Doullens pour diriger les opérations. La première journée, celle de dimanche, a été
bonne, mais, malgré la préparation d'artillerie, l'effort a été plus rude qu'on ne s'y attendait, surtout
dans les environs immédiats d'Arras. La deuxième
journée, celle de lundi, a déjà été moins satisfaisante. Ce soir, le colonel Pénelon exalte le succès
tactique que nous avons remporté, mais, me dit-il,
Joffre lui a bien recommandé de ne pas m'annoncer
une décision stratégique. La cavalerie est là, derrière nos lignes, toute prête à passer, si nous per-
çons. Mais Joffre paraît avoir perdu l'espoir de lui
ouvrir le chemin.

M. Émile Combes, sénateur, m'a envoyé, avec
une longue et charmante lettre, des photographies
qui le représentent, auprès de ses filles, dans un
hôpital qu'il a installé à Pons. Je lui adresse une
offrande pour ses blessés. Il me remercie avec
effusion. Il n'est pas de ceux qui s'en vont dans
les Chambres, colportant des nouvelles désas-
treuses et poussant à la panique.

A propos du *Lusitania*, Clemenceau, dans
l'Homme enchaîné, maltraite le président Wilson,
dont l'impartialité, dit-il, « se manifeste d'abord
par un hommage personnel au kaiser. »

Mercredi 12 mai.

Nous avons perdu devant Loos une partie du
terrain gagné. Nos malheureux cavaliers ne mon-
teront pas en selle. Nous allons chercher maintenant à enlever la crête de Vimy. Mais notre élan
paraît brisé.

Delcassé m'affirme n'avoir nullement approuvé
la rédaction ambiguë dont m'a parlé le prince
Georges de Grèce.

Viviani me rapporte ses impressions sur la séance d'hier à la commission sénatoriale. Il est très irrité contre Millerand qui, avec un beau courage, s'obstine à couvrir ses services, et contre le général Baquet, son directeur, qui ne croit pas à l'utilité d'une artillerie plus nombreuse. Clemenceau, a, paraît-il, été de nouveau ému jusqu'aux larmes, devant ses collègues, en se plaignant de l'inertie du ministère. Charles Humbert a fait un réquisitoire violent à propos du manque d'artillerie lourde. Viviani envisage sa démission ou celle de Millerand. Je lui réponds qu'en tout cas, il ne peut être question de la sienne, que le pays comprendrait également fort mal celle de Millerand, mais que si le ministre de la Guerre ne se décidait pas à agir, il faudrait, en effet, aviser. Pour le moment, le mieux serait d'obtenir de Millerand qu'il frappât ceux de ses directeurs qui manquent d'initiative ou d'activité.

Les nouvelles qui nous arrivent de Berlin représentent le public et le monde militaire comme très fiers de la destruction du *Lusitania*, et comme souhaitant d'autres torpillages. (De M. Bapst, Copenhague, n° 323.) Le comte Bernsdorff, ambassadeur d'Allemagne à Washington, est allé dire au secrétaire d'État son regret de la mort de citoyens américains, mais il a, bien entendu, rejeté sur l'Angleterre la responsabilité de la catastrophe. (M. Jusserand, Washington, n° 366.)

A Rome, la presse neutraliste, d'inspiration austro-allemande, attaque aujourd'hui avec une extrême violence le ministère Salandra. Les organes qui défendent le gouvernement et particulièrement le *Giornale d'Italia* relèvent le gant et prennent à partie M. Giolitti, à qui ils reprochent de faire le jeu de l'étranger. (Rome, n° 338.)

Léon Bourgeois me raconte la séance de la commission sénatoriale. Viviani a été, me dit-il, souple et habile, Millerand sec et buté. Bourgeois croit indispensable le remplacement du général Baquet.

A dîner, avec les ménages Lavedan et Pierre Decourcelle, l'aimable comte Joseph Primoli, tout éclairé des reflets du soleil romain. L'accord avec l'Italie comble naturellement ses vœux. Il tremble cependant pour Venise, qu'il voit déjà investie par les Austro-Allemands, et il s'attend à ce que des avions ennemis viennent, une des nuits prochaines, bombarder Saint-Marc et le Palais ducal.

Jeudi 13 *mai.*

Millerand résiste aux objurgations de Viviani et aux miennes ; il maintient en place le général Baquet et prétend qu'il ne saurait comment le remplacer.

Sarraut, Doumergue, Ribot, Malvy, sont d'avis que la Russie a tort de refuser aussi catégoriquement à la Roumanie toute concession en Bukovine. J'appuie leur opinion auprès de Delcassé, mais celui-ci répond avec vivacité qu'un grand pays comme la Russie ne saurait céder à des tentatives de chantage.

M. Roosevelt, ancien président de la République des États-Unis, commence, à propos du *Lusitania*, une campagne contre l'Allemagne, qui devrait, dit-il, être mise au ban des nations. (De M. Jusserand, Washington, n° 362.) Le gouvernement américain envoie à Berlin une note très ferme, où il déclare que l'acte qui vient de se produire est inexcusable et où il demande, avec des réparations immédiates, l'abandon de semblables pratiques. (N° 363.)

Vendredi 14 mai.

Cette nuit, Viviani m'a téléphoné que l'*Havas* annonçait des troubles à Rome et la démission du ministère Salandra. Ce matin, Barrère nous confirme cette inquiétante nouvelle. (Rome, n° 343.) Les giolittiens et les Allemands font, paraît-il, un effort énorme pour arriver à leurs fins et mettre le gouvernement en minorité. (Rome, n° 341.) Barrère estime que M. Salandra devrait placer le plus vite possible la Chambre et le pays devant le fait accompli. (Rome, n° 342.) S'il ne réagit pas vigoureusement contre la conspiration qui le vise, il risque une grave aventure parlementaire.

Que s'est-il passé? Toute la nuit et toute la journée, je me perds en conjectures. Le cabinet s'est-il désagrégé sous la menace des germanophiles? A-t-il voulu se faire réinvestir et appuyer par la couronne? A-t-il jugé impossible de repousser les dernières offres de l'Allemagne et de l'Autriche et, ne pouvant les accepter lui-même après avoir traité avec nous, a-t-il préféré passer la main? Il ne nous arrive aucun renseignement.

Clemenceau continue à nous malmener, les ministres et moi, dans *l'Homme enchaîné*. Il y célèbre, en revanche, le courage de Charles Humbert, qui a su dénoncer l'administration de la guerre.

Samedi 15 mai.

M. Salandra a remis sa démission au roi, en déclarant avoir besoin, dans les circonstances pré-

sentes, de l'assentiment unanime des partis constitutionnels et ne l'avoir pas obtenu. Victor-Emmanuel III a réservé sa décision. Il a reçu successivement hier les présidents de la Chambre et du
Sénat, ainsi que M. Giolitti.

M. Sharp, ambassadeur des États-Unis, a laissé
à Delcassé copie de la note américaine. C'est, en
forme courtoise, une mise en demeure à l'Allemagne
d'avoir à cesser sur le champ des pratiques illé-
gales et inhumaines et à désavouer ceux qui s'y
sont livrés.

Hier soir, au cours d'une représentation au
théâtre Costanzi, Gabriel d'Annunzio a prononcé
un nouveau discours, où il a déclaré que le traité
de la Triple-Alliance avait été dénoncé à Vienne
le 4 mai et que le cabinet Salandra avait pris,
envers un autre groupement de puissances, des
engagements fermes, définitifs, complétés par des
accords militaires. Il a été frénétiquement applaudi.
(Rome, n° 350.)

Millerand songe enfin à remplacer le général
Baquet, mais il aurait l'idée de mettre à la tête de
la direction d'artillerie M. Albert Thomas, député
socialiste, actuellement mobilisé au G. Q. G.
M. Albert Thomas est très intelligent et très laborieux. Il s'occupe activement des questions de
matériel et de munitions. Mais je crains qu'il n'ait
pas la compétence technique nécessaire et je ne
cache pas au ministre que je préférerais un spécialiste.

L'agitation continue en Italie. A Rome, la colère
du peuple est déchaînée contre Giolitti. A Milan,
la situation est grave. Les manifestations en faveur
de la guerre se multiplient dans toute la péninsule. M. Salandra a été appelé de nouveau par le
roi.

Dimanche 16 mai.

Depuis le commencement du mois, les Russes semblent avoir essuyé toute une série de revers, invasion de la Courlande, prise de Libau, échec à Jaslow et à Krasno, retraite en Galicie et en Pologne méridionale. Le grand nombre des prisonniers, l'énormité des pertes, la pénurie des munitions, le renchérissement des vivres, la baisse du rouble, ont causé dans le public une sorte d'énervement. M. Paléologue a demandé à un homme d'État russe dont il apprécie le plus le jugement, l'ancien président du Conseil M. Kokovtzoff : « Si l'armée russe continue ainsi à battre en retraite ou à se retrancher sans plus jamais prendre l'offensive ; si, d'autre part, les flottes alliées réussissent prochainement à s'emparer de Constantinople, ne craignez-vous pas que le peuple russe ne se décourage de lutter contre l'Allemagne et ne se tienne pour satisfait des résultats obtenus contre la Turquie? » — « Non, a répondu Kokovtzoff. La Russie considère aujourd'hui la lutte contre l'Allemagne comme une nécessité vitale. » (Petrograd, n° 657.)

Paléologue nous télégraphie, d'autre part, le texte d'une note que Sazonoff se propose de remettre à la Roumanie au sujet des territoires que celle-ci désirerait annexer. Le ministre déclare qu'il entend lui-même réserver le Banat occidental pour la Serbie et la Bukovine septentrionale pour la Russie. (Petrograd, n° 645.) Je prie Delcassé de signaler, une fois de plus, à Sazonoff les inconvénients que présentent ses initiatives isolées. La note russe vise, d'ailleurs, un accord qui aurait été passé avec la Roumanie, le 18 septembre 1914, par le gouvernement impérial et que j'ignore totalement.

Dans un télégramme qui nous arrive de Londres, Paul Cambon fait précisément sur la démarche de Sazonoff les mêmes observations que moi et il demande que la Russie soit priée de ne rien dire à la Roumanie qu'après s'être entendue avec l'Angleterre et avec nous. (Londres, n° 1009.)

Le roi Nicolas de Monténégro a, de son côté, des velléités personnelles que nous sommes obligés de surveiller. Il voudrait profiter du trouble général pour occuper certains points de l'Albanie, notamment Scutari. Nous nous entendons avec Londres et, autant que possible, avec Petrograd pour calmer son impatience et refroidir ses ambitions. Il devient de moins en moins aisé de conduire notre attelage sans accident.

Delcassé est depuis quelques semaines sans nouvelles de son fils blessé et prisonnier. Il n'a fait part de ses inquiétudes à aucun de nous. Il les a refoulées au fond de lui-même. Sa douleur intime et les préoccupations de sa charge paraissent troubler sa santé. Ayant appris par hasard ses anxiétés paternelles, je lui écris pour l'assurer que je suis de cœur avec lui.

Le roi d'Italie a refusé aujourd'hui la démission du ministère Salandra, qui reste au pouvoir. (Rome, n° 358.)

Lundi 17 *mai.*

Le flot des lettres d'injures, anonymes ou signées, s'enfle chaque jour. Certains de mes correspondants me reprochent « d'avoir voulu la guerre », d'autres de ne l'avoir pas préparée. Beaucoup m'enjoignent de faire la paix. Quelques-uns me menacent de la révolution.

Il semble cependant que, ni sur le front, ni à l'intérieur, ces mauvais germes ne trouvent un terrain propice. Les soldats nous envoient, à Mme Poincaré et moi, d'admirables témoignages de bravoure et de bonne humeur. Ma femme a établi à l'Élysée de véritables ateliers d'où partent régulièrement des paquets pour les armées. Elle a déjà plus de douze mille filleuls de guerre. Leurs lettres sont une de nos consolations. On y sent battre le vrai cœur du peuple.

Dans mon courrier de ce matin, je trouve un mot de M. Paul Reboux, l'un des auteurs du charmant livre : *A la manière de...* L'autre, M. Charles Muller, a, hélas ! été tué. M. Paul Reboux m'a écrit, il y a un mois, du 17e territorial, compagnie hors rang, secteur postal 148, pour me prier d'envoyer quelques lignes à un journal qu'il a créé avec quelques camarades, l'*Écho des tranchées*. J'ai répondu à cette aimable invitation et l'*Écho des tranchées* a publié ma lettre dans son numéro du 15 mai. Détail piquant : le journal *le Matin*, auquel j'ai si longtemps collaboré, a cru que M. Paul Reboux avait lui-même composé un petit article « à la manière du président de la République » et l'avait signé de mon nom. Il félicite les poilus d'avoir aussi bien réussi leurs « imitations ».

Viviani a reçu M. Tittoni, qui lui a dit : « Nous marcherons, même si la Roumanie n'intervient pas. Mais ce sera pour l'Italie une déception et une cause de faiblesse. Il faut donc faire l'impossible pour déterminer la Roumanie. Aidez-nous à convaincre Sazonoff. C'est un homme influençable, qui obéit à l'état-major russe. Il devrait faire des concessions du côté du Pruth et même, s'il voulait provoquer en Roumanie un mouvement national, il n'aurait qu'à abandonner la Bessarabie. »

M. Tittoni a également vu Delcassé aujourd'hui,

mais il ne lui a rien dit de la Bessarabie et le ministre ne croit pas possible de donner à la Russie le conseil de s'amputer elle-même. Sans doute, la Bessarabie est, depuis le traité de Berlin, une cause profonde de mésintelligence entre la Russie et la Roumanie, mais il est délicat pour la France d'intervenir spontanément dans une question qu'une puissance alliée considère comme relevant de sa seule souveraineté.

Mardi 18 *mai.*

Après conversation avec Viviani et avec Joffre, Millerand s'est décidé à confier la direction de l'artillerie à Albert Thomas. Quelle que soit la valeur de ce jeune député, cette solution me paraît assez hasardeuse et je renouvelle mes objections. Millerand et Viviani présentent cependant leur proposition au Conseil des ministres. Briand, Augagneur, Ribot, Malvy, sans mettre en cause la personne de Thomas, déclarent que dans les Chambres on ne comprendra pas très bien qu'un député devienne, même par mission temporaire, directeur dans un ministère. J'insiste moi-même de nouveau sur l'avantage qu'il y aurait à charger de la direction un technicien, sauf à confier à Albert Thomas une sorte d'inspection générale. Finalement, le Conseil émet à la majorité l'avis que Thomas soit nommé, non directeur, mais sous-secrétaire d'État et chargé, comme tel, d'administrer les services de l'artillerie.

Les nouvelles de Russie restent très médiocres (1). « Depuis le début de la guerre, télégraphie Paléologue (n° 649), c'est la cinquième ou sixième fois que nous assistons au même spectacle.

____

(1) V. *Mémoires du général Broussilov*, Hachette, p. 106 et s.

L'état-major russe prépare une grande offensive ;
l'état-major allemand la déjoue par la promp-
titude de ses mouvements et par la violence de
son attaque. L'armée russe ne sait ni se garder,
ni manœuvrer ; et quand le choc se produit, elle
finit toujours par céder, parce que l'artillerie
manque de munitions. » Paléologue ajoute, il est
vrai : « Pour être réduites à la défensive, les
armées russes ne nous prêtent pas moins un concours du plus haut prix. L'armée française a
présentement devant elle 48 corps allemands et
2 divisions de cavalerie. L'armée russe lutte contre
25 corps d'armée austro-hongrois et 27 corps
allemands, soit 52 corps et 20 divisions de cavalerie. Cette lutte est poursuivie avec une énergie
à laquelle on ne saurait trop rendre hommage.
Chaque combat est pour les Russes une effrayante
hécatombe... Le peuple russe accepte sans mur-
murer les terribles sacrifices qui lui sont imposés.
Les défaites de nos alliés retardent sans doute la
fin de la guerre ; elles n'en changeront pas le
résultat. »

Paléologue nous envoie, d'autre part (n° 653),
le texte des lettres échangées le 1er septembre 1914
entre M. Sazonoff et M. Diamandy, ministre de
Roumanie. La Russie s'est engagée à reconnaître
à la Roumanie le droit d'annexer les régions de
la monarchie austro-hongroise habitées par les
Roumains. Pour la Bukovine, le principe de la
majorité de la population doit servir de base au
partage des territoires entre la Russie et la Roumanie. La Russie promet de s'employer à faire
ratifier ces promesses par les cabinets de Londres
et de Paris. En échange de cette déclaration,
M. Diamandy a pris, au nom de la Roumanie,
l'engagement de conserver à l'égard de la Russie

une neutralité bienveillante jusqu'au jour où celle-
ci occuperait les régions de la monarchie austro-
hongroise habitées par des Roumains. L'accord ne
comportait donc pas une alliance militaire. Il n'en
reste pas moins que, sauf de vagues renseignements
donnés en octobre 1914 à Delcassé par M. Isvolsky et complètement ignorés de moi, la Russie
ne nous a rien dit de tractations qui n'étaient pas
sans intérêt pour nous. Delcassé fait exprimer à
M. Sazonoff l'espoir que dans les négociations en
cours, la Russie n'adressera plus de propositions à
Bucarest que d'accord avec l'Angleterre et avec
la France. (Télégramme à M. Paléologue, n° 717.)

Je reçois la visite de M. Daeschner, mon ancien
chef de cabinet, aujourd'hui ministre en Portugal.
Au lendemain de son départ de Lisbonne, une révolution y a éclaté. M. José Chagas, ancien ministre de Portugal à Paris, a été placé à la tête d'un
nouveau gouvernement. Mais au moment où il
arrivait de Porto à Lisbonne, il a été victime d'un
attentat et sa vie est en danger. Les principaux
ministres de l'ancien cabinet sont en prison. Le
président de la République est jusqu'ici maintenu
en fonctions. Ce matin, les troubles sont terminés.
La ville a repris son aspect normal.

Mercredi 19 mai.
Sans tenir compte de mes objections, Millerand
m'avait présenté, comme le Conseil l'avait décidé,
un décret nommant Albert Thomas sous-secrétaire d'État chargé de la direction de l'artillerie.
Mais le groupe socialiste s'est opposé, paraît-il, à
la participation d'un troisième de ses membres
au gouvernement. Sembat et Thomas sont obligés
de négocier à ce sujet avec leurs collègues. La
question reste donc en suspens.

Boudenoot m'apporte encore, au nom de la commission sénatoriale de l'armée, des rapports de Henry Chéron et de Charles Humbert. Une nouvelle visite à Bourges a surexcité la sous-commission de l'armement contre Millerand et contre ses services. Plusieurs membres déclarent qu'on va être forcé d'arrêter les opérations au nord d'Arras, faute d'artillerie. « Quelques-uns, me dit Boudenoot, en sont très attristés ; d'autres, qui sont des adversaires irréconciliables du cabinet, en triomphent presque ouvertement. »

Paléologue nous annonce de légères concessions de Sazonoff à la Roumanie. Il accepterait de fixer au Sereth la future frontière en Bukovine. Il reconnaîtrait, en outre, à la Roumanie, le droit d'annexer le district de Torontal. (Petrograd, n° 660.) En retour, dit Paléologue, « il est indispensable que le gouvernement roumain se déclare prêt à négocier sur les bases de la note que le gouvernement impérial lui a remise le 14 mai... » D'accord avec moi, Delcassé envoie à Bucarest un télégramme où, invoquant les promesses de Sazonoff, il demande à la Roumanie de répondre comme il convient à ces preuves de bonne volonté. (De Paris à Bucarest, n° 225.) Mais une victoire russe ou française aurait une plus grande force de persuasion.

Jeudi 20 mai.

Revenant sur sa première décision, le groupe socialiste a autorisé Albert Thomas à accepter le sous-secrétariat d'État à la Guerre. Le décret paraît ce matin. Comme il fallait s'y attendre, il est d'autant plus mal accueilli par les journaux modérés que le cabinet ne comprend aucun représentant des partis de droite et que l'équilibre de « l'union sacrée » se trouve, par conséquent, rompu. J'en ai fait l'observation à Viviani et à Millerand, mais ils ne m'ont prêté qu'une oreille distraite. Ce matin, en Conseil, nous apprenons qu'un député radical, M. Fabre, de la Charente-Inférieure, a déposé une interpellation sur la nomination d'un socialiste collectiviste comme sous-secrétaire d'État à la Guerre. Je saisis cette occasion d'indiquer qu'en Angleterre le cabinet libéral paraît décidé à s'adjoindre des collègues conservateurs (De M. Paul Cambon, 19 mai, n° 1041), et que nous devrions nous-mêmes faire entrer dans le gouvernement un homme tel que M. Denys Cochin. Briand m'appuie énergiquement, Viviani acquiesce timidement, mais Augagneur, Malvy, Sarraut combattent avec plus ou moins de vivacité mon idée. Sembat déclare qu'il ne ferait pas d'objections à Cochin, sous-secrétaire d'État pour les poudres, mais Cochin, ministre, on reprochera au cabinet de vouloir négocier avec Rome. Millerand prévient le Conseil qu'il n'acceptera, sous aucun prétexte, un sous-secrétaire d'État de plus. Et l'on ne conclut pas. Il faudra reprendre la conversation.

Grey a fait remettre à Delcassé, par Bertie, une note verbale, relative à la Bulgarie. Il amende les propositions de Sazonoff, qui comportent une adhésion pure et simple aux demandes bulgares. Le secrétaire d'État britannique est d'avis de dire à Sofia : « En retour de votre coopération contre la Turquie, les Alliés vous garantissent en Thrace la ligne Enos-Midia et en Macédoine les frontières du traité de 1912, cette dernière garantie subordonnée à la condition que la Serbie obtienne des compensations d'un autre côté. En outre, les Alliés sont prêts à user, après la guerre, de leur influence sur le gouvernement grec pour assurer à la Bulgarie la possession de Kavala, moyennant des compensations pour la Grèce en Asie Mineure. »

Il me semble que ce nouveau marchandage a peu de chances d'aboutir. La Bulgarie jugera la proposition insuffisante. La Grèce la trouvera inacceptable. Nous risquerons de n'obtenir, en fin de compte, le concours de personne.

Le Conseil des ministres est partagé entre deux courants. Les uns, tels que Malvy et Augagneur, sacrifieraient volontiers la Grèce à la Bulgarie, dont la coopération leur paraît indispensable à l'entreprise des Dardanelles. Les autres, tels que Briand, tiennent beaucoup plus à la Grèce qu'à la Bulgarie. J'exprime l'avis que nous devrions demander franchement à la Grèce si elle est disposée à marcher avec nous sans conditions, comme elle nous l'avait d'abord fait espérer, et de lui dire que si elle ne nous répond pas affirmativement, nous reprendrons notre liberté. En ce cas, nous pourrions alors nous retourner du côté de la Bulgarie et nous montrer plus généreux avec elle. Mais, si nous cherchons à ménager tout le monde et si nous ne nous décidons pas, nous devrons renoncer à tout concours dans la péninsule des Balkans. La majorité du Conseil paraît assez de mon sentiment, mais une entente générale ne se fait pas et on ajourne à une date ultérieure la suite de la discussion. Temps perdu, temps perdu, te retrouverons-nous jamais?

M. Blondel a longuement causé avec M. Bratiano. (Bucarest, n°s 235 et s.) « Je tiens avant tout, lui a dit le président du Conseil, à ce que vous ne vous mépreniez pas sur mes intentions. Ma ferme volonté est, depuis le début de la guerre, de sortir de la neutralité en faveur de la Triple-Entente.

Si j'ai tardé à me prononcer ouvertement, c'est afin de compléter mes préparatifs militaires sans être exposé à des réclamations trop vives de nos ennemis... L'heure m'étant apparue propice, j'ai engagé la conversation. J'ai formulé les demandes que vous connaissez, après y avoir mûrement réfléchi. Elles répondent non seulement aux aspirations nationales permanentes de la Roumanie, mais encore à la nécessité de prévenir, par l'établissement de frontières naturelles, des conflits de nationalité semblables à ceux qui depuis tant d'années ont troublé la Macédoine. Lorsque j'insiste pour avoir le Danube comme frontière entre la Serbie et nous, ce n'est pas tant pour gagner quelques kilomètres en plus de ce que nous reconnaîtrait la Russie que pour profiter d'une ligne de démarcation bien nette. Je puis tenir le même raisonnement en ce qui concerne le Pruth. Sur ces deux points, je me vois forcé de demeurer intransigeant. »

Bratiano a, d'ailleurs, invoqué l'accord du 1er octobre pour justifier sa conduite présente. «La Russie, a-t-il dit, nous a donné, en échange de notre neutralité, le droit d'occuper, lorsque nous le jugerons opportun, les territoires de la monarchie austro-hongroise habités par des Roumains, exception faite pour la Bukovine, où une commission doit fixer les frontières suivant les principes de la majorité ethnique. Nous serions donc autorisés à user de ce droit et il n'est pas exclu que nous puissions le faire sans combattre. Je ne pense pas que la Russie veuille imiter l'Allemagne et traiter notre arrangement comme un chiffon de papier. » Voilà donc aujourd'hui Sazonoff tout empêtré, pauvre tisserand, dans les fils dont il a si patiemment cherché à entrelacer la trame et la chaîne.

Albert Thomas me dit qu'il va diviser en trois sections la direction de l'artillerie, armes portatives, artillerie légère, artillerie lourde.

Vendredi 21 mai.

Hier jeudi 20, la Chambre italienne a voté, par 407 voix contre 74, un projet de loi conférant de pleins pouvoirs au gouvernement dans l'éventualité d'une guerre nationale. La séance a donné lieu à des scènes émouvantes et à des manifestations enthousiastes. Après avoir rappelé la politique de paix qu'a toujours suivie l'Italie, M. Salandra a ajouté : « L'ultimatum que l'empire austro-hongrois adressait à la Serbie en juillet 1914 annulait d'un seul coup nos efforts. Il violait notre pacte dans la forme, car il omettait de conclure un accord préalable avec nous et même de nous donner un simple avis, et il le violait aussi dans la substance, car il visait à troubler le système délicat des possessions territoriales et des sphères d'influence qui avaient été constituées dans la presqu'île balkanique. Mais, plus encore que tel ou tel point particulier, c'était l'esprit tout entier dont s'inspirait le traité qui était lésé et même supprimé, car, en déchaînant dans le monde la guerre la plus terrible, en contradiction directe avec nos intérêts et nos sentiments, on détruisait l'équilibre que l'Alliance devait servir à assurer et on ressuscitait virtuellement, mais inévitablement, le problème de l'intégralité nationale de l'Italie. Néanmoins, pendant de longs mois, le gouvernement s'est employé patiemment à rechercher un compromis restituant à l'accord sa raison d'être, qu'il avait perdue. »

Ces négociations, le gouvernement italien les a résumées dans un livre vert qu'il a fait distribuer

à la Chambre. Il résulte des pièces publiées que le
9 septembre 1914 le duc d'Avarna, ambassadeur
d'Italie à Vienne, a été chargé par M. Sonnino
d'informer le comte Berchtold que la marche
autrichienne contre la Serbie constituait un acte
qui devait être examiné entre les deux gouvernements, en vertu de l'article 7 de la Triple-
Alliance. Cet article obligait, en effet, l'Autriche
à un accord préalable avec l'Italie et à des compensations, même dans le cas d'une occupation
temporaire. Le comte Berchtold a, d'abord, répondu que la guerre contre la Serbie n'était pas
agressive, mais défensive, et que dès lors elle ne
justifiait aucun échange de vues avec l'Italie.
Mais, à la suite d'instructions de M. de Jagow,
l'ambassadeur d'Allemagne à Vienne a déterminé
Berchtold à se montrer plus conciliant. En même
temps, le prince de Bülow venait à Rome et s'of-
frait à causer avec M. Sonnino. L'Autriche a,
d'abord, proposé l'Albanie comme objet de compensation. L'Italie a riposté en réclamant Trente
et Trieste. Le prince de Bülow a déclaré tout net
que l'Autriche préférerait la guerre à la cession
de Trieste, mais il croyait que l'Italie pouvait
réussir à obtenir le Trentin. Les pourparlers ont
assez péniblement continué en février et en mars.
L'Autriche a fini par promettre de céder, contre
sa liberté d'action dans les Balkans, les districts de
Trente, Roveredo, Riva, Tione et Borgo. M. Sonnino a insisté pour obtenir tout le Trentin avec
les limites de 1811, Gradisca et Goritzia, Trieste
et son territoire, et les îles Curzolari. L'Autriche
a répondu, le 16 avril, par un refus, sauf pour
le Trentin, dont elle a consenti à céder une plus
large partie. Le désaccord a, dès lors, paru irrémédiable ; l'Italie s'est aussitôt engagée envers la

Triple-Entente et a pris le parti de dénoncer son alliance avec l'Autriche-Hongrie.

MM. Raoul Péret, Bénazet, Combrousse, Stern, Paul Morel, députés, viennent m'entretenir de l'émotion qu'a causée dans leur groupe la nomination d'Albert Thomas. Ils trouvent trop large la part faite aux socialistes dans le cabinet. Par discrétion envers le gouvernement, je ne puis leur dire que j'ai fait, en Conseil, les mêmes réserves qu'eux et proposé un correctif. Mais je donne connaissance de leur démarche à Viviani.

Les journaux du front se multiplient et y répandent la bonne humeur. Je reçois aujourd'hui, des enfants du Quercy, une feuille éditée par le 131e territorial, l'*Écho des gourbis*, « organe des troglodytes du front », qui veut organiser, en l'honneur de la baïonnette, une journée de « Rosalie ».

En revanche, l'état d'esprit se gâte à la Chambre. Il y a eu aujourd'hui, à propos des achats de blé pour le ravitaillement de la population civile, une séance assez mouvementée où Thomson, ministre du Commerce, a eu à repousser plusieurs assauts.

Samedi 22 mai.

En conseil, j'émets l'avis que, si Bratiano, malgré notre recommandation, ne tient pas pour suffisantes les dernières concessions de Sazonoff, il faudra faire une nouvelle démarche à Petrograd et tâcher d'obtenir des offres plus larges. La situation militaire de la Russie apparaît comme réellement critique. Le concours de la Roumanie devient presque une nécessité pour nos alliés. Il est inconcevable que ce soient eux qui risquent de faire échouer la négociation. Briand et Viviani m'approuvent, mais Delcassé répond que Grey lui a fait communiquer par Bertie une note où il donne entièrement tort à la Roumanie et que, d'ailleurs, lui-même, Delcassé, il ne saurait prendre la responsabilité d'exercer une nouvelle pression sur Sazonoff, alors que sir George Buchanan l'a trouvé « très déprimé » et songeant à démissionner. Si, du reste, la Russie s'avisait, par dépit, de traiter avec l'Allemagne, les 52 corps d'armée allemands et autrichiens qui se trouvent sur le front oriental se retourneraient contre nous. Delcassé se montre si catégorique dans son opposition que, pour ménager sa susceptibilité, je me borne à lui conseiller d'examiner, malgré tout, si un effort nouveau n'est pas possible à Petrograd, en cas de refus de la Roumanie. Précisément, après le Conseil, arrive un télégramme où M. Blondel (Bucarest, nos 241, 242, 21 mai) nous apprend que Bratiano demeure inflexible et se déclare prêt à démissionner lui-même, plutôt que de rien retrancher de ses demandes. Notre ministre ajoute cependant (Bucarest, no 243) que Bratiano aurait la main forcée ou devrait se démettre, pour faire place à un ministère prêt à entrer immédiatement en action, si le gouvernement russe cédait sur la question du Pruth et de Czernovitz. J'attire par lettre l'attention de Viviani sur la gravité de cette question et je le prie instamment de tâcher de convaincre Delcassé.

M. de Freycinet, qui relève d'une grippe, part pour la Suisse. Il voulait venir me voir. Je l'ai devancé et suis allé lui faire mes adieux. Il est d'avis de presser l'entente avec la Roumanie, en obtenant, au besoin, la cession de Czernovitz. Il croit également que nous ne devrions pas hésiter à garantir Kavala à la Bulgarie, pour la déterminer à entrer en action.

Le général Brugère me dit que le 9 mai dernier, à Notre-Dame-de-Lorette, après le succès du XXXIIIe corps, commandé par le général Pétain, qui avait admirablement préparé l'action, on aurait pu tirer profit immédiat des progrès réalisés, si les réserves avaient été prêtes, mais elles n'étaient pas dans la main du commandant d'armée, qui lui-même était, comme toujours, trop loin de ses troupes, en arrière. Les officiers du XXXIIIe paraissent très déçus d'avoir été abandonnés après leur victoire.

Partant, ce soir, pour l'armée, je laisse à M. William Martin, directeur du protocole, un télégramme pour le roi Victor-Emmanuel. Je le prie de le communiquer au ministre des Affaires étrangères et de le faire partir, dès que sera connue l'entrée en guerre de l'Italie.

Dimanche 23 mai.

J'ai passé la nuit dans mon train et j'arrive le matin à Frouard, où m'attendent le général Dubail, commandant le groupe des armées de l'Est, et le général Humbert, commandant le détachement de l'armée de Lorraine (1). Par un très beau temps, nous gagnons en automobile, sur la rive droite de la vallée de Moselle, le bois du Chapitre et la montagne Sainte-Geneviève. Du sommet, comme du haut d'un balcon, nous voyons, de l'autre côté de la rivière, la petite ville de Pont-à-Mousson et ce bois Le Prêtre que la guerre a illustré. Le front est calme. A peine, par intervalles, quelques coups de canon. Nous visitons dans le secteur de la 59e division, au mont Toulon et au mont Saint-

____

(1) *Quatre années de commandement*, par le général DUBAIL, t. II, p. 233 et s.

Jean, des organisations défensives, ainsi que des batteries et une pièce de marine qui tirent dans la direction de la frontière. Des hommes qui creusent une tranchée m'invitent à poser avec eux une pièce de parapet et, comme je réponds à leur désir, ils me témoignent une joyeuse reconnaissance. Nous allons déjeuner au quartier général du général Humbert, au pied des deux tours carrées de Saint-Nicolas-du-Port et, pendant le repas, un télégramme m'apprend le décret de mobilisation de l'armée italienne. La nouvelle est accueillie avec satisfaction par les officiers et les soldats. Tous espèrent que cet événement abrégera la guerre. L'après-midi, sur le terrain de manœuvre de Courbessaux, au nord-est de Saint-Nicolas-du-Port, j'assiste à des exercices d'attaque effectués par les troupes de la brigade Challe, 223e et 333e, qui vont partir pour la première ligne et qu'on accoutume à se masser dans des places d'armes creusées en terre, à en sortir par les boyaux pour se ranger dans les tranchées, à se précipiter dehors au signal des fusées et à charger. Nous traversons ensuite plusieurs villages, à demi détruits par les Allemands, et notamment Crévic, où je retrouve la propriété incendiée du général Lyautey, et nous allons, avec le général Bigot, qui commande la 74e division, voir les troupes qui occupent la forêt de Parroy et qui ont réalisé, en ces derniers temps, des progrès assez sensibles. Leurs travaux de défense sont maintenant très avancés et paraissent à l'abri de toute surprise.

Lundi 24 mai.

Après avoir passé la nuit à Lunéville, où m'assiègent tant de souvenirs de mon 2e bataillon, j'apprends que l'Italie a déclaré qu'elle se considérait comme en état de guerre avec l'Autriche. Mais en dépit de l'accord de Londres, elle ne parle pas de l'Allemagne.

Nous nous rendons aux cantonnements de la 2ᵉ division de cavalerie. Elle est très belle et très bien montée. Personne ne pourrait supposer qu'à l'aube les hommes veillaient encore debout dans les tranchées. Du signal d'Hablainville, à l'est de la forêt de Mondon, nous faisons un tour d'horizon sur le terrain gagné par l'armée de Lorraine. Je félicite le général Humbert. Il est, comme il le dit lui-même, un enfant de la balle. Fils d'un ancien soldat de Crimée qui était devenu gendarme à cheval à Rambouillet, il a eu des débuts modestes et difficiles. Sorti cependant premier de Saint-Cyr, il a brillamment servi aux tirailleurs tonkinois, puis dans l'armée du général Duchesne à Madagascar, et enfin au Maroc. Après avoir, depuis la guerre, commandé la division marocaine et le XXXIIᵉ corps, il a été mis, le 9 mars, à la tête du détachement d'armée de Lorraine, qui a été chargé de retenir devant lui le plus possible de troupes allemandes pour faciliter l'offensive de l'Artois. Il a rempli cette mission à la pleine satisfaction du général en chef.

Je le quitte maintenant pour prendre contact avec la 7ᵉ armée, qui est placée à sa droite et que commande le général de Maudhuy. Je retrouve ce dernier, modeste et simple, tel que je l'ai vu naguère à Saint-Pol (1). Il est très heureux d'avoir maintenant sous ses ordres les troupes des Vosges. Par Baccarat et Raon-l'Étape, malheureuses villes qu'ont toutes deux fortement éprou-

____

(1) V. *L'Invasion*, p. 420.

vées les bombes et l'incendie, nous venons à Saint-Michel-sur-Meurthe, où je passe en revue des éléments de la 41ᵉ division ; nous poussons jusqu'au bois de Saft, où je parcours, près du front, des organisations défensives ; puis nous nous arrêtons à Saint-Dié, que les Allemands continuent à bombarder et dont les principaux quartiers sont cruellement endommagés ; et nous allons déjeuner à Plainfaing, au pied des Vosges. C'est le centre d'une brigade de chasseurs, la 3ᵉ, où Messimy sert très vaillamment, comme lieutenant-colonel. Il vient d'être cité, pour la seconde fois, à l'ordre de l'armée. J'ai tenu à le complimenter.

Les chasseurs ont dressé des arcs de triomphe ; les maisons sont pavoisées, le soleil s'est mis de la fête ; l'annonce de l'intervention italienne a réjoui tout le monde. Nous déjeunons aux sons de la fanfare : hymne italien, refrains de bataillons, *Sidi-Brahim*, *Marche lorraine*. Une chorale d'infirmiers chante, en outre, quelques morceaux en provençal, les bataillons de chasseurs de la brigade étant recrutés dans le Midi.

Après un repas frugal, nous enfourchons des mulets pour monter au faîte par un sentier rocheux et ardu. Nos bêtes, fort entêtées et un peu rétives, ne sont pas faciles à manier et lorsque, vers le haut du col du Bonhomme, nous avons à passer en revue dans cet équipage quelques compagnies de chasseurs disposées sur le terrain, je ne me sens pas très fier de ma tenue. La revue terminée, nous mettons pied à terre et les diables bleus, commandés par Messimy, défilent devant nous avec un bel entrain. Nous achevons ensuite de gravir la montagne dans la direction des Trois Épis et de Gros-Gazon. Nous remarquons distinctement devant Orbey les tranchées allemandes. Au loin, dans la plaine d'Alsace, nous apercevons des maisons blanches. Toujours la terre promise, toujours la terre défendue.

Nous redescendons à mulet jusqu'au cantonnement de Messimy, et repartons pour Fraize, Clefcy, Anould, le col du Plafond, Corcieux, Bruyères, où je passe successivement en revue d'autres troupes, un bataillon du 253e, une brigade de chasseurs de nouvelle formation, la 151e brigade, un groupe d'artillerie, et où je remets des décorations, Légion d'honneur, médailles militaires, croix de guerre, aux officiers, sous-officiers et soldats proposés. Tous paraissent heureux que ces distinctions leur soient remises personnellement par le président de la République. Y aurait-il donc des heures où mon rôle de représentation ou, comme dit Clemenceau, de parade, ne serait pas dénué de tout intérêt national ?

Mardi 25 mai.

Rentré vers huit heures du matin à Paris, je vois Millerand avant le Conseil et lui communique mes impressions. Le moral des troupes paraît excellent. Mais il résulte de toutes mes conversations que les commandants d'armée sont trop étroitement tenus en lisière par le général en chef, ou plutôt par les services du grand quartier général. Aucun d'eux n'a dans l'action la moindre liberté, ni les commandants de groupes d'armées non plus. Par suite, l'organisme manque de souplesse. D'autre part, il y a congestion au G. Q. G. Le commandant en chef ignore ce qui se passe aux extrémités de ce corps gigantesque. Le général Pellé lui-même, collaborateur immédiat de Joffre, se plaignait ces jours-ci de voir un abîme se creuser entre les *templa serena* du quartier général et les combattants.

Le ministère des Affaires étrangères a envoyé mon télégramme au roi d'Italie. Je n'ai trouvé en rentrant aucune réponse.

Le Conseil décide enfin qu'on acceptera, pour la démarche à Sofia, la formule de Grey et non celle de Sazonoff, qui nous brouillerait avec la Roumanie. Delcassé est chargé de prévenir M. Romanos que le gouvernement, grec n'ayant pas accepté d'entrer en lice sans conditions, nous sommes obligés de reprendre notre liberté, mais que nous ne perdons pas de vue les intérêts grecs, tels qu'ils ont été compris par les plus éminents hommes d'État de ce pays. Le roi Constantin comprendra peut-être que nous voulons parler de Venizelos.

Pierre Loti, qui aime toujours la Turquie d'amour tendre, vient me dire que les adversaires ottomans d'Enver Pacha seraient disposés à entrer en relations avec la France. Je lui réponds, d'accord avec Viviani, que nous ne pouvons écouter aucune proposition, même officieuse, qu'en présence de nos alliés. Il transmettra cette réponse à ses correspondants.

Mercredi 26 mai.

M. Margaine, député de la Marne, m'annonce qu'il a donné sa démission de commandant d'artillerie pour pouvoir s'expliquer auprès de ses collègues des deux Chambres sur la situation militaire. « Les uns, me dit-il, s'en prennent à Millerand, les autres à Augagneur. A la vérité, il n'y a qu'une cause du malaise. La stagnation militaire est due à la persistance des mêmes fautes : attaques trop localisées, aucun plan d'ensemble, coups de poing successifs, donnés au hasard. Il faut que le général en chef change de méthode et, pour cela, qu'il consulte ses subordonnés, qu'il les voie, qu'il ne s'isole pas de plus en plus. S'il n'accepte pas, il n'y a qu'à le laisser partir. Personne maintenant ne le regrettera. » Propos sévères, injustes et, du reste, un peu négatifs, mais que M. Margaine aujourd'hui n'est malheureusement plus seul à tenir. Fabius Cunctator ne serait pas longtemps populaire en France.

Le général d'Amade, revenu des Dardanelles, me paraît beaucoup moins pessimiste qu'il ne l'avait été au Caire dans ses conversations avec M. Defrance. Il croit que dans un mois nous serons maîtres de la presqu'île. Il espère même que les Turcs nous feront demander la paix auparavant. De son côté, Pierre Loti m'écrit : « Les Turcs avaient prévu et consenti d'avance la clause de la présence des délégués anglais et russe à la conversation. Il n'y a donc plus de difficultés de ce côté-là ; c'est entendu. Ils ne font de marchandage que pour le délégué italien, objectant avec quelque raison que l'Italie ne leur a pas encore déclaré la guerre ; mais ils céderont sans doute et, vu l'urgence, on pourrait peut-être passer outre. En résumé, voici ce qu'ils proposent : un diplomate turc, choisi par les Alliés, soit Djavid, soit Talaat, appelé par dépêche, se rendrait dans une ville de Suisse, choisie par les Alliés. Une fois que sa présence y serait signalée et prouvée, les délégués des Alliés viendraient en secret le rejoindre. Ils ne posent aucune condition préliminaire à ces entretiens ; cela me semble donc très acceptable. Djavid arriverait plus vite que Talaat, parce qu'il est à Berlin, mais depuis trois jours seulement, et venu pour tout autre chose. Mais Talaat m'inspire

plus de confiance. S'il était dans les choses possibles de savoir aujourd'hui avant huit heures du
soir, par les ambassades, si la Russie et l'Angleterre consentiraient à envoyer en Suisse leurs
délégués, précédés d'un jour ou deux par le délégué
turc au rendez-vous, je ferais partir par le train
de neuf heures du soir, pour Genève, un émissaire
qui télégraphierait aussitôt, à mots couverts, à
Djavid ou Talaat. Ainsi nous ne perdrions pas
de temps. Il reste entendu, cela va sans dire, que
les hostilités continueraient pendant la conversation comme si de rien n'était. Talaat et Djavid
sont, à cette heure, les deux dirigeants de la
Turquie. Enver est brûlé. Veuillez agréer, je vous
prie, etc. — *Signé :* Pierre LOTI. La réponse que
vous voudrez bien me donner pour ces délégués,
monsieur le Président, je ne la transmettrais pas
aux Turcs par écrit, mais de vive voix, à un seul
et sans témoins. »

Loti diplomate et négociateur, tout arrive.
Viviani et Delcassé, que je préviens, sont d'avis
qu'on pourrait laisser venir Talaat en France
même, s'il est réellement prêt à faire le voyage.
Nous avertissons immédiatement Londres et Petrograd, et j'en informe Pierre Loti.

Boudenoot, premier vice-président de la commission sénatoriale de l'armée, me rapporte que
trois de ses collègues, Strauss, Lourties et Le Hé-
rissé, chargés par leurs collègues de contrôler le
fonctionnement du service sanitaire, ont été em-
pêchés par l'autorité militaire de remplir leur mission. On leur a interdit l'accès de Nœux-les-Mines
et d'Aubigny. La commission est très mécontente
et va protester.

Viviani serait, personnellement, assez disposé à
élargir son cabinet avec des hommes comme

Barthou et Denys Cochin. Mais il craint de provoquer des appétits et de susciter des méconten-
tements. Le ministère britannique vient d'être remanié. Il comprend désormais huit ministres, dont
le chef de l'opposition, M. Bonar Law, auquel a été
confié le ministère des Colonies. M. Balfour succède
à Winston Churchill, comme premier lord de
l'amirauté. Sommes-nous donc incapables de comprendre et de pratiquer l'union avec la même
intelligence?

Une délégation de la colonie italienne m'apporte une adresse conçue en termes très chaleureux. Je lui réponds sur le même ton et je lui
exprime tous les vœux de la France pour la victoire commune, mais lorsque je parle de l'ennemi,
j'entends surtout l'Allemagne et mes visiteurs
comprennent d'abord l'Autriche.

Je n'ai toujours reçu aucune réponse du roi
d'Italie et ce silence commence à étonner les
ministres.

A dîner, en toute intimité, Briand et mon vieil
ami du barreau, Michel Pelletier. Briand désire
vivement, comme moi, que nous suivions l'exemple
de l'Angleterre et que Viviani élargisse son cabinet.

Jeudi 27 mai.
Nouvelle lettre de Loti : « J'ai donc fait partir
hier au soir le messager pour Genève, où il arrivera ce matin. J'ai la conviction que Talaat
acceptera de venir sur l'assurance, que j'ai cru
pouvoir lui donner après notre entretien, que le
secret absolu lui sera gardé, que toutes les facilités lui seront données à la frontière, avec un
passeport ne révélant pas son vrai nom. Deux
points cependant restent à régler, sur lesquels

je voudrais bien pouvoir répondre au plus tôt par dépêche, à mots convenus et inintelligibles au public, il va sans dire : 1º Talaat (qui s'appelle Paul dans notre langue de convention) va sans doute demander en grâce que l'entretien n'ait pas lieu à Paris, mais dans toute autre ville de France qu'on lui assignerait et où les Allemands auraient plus de peine à le découvrir : Dijon, Lyon, peu importe. Cette faveur lui serait-elle accordée? J'en serais bien heureux ; 2º quoique Djavid (que nous appelons Jean) n'ait pas notre confiance, si Talaat voulait l'amener avec lui comme second, le laisserait-on entrer? Sur ce point, qui cependant ne serait sans doute pas *sine qua non*, je voudrais bien aussi pouvoir télégraphier promptement une réponse. Ai-je besoin d'ajouter que je suis toujours prêt et heureux d'accourir à l'Élysée au permier signal, même pour le plus simple mot. Veuillez, etc. — Pierre Loti. » Je m'empresse de répondre, d'accord avec Viviani et Delcassé, que Paul peut amener Jean, qu'il ne sera sans doute pas nécessaire qu'il vienne jusqu'à Paris, mais qu'il doit nous informer le plus tôt possible de son départ et que le gouvernement avisera dès son arrivée en Suisse.

Le roi Victor-Emmanuel m'a, en réalité, télégraphié dès mardi par l'entremise de l'ambassade d'Italie, mais M. Tittoni, constatant que ce message assez frais ne répondait guère au mien, ne me l'avait pas transmis et avait conseillé à Rome quelques additions. Aujourd'hui, comme j'avais fait demander par M. William Martin si la réponse s'était égarée, M. Tittoni nous a donné cette explication et il nous a envoyé, en même temps, le texte, effectivement un peu froid, du télégramme conservé par lui : « Pendant que l'Italie

prend les armes pour libérer de l'ennemi commun
les terres italiennes, il m'est agréable d'envoyer
à Votre Excellence des saluts cordiaux et des
vœux ardents de victoire. — *Signé :* VICTOR-
EMMANUEL, roi. »

Vendredi 28 mai.
Boudenoot m'adresse le rapport fait, au nom
de la commission de l'armée, par Henry Chéron,
au sujet des facilités de contrôle qu'elle réclame
à l'unanimité. « Quand plus tard on écrira l'histoire de cette guerre, affirme le rapporteur, on
constatera sans contradiction possible que les
réformes et les améliorations auxquelles était liée
la libération du pays ont trouvé leur source dans
le contrôle du Parlement. C'est seulement à partir
du moment où il s'est exercé qu'ont été dénoncées
l'impéritie et les fautes des administrations. Les
écrivains de l'avenir n'auront donc pas besoin de
se tourmenter pour savoir comment doivent fonctionner les pouvoirs publics en temps de guerre.
L'expérience est faite. Le libre jeu de nos insti-
tutions, le respect intégral de nos lois organiques
constituent les meilleures garanties de la défense
nationale... » M. Chéron continue : « Nous ne
prétendons point remplir la tâche du pouvoir
exécutif, mais nous voulons accomplir toute la
nôtre, sans hésitation et sans faiblesse aucune...
Notre contrôle ne saurait se borner à l'examen des
documents et à l'audition des ministres... Il n'y
a qu'un contrôle qui vaille, c'est le contrôle des
faits, le contrôle sur place... »
Aussi largement compris, le contrôle parlementaire risque d'empiéter souvent sur l'action gou-
vernementale. Il pourra être utile ou funeste, suivant les hommes qui s'en chargeront et la manière

dont ils l'exerceront. La Constitution n'a point prévu que les sénateurs ou les députés pussent se substituer soit aux ministres, soit aux chefs militaires et aux inspecteurs techniques, qui agissent sous la responsabilité des ministres. Il faudra donc que les commissions ne s'érigent pas en comités d'action et que, dans le légitime désir de surveiller et de stimuler, elles n'affaiblissent pas le pouvoir et ne créent point l'anarchie.

Dans le secteur d'Arras, les combats se poursuivent, avec des alternatives d'avance et de recul.

Les relations diplomatiques entre l'Allemagne et l'Italie sont rompues ; mais, ni de part ni d'autre, il n'y a déclaration de guerre.

Briand m'a prié de recevoir le « petit père Combes », qui est à Paris et qui veut me remercier encore de mon modeste envoi à l'hôpital de Pons. J'ai naturellement répondu qu'il pouvait me venir voir. Je l'ai trouvé particulièrement monté contre Millerand. Il souhaite un prompt remaniement du ministère et ne cache guère que si, dans les circonstances actuelles, on faisait appel à lui, il ne se déroberait pas. Il aurait même un faible pour le portefeuille de l'Instruction publique, non point, souligne-t-il, parce qu'il voudrait y reprendre la bataille, mais parce qu'il désirerait y réaliser une réforme à laquelle il tient beaucoup et qui ne lui paraît pas hors de saison, celle de la prononciation grecque. « Je voudrais, me dit-il, qu'on prononçât le grec à la moderne ; les enfants comprendraient beaucoup mieux la parenté du grec et du latin. Voyez, par exemple, βαίνω, je viens, pourquoi ne pas prononcer *veno*? »

Le pauvre Michel Pelletier, qui a si gaiement dîné chez nous mercredi, est mort aujourd'hui d'une crise cardiaque. Encore un excellent ami qui disparaît : Revoil, Roujon, Adrien Bernheim, Pelletier... Le vide s'étend autour de moi.

Samedi 29 mai.
Millerand va voir Joffre et tâcher de le déterminer à laisser plus de liberté aux commandants des trois groupes d'armée qu'il se propose de former, c'est-à-dire à Foch, Dubail et Castelnau.

Conseil des ministres très morose. Un peu de pessimisme est entré dans les esprits. L'opération d'Arras languit. Tous les membres du cabinet se demandent quand on entreverra l'issue de cette guerre de siège qui se prolonge dans l'immobilité. Il y a quelques semaines, lorsque Joffre a déjeuné avec eux à l'Élysée, il leur avait fait espérer que la guerre serait terminée en juin. Aujourd'hui, la fin paraît s'éloigner de plus en plus. Les Chambres s'émeuvent. Bokanowski, mobilisé comme officier, a écrit à Millerand qu'il avait l'intention de l'interpeller sur le travail de ses services depuis le début des hostilités et qu'il demanderait le comité secret. Viviani a été invité par le Conseil à poser contre cette motion la question de confiance.

Charles Humbert a, paraît-il, raconté au Sénat que deux bataillons se seraient rendus à l'ennemi en chantant l'*Internationale*. Tout le monde parle de la lassitude des troupes et, à force d'en parler, on fera si bien qu'on la créera.

Pendant ce temps, au Reichstag, Bethmann-Hollweg annonce que l'Allemagne entamera, s'il le faut, une campagne d'hiver. Fermeté et persévérance, là-bas. Ici, faudrait-il, hélas ! avoir à constater des symptômes de fatigue et de défaillance ?

Voici enfin, revu et corrigé, le télégramme du

roi d'Italie : « Rome, le 23 mai 1915. En entrant
en campagne, j'adressais à Votre Excellence mon
salut et mes vœux auguraux. Mon télégramme s'est
croisé avec le message par lequel Votre Excellence,
en prenant occasion de la nouvelle fraternité
d'armes, rappelait les traditions et les liens qui .
unissent la France et l'Italie dans le passé et qui
les réunissent aujourd'hui dans un nouvel idéal
de libération des peuples opprimés et de défense
de la civilisation commune. Profondément sensible aux éloquentes expressions de Votre Excellence, je tiens à lui renouveler, ainsi qu'à la France,
les assurances de ma pensée cordiale et de mon
fervent souhait pour que la victoire de nos armes
conduise à l'établissement d'une paix durable,
basée sur l'accomplissement des revendications
nationales, sur la justice et sur la liberté. J'envoie
à Votre Excellence les assurances personnelles de
mon amitié cordiale. »

Le docteur Théophile Braga est élu président
de la République du Portugal.

Dimanche 30 mai.

La Société l'Algérienne, dont sont membres tous
les représentants de l'Algérie, a offert aujourd'hui
le couscous à plus de quatre cents blessés africains.
Cette fête — zerda pour la victoire — se donnait
dans un restaurant de l'avenue de la Grande-
Armée. Après avoir envoyé des cigares et des
cigarettes à tous les convives, j'ai fait au milieu
d'eux, après le déjeuner, une courte apparition,
qui a été chaleureusement accueillie.

Lundi 31 mai.

M. Blondel continue à nous télégraphier de
Bucarest que Sazonoff y multiplie les démarches

intempestives (Bucarest, n°s 259 et 260) et que les prétentions de la Russie excluent toute possibilité d'accord.

Les chasseurs de l'armée des Vosges m'envoient régulièrement *le Diable au cor*, qui se publie à Plainfaing. Je les remercie dans une lettre où je résume les impressions de ma visite à la 3e brigade d'alpins et où j'exprime à mes jeunes camarades les félicitations et les vœux d'un ancien.

CHAPITRE VI

Mardi 1er juin.

Le premier ministre anglais, Asquith, qui se
trouve, en ce moment, auprès du maréchal French,
a annoncé sa visite à Joffre pour demain mercredi.
Il est convenu, en Conseil, que Millerand se rendra
lui-même à Doullens, où est Joffre, pour y rencontrer Asquith. Le général en chef a, en effet,
écrit à Millerand pour lui demander, comme les
officiers de liaison m'en avaient informé, que le
gouvernement de la République réclamât, pour la
date la plus prochaine, au cabinet de Londres
l'envoi en France d'une vingtaine de divisions de
l'armée que prépare lord Kitchener. Or, d'après
ce que le ministre britannique de la Guerre a dit
successivement à Joffre et à Millerand, il n'est
disposé à expédier en France tout ou partie de
cette armée que s'il a la conviction que le front
allemand peut être percé ; et, du moment où
Joffre veut aujourd'hui, pour percer, relever une
de nos armées à l'aide d'effectifs anglais, nous
tournons jusqu'ici dans un cercle vicieux. Par sur-

croît, l'armée Kitchener manque de munitions et de fusils. La réponse de l'Angleterre est donc fort incertaine.

En attendant, les opérations de l'Artois se poursuivent péniblement et nous coûtent très cher. Cinquante mille hommes sont déjà hors de combat et le gouvernement ne sait rien du programme de demain, ni des plans d'avenir.

La démarche commune des Alliés a été faite à Sofia. Il a été offert à la Bulgarie l'occupation immédiate de la Thrace jusqu'à la ligne d'Enos-Midia et la possession ultérieure des villes de Egri Palanka, Ochrida et Monastir. M. Radoslavoff a paru agréablement surpris, mais il est fort embarrassé pour aborder le roi Ferdinand. (Sofia, nos 229, 230, 231.)

Le chancelier allemand a parlé de l'Italie au Reichstag sur le ton le plus violent et le plus injurieux. Il a toutefois évité de laisser supposer que l'état de guerre existât entre l'Allemagne et son ancienne alliée. Barrère a demandé à M. Sonnino ce que comptait faire le cabinet de Rome. Le ministre s'est contenté d'indiquer discrètement que M. Salandra saisirait une occasion de répondre au chancelier et que, du reste, l'Allemagne allait sans doute frapper un grand coup contre l'Italie (Rome, no 421); mais il n'a manifesté aucune intention de déclarer la guerre à notre principal ennemi.

La nuit dernière, raid de zeppelins sur la ville de Londres. Nous ignorons le nombre de victimes, mais il y a des morts et des blessés.

Mercredi 2 juin.

J'ai prié M. Charles Humbert de venir me parler des rapports dont l'a chargé la commission

sénatoriale de l'armée. Il m'a répondu avec empressement et arrive ce matin à mon cabinet. Il
s'exprime avec une extrême vivacité sur le compte
de Baquet et de Sainte-Claire Deville. Il affecte
cependant d'avoir de bienveillantes dispositions à
l'égard du cabinet ; il déclare que ses efforts
personnels sont entièrement désintéressés, qu'il
accomplit, sans arrière-pensée, une œuvre patriotique et qu'il n'acceptera jamais aucun portefeuille.
Il me signale effectivement des fautes et des
maladresses commises par les services de l'artillerie. Il ajoute que, si importante que soit, à ses
yeux, la mobilisation industrielle, il est surtout
préoccupé du mécontentement qu'il voit se déve-
lopper chez les commandants d'armées, chez les
généraux disgraciés, chez les officiers. Tous se
plaignent, me dit-il, du général Joffre et surtout
de son entourage, et c'est lui, Humbert, qui col-
lectionne et utilise toutes ces plaintes. Il a des
dossiers sur tout et sur tous.

Je vois également Boudenoot, sénateur, qui, en
l'absence de Freycinet, préside la commission de
l'armée. « Au Sénat, m'affirme-t-il, l'hostilité
contre Joffre grandit tous les jours. On lui reproche
de ne pas accepter d'être subordonné au gouvernement. On reproche au gouvernement de ne pas
lui faire sentir son autorité. Clemenceau est maintenant aussi dur que Doumer pour le vainqueur
de la Marne. Samedi, lorsqu'on a su, à la commission, par le rapport de Ch. Humbert, que
Joffre voulait garder au front, contrairement aux
ordres ministériels, les ouvriers des usines, le sou-
lèvement a été général. Clemenceau et Humbert
parlaient de démissionner avec éclat, en manière
de protestation. »

En Russie comme en France, il se produit, après

les défaites subies et les pertes éprouvées, des conflits entre l'armée et les civils. Le président de la Douma, M. Rodzianko, du parti octobriste, s'est rendu auprès de l'empereur, au quartier général, pour appeler son attention sur la gravité des circonstances et pour demander que des mesures exceptionnelles fussent prises d'urgence, en vue de parer à la pénurie des munitions. L'empereur a entendu cet appel. Il a nommé une commission comprenant le ministre de la Guerre, le président et trois membres de la Douma, quatre généraux et quatre représentants de l'industrie métallurgique. (Petrograd, 1er juin, n° 706.)

Mêmes causes, mêmes effets. Chez nous, plusieurs députés, MM. Jules Roche, Beauregard, Spronck, Escudier, me disent qu'ils essayent de réagir contre l'extension du mal. Mais vainement. La conspiration contre Millerand et contre Joffre aurait pris, dans les couloirs, des proportions inquiétantes.

Nouvelles lettres de Loti diplomate. Elles m'arrivent en séries. « Le mandataire qui était allé à Genève, m'écrit-il, revient à l'instant, et voici les réponses qu'il me rapporte : Talaat ne peut venir, parce que des complots contre sa vie, tramés de tous côtés, sont connus dans le public de Constantinople et alors, ne pouvant avouer le véritable motif de son absence, il passerait pour avoir peur. De plus, sa présence à Constantinople serait indispensable dans les graves événements actuels. Djavid est disposé à venir immédiatement à l'appel d'une dépêche, si le gouvernement français l'accepte. Talaat affirme qu'il aura les pleins pouvoirs et toute qualité pour traiter. Aussitôt arrivé à Genève, il m'avertira, et notre gouvernement nous fera savoir dans quelle ville de France il devra se rendre. Voudriez-vous être assez bon pour me dire si, dans ces conditions-là, je puis, toujours à mots couverts, faire savoir par dépêche à Djavid qu'il peut se rendre à Genève? Veuillez, etc. »

Autre lettre : « Je serais bien osé de donner un avis. Cependant, il me semble que l'on pourrait laisser venir Djavid : causer n'engage à rien. Il n'est à Berlin que pour essayer d'obtenir un peu d'argent, car les Turcs n'en ont plus... »

Autre lettre : « Je ne crois pas que la réponse de Talaat indique une intention de se dérober. Voici les raisons qu'il donne : 1º Djavid et lui se sont partagé en ce moment les affaires de Turquie, Djavid pour l'extérieur, lui, Talaat, pour l'intérieur, et sa présence est indispensable là-bas ; 2º le voyage de Constantinople en France est long et difficile : tandis que Djavid muni de pleins pouvoirs et déjà à Berlin (où il n'attend que la réponse de la France pour rentrer en Turquie) serait tout de suite arrivé ; 3º lui, Talaat, aurait l'air de fuir devant les menaces de mort dont il est entouré comme Enver. Et enfin une raison plus déterminante, que j'ai promis de ne pas dire et que *je vous supplie*, monsieur le Président, de garder pour vous seul : il a découvert ces jours-ci ou a cru découvrir que, dans la dernière conspiration contre sa vie, celle de Sabah-Eddine, le ministre de France à Athènes aurait trempé. » Cette fois, la candeur de Loti dépasse un peu les bornes.

Il nous semble, à Delcassé et à moi, que l'amitié de Loti pour les Turcs commence à l'aveugler. D'accord avec le ministre, je lui réponds donc personnellement. « 2 juin. — D'après les renseignements qui nous sont parvenus, l'histoire du complot est inventée de toutes pièces ; les Jeunes-

Turcs règnent par la terreur à Constantinople et Talaat n'a aucune raison avouable de ne pas s'absenter, s'il est sincère dans ses intentions pacifiques. Il est inutile de vous dire, en tout cas, que l'allégation dirigée contre le ministre de France à Athènes (et aussi, d'ailleurs, contre le ministre d'Angleterre) est une sotte calomnie. Djavid se trouvant à Berlin et n'ayant, quant à lui, aucune qualité officielle, le gouvernement français s'exposerait à tomber dans un piège en envoyant un émissaire conférer avec lui. On interpréterait sans doute cette démarche comme une marque de faiblesse. Si le gouvernement turc veut sérieusement nous faire des propositions, il n'a qu'à nous les communiquer d'abord, au moins dans les grandes lignes, par l'intermédiaire sûr que vous connaissez, et nous verrons ensuite si nous pouvons entrer en relations avec Djavid ou avec tout autre, expressément mandaté à cet effet. Excusez-moi de ne pas vous avoir répondu dès hier, mais le ministre a tenu à examiner la question de près et c'est, bien entendu, d'accord avec lui que je vous envoie ma réponse. » Nouvelle lettre de Loti, qui insiste : « La question est si grave que vous me pardonnerez sans doute de vous récrire. J'ai transmis votre réponse au mandataire qui l'a reçue avec consternation et partira ce soir même pour la porter en Suisse. Je ne crois pas que les Turcs acceptent cette clause, — bien dure, n'est-ce pas? — de se faire précéder d'un programme écrit avant de venir causer. Les « grandes lignes » de leur programme seraient, d'ailleurs, bien entendu, celles-ci : abandonner l'Allemagne pour se ranger au côté des Alliés. Vous m'aviez dit la semaine dernière, monsieur le Président, que si Talaat en personne venait chez nous, vous ne poseriez aucune

condition préalable à sa venue, et je l'ai fait savoir
là-bas. Je ne pense pas que notre gouvernement
ait retiré cette parole et je crois toujours comprendre que si, en présence de notre refus pour
Djavid, Talaat se décidait, malgré tant de réelles
difficultés, à venir lui-même, on n'exigerait pas
qu'il fût précédé du programme écrit. Mais vous
seriez bien bon de me confirmer que je ne me
trompe pas. C'est la dernière question que je me
permettrai de poser et, après cela, j'aurai terminé
mon petit rôle d'ambassadeur, qui est si peu de
ma compétence. Quant à la conspiration contre la
vie de Talaat et d'Enver, j'y crois d'autant plus
fermement qu'elle m'avait été révélée il y a plus
de deux mois par l'un des complices. Plusieurs
autres Turcs m'en ont également parlé. Mais ce
qui n'est qu'une « sotte calomnie », comme vous le
dites si justement, c'est la complicité de nos deux
ministres. Connaissant un peu Talaat, je suis cependant convaincu qu'il y croit de bonne foi. »
Je donne à Loti l'assurance que si Talaat se
décide à venir lui-même, il ne lui sera demandé
d'avance aucun écrit. Mais pour faire venir Djavid
de Berlin, le gouvernement a besoin de garanties.

Jeudi 3 juin.
Millerand a vu hier à Doullens Joffre et Asquith.
Joffre projette pour ces jours-ci deux attaques
secondaires, l'une à la 2e, l'autre à la 6e armées.
Asquith paraît être venu en France pour arbitrer
le conflit permanent qui existe entre French et
Kitchener. D'accord avec le commandement français, le Field-Marshal voudrait que le gouvernement britannique envoyât en France vingt divisions nouvelles, c'est-à-dire le gros de l'armée qu'a
formée Kitchener. Celui-ci préférerait réserver

cette armée pour un autre théâtre d'opérations.
Il a été convenu entre Asquith, Millerand, Joffre
et French qu'on embarquerait prochainement pour
la France cinq ou six divisions nouvelles ; il ne
peut être question de vingt, faute de fusils et de
munitions. Les Anglais relèveront une de nos divisions au sud de La Bassée et une des deux que
nous avons au nord d'Ypres. C'est peu, mais c'est
un commencement.

Ribot soumet au Conseil le projet de douzièmes
provisoires, pour le troisième trimestre de 1915.
Il va le déposer sur le bureau de la Chambre, car
l'impossibilité de faire, pour une année entière,
des prévisions exactes de recettes et de dépenses,
ne nous permet pas l'établissement d'un budget
régulier. Les difficultés qu'on éprouverait à aug-
menter sensiblement les impôts, pendant qu'un
grand nombre de contribuables sont aux armées,
nous forcent, d'ailleurs, à multiplier, tout à la
fois, les émissions de bons de la Défense nationale et les demandes d'avances à la Banque de
France. Si belle que puisse être la victoire, il
ne sera point aisé, au lendemain de la guerre,
de rétablir des finances aussi profondément bou-
leversées.

Vendredi 4 juin.
MM. Bonnevay, Charles Benoist, Beauregard,
députés ; Audiffred, Guillier, Touron, sénateurs,
viennent me conseiller de reconstituer le cabinet
sur des bases plus larges et d'y faire entrer des
représentants de tous les partis. Ils me citent
notamment Charles Dupuy, Méline et, au second
plan, Jean Dupuy, Léon Bourgeois.

Sir Francis Bertie est nommé pair d'Angleterre
et devient lord Bertie. Aux félicitations que je lui

adresse, il répond par un cordial et joyeux remerciement.

J'ai visité aujourd'hui à Fresnes une ambulance militaire, installée dans une partie disponible de la prison. Les blessés ne sont pas en contact avec les condamnés, mais ce voisinage n'en a pas moins quelque chose de pénible et de choquant.

Samedi 5 juin.

Nouveau raid de zeppelins sur Londres ; nous ne savons toujours rien du nombre des victimes.

Long conseil, auquel assiste Albert Thomas et qui est, tout entier, consacré à l'étude des questions du matériel.

Je pars dans la soirée pour les armées de Lorraine.

Dimanche 6 juin.

Arrivé à Ligny-en-Barrois, par le train, dès le début de la matinée, je monte immédiatement en automobile avec le général Roques, commandant de la 1re armée ; et, suivis de Duparge et de Pénelon, nous nous rendons directement à Verdun. Au faubourg de Regret, le gouverneur de la place, général Coutanceau, vient au-devant de nous. Depuis ma dernière visite, la ville a souffert du bombardement. Mais la pièce qui tirait sur elle a été repérée et paraît éteinte. Par prudence, le gouverneur a cependant fait évacuer les hôpitaux. Plus de deux mille habitants, mis en éveil par ces mesures de précaution, se sont éloignés de leurs foyers. Mais la grande majorité est restée. Nous entrons dans Verdun par la gare, qu'ont touchée plusieurs obus, et je vais voir le malheureux collège Buvignier, où un projectile lourd a détruit, à lui seul, tout un corps de bâtiment.

L'explosion a projeté des éclats de l'autre côté de la place, jusqu'à la sous-préfecture, dont la façade est endommagée. Je fais chercher le maire, M. Charinet, pour lui exprimer ma sympathie, et sans m'attarder, je pars immédiatement pour la côte des Hures, qui se dresse au nord des Éparges et domine toute la plaine de la Woëvre. Le général Gérard, commandant du IIe corps, nous attend et nous conduit à un observatoire d'où la vue s'étend fort loin sur les lignes françaises et allemandes. Au nord, ce sont nos troupes qui tiennent la Woëvre jusqu'aux environs d'Étain et qui occupent toutes les localités situées au bas des côtes, y compris Eix, Abaucourt et Manheulles. Au sud, au contraire, l'ennemi a partout escaladé les Hauts-de-Meuse et, jusqu'au delà de Saint-Mihiel, nous ne conservons plus une seule parcelle de la Woëvre. Nous avons derrière nous une zone assez large, qui n'est pas envahie, et devant nous la côte dénudée et roussie des Éparges, paysage désertique ou lunaire, où viennent de se livrer de si violents combats. Au delà, toute la ligne des hauteurs occupée par l'ennemi, avec les jolies communes qui reposent à leur pied ou sont juchées à leur sommet, Combres, Herbeuville, Thillot-sous-les-Côtes, Billy-sous-les-Côtes, Hattonville, Hattonchâtel.

Dans un creux du terrain, je m'arrête à une ambulance improvisée. Je cause çà et là avec les officiers et avec les hommes. Puis je reviens dans la vallée de la Meuse, à la petite ville d'Ancemont, où je suis vite reconnu par mes compatriotes et où je passe en revue quelques troupes. Le général Herr, qui commande le VIe corps, me reçoit, aussitôt après, sur la rive droite du fleuve, à Dieue, où est établi son quartier général. Je fais avec lui, à la hâte, un repas frugal et je me remets en route. Nous remontons la Meuse jusqu'à Troyon, où j'ai l'agréable surprise de rencontrer, à la tête de ses hommes, un de mes cousins, le commandant Louis Malézieux. Après avoir jeté un coup d'œil sur les ruines du fort et sur deux chalands allemands séquestrés qui portent des canons longs et que manœuvrent, la nuit, sur le canal, des fusiliers marins, je traverse de nouveau la vallée et, par des villages que j'ai longtemps représentés au Conseil général de la Meuse, Woimbey, Lahaymeix, j'arrive à la belle forêt de Marcaulieu, dont les obus ne paraissent pas avoir gâté les magnifiques ombrages. Une longue marche à pied nous conduit à la cote 323, où le lieutenant-colonel Andrieu, auteur d'intéressantes études sur l'utilisation du dessin et de la photographie à la guerre, nous fait les honneurs de son observatoire d'artillerie et me remet un croquis de la vue qu'on y découvre, en amont du cours d'eau, du côté de Chauvoncourt et de Saint-Mihiel. A Chauvoncourt, où s'élevaient l'an dernier d'immenses casernes, aux Paroches, où de coquettes maisons se pressaient à l'abri du fort, ce ne sont plus que des ruines. A Saint-Mihiel, il n'y a encore que des dégâts limités. La pauvre ville captive paraît à peu près tranquille ; ses toits d'ardoise luisent au soleil ; je reconnais sans peine l'église Saint-Étienne, qui renferme la *Mise au tombeau* de Ligier Richier, l'église Saint-Michel, où se trouve la *Pieta* du même artiste, l'ancienne abbaye des Bénédictins, où se rendait hier la justice et, en aval de la ville, les sept roches pittoresques dont l'une, en forme de table immense, est appelée table du diable par les habitants du pays (1).

____

(1) Elle a été détériorée pendant la guerre par un obus.

La chaleur est torride. La batterie de 75, auprès
de laquelle nous sommes, tire sur les tranchées
ennemies qui se dessinent en face de nous sur la
rive droite. On voit, au-dessus des boyaux, les
fumées noires des éclatements. Douce contrée familière, où le bruit de mes pas réveille en moi tant
de souvenirs, aurais-je jamais cru qu'une guerre
impie pût venir te souiller ainsi?

Par Lahaymeix, Courouvre, Pierrefitte-sur-Aire,
où mes vingt-six ans ont trouvé jadis tant de sûrs
et fidèles amis, et où des troupes cantonnent aujourd'hui chez l'habitant, je reprends le chemin
de Ligny-en-Barrois, où je dîne avec le général
Roques, et je passe la nuit dans une maison tranquille, au milieu des arbres.

Lundi 7 juin.

Départ de Ligny en automobile, à six heures du
matin. Nous nous rendons, par Toul, à Domèvre-
en-Haye, où je rencontre mon neveu Léon, le fils
de Henri Poincaré, jeune polytechnicien mobilisé
comme sous-lieutenant d'artillerie et attaché en
ce moment à la 73e division, dans le secteur du
bois le Prêtre. Dans la forêt de Puvenelle, près de
Mamey, nous montons, d'abord, sur une crête
assez élevée, d'où nous embrassons un panorama
fort étendu vers Remenauville, Regniéville, Fey-
en-Haye. Devant nous, les tranchées françaises et
allemandes rayent de lignes épaisses un sol la-
bouré d'obus. Nous poussons ensuite jusqu'au village de Montauville, couché dans un ravin, au sud
du bois le Prêtre. Il n'est pas évacué et les habitants y fraternisent avec les troupes. Deux fillettes
me récitent un compliment et me remettent des
fleurs. M. Ferrette, ancien député de la Meuse,
lieutenant de réserve, vient me saluer. Je cause

quelques minutes avec le général Lebocq, qui commande la 73e division et avec le général Riberpray, qui commande la brigade active de Toul ; et je monte, tout de suite, à ce bois le Prêtre dont les communiqués nous parlent si fréquemment. A la lisière du sud, a été aménagé un grand cimetière militaire, dont la nécessité ne se faisait que trop sentir. Sous des branches fraîchement coupées, des cadavres, non encore ensevelis, attendent l'inhumation ; des milliers de mouches bourdonnent autour de cette chair humaine ; des soldats se hâtent de creuser les tombes.

Nous entrons dans le bois à la file, par d'interminables boyaux, qui serpentent sous les arbres ·blessés. Une chaleur lourde pèse sur les soldats que nous rencontrons. Nous nous dirigeons vers les tranchées de première ligne, toutes proches de l'ennemi, mais actuellement paisibles. A mesure que nous avançons, le bois se dégarnit ; la dévastation s'étend autour de nous ; plus de feuilles, plus de branches, rien que des troncs mutilés, brisés, lamentables. Le silence est quelquefois coupé par le bruit d'une grenade ou d'un coup de feu. Le général Dubail, qui est venu nous rejoindre à Ligny et qui nous accompagne, le général Roques, commandant de l'armée, me conseillent de ne pas aller trop loin (1). Mais les hommes paraissent si contents de me voir que je veux naturellement pousser jusqu'au bout. Pour causer avec eux, je m'arrête dans quelques abris. Çà et là, dans l'angle d'un boyau, gît un cadavre qui va bientôt être porté au cimetière. Après avoir fait un tour de

____

(1) Général Dubail, *op. cit.*, t. II, p. 264 : « Nous nous trouvons un moment à quelques mètres de l'ennemi : le réseau de fil de fer est commun. Je recommande la prudence, mais je pousse un soupir de soulagement quand le président sort du bois. »

tranchées, nous revenons sur nos pas et, au retour, une « corvée de café », que nous rencontrons dans un boyau, m'offre un quart de « jus », que je bois avec délices. A la sortie de la forêt, je passe en revue une compagnie, ainsi qu'une section de volontaires crétois, qui me font involontairement penser au roi Constantin et à la disgrâce de Venizelos.

Nous traversons alors Pont-à-Mousson et Dieulouard, qui sont sous le feu de l'ennemi et dont les établissements industriels ont attiré de nombreux bombardements. Les traces en apparaissent de toutes parts. Les deux villes cependant ne sont pas désertées. Des femmes nous saluent au passage ; des enfants jouent dans les rues. Nous allons déjeuner à Boucq, avec le général Delétoille, commandant du XXXIe corps, dans la belle propriété du général de Morlaincourt et, de la terrasse du château, nous contemplons à loisir l'immense plaine argileuse de la Wœvre, si fertile hier et si soigneusement cultivée, transformée aujourd'hui en champ de bataille permanent et sillonnée de tranchées. Voici maintenant Euville et ses carrières, où le travail est à peu près interrompu, Vignot, Boncourt, villages familiers, que, du haut de ma colline, j'ai si souvent cherchés des yeux ; et puis, voici Mécrin qui, dans la vallée, fait face à Sampigny et que les Allemands se sont acharnés à détruire, comme ma propre commune. Le fort du camp des Romains est là qui domine Saint-Mihiel et qui commande toute la région. Les Allemands nous en ont chassés et leurs batteries, installées sur le sommet, tirent librement dans toutes les directions. Mécrin est, comme Sampigny, évacué par les habitants. En passant dans les rues dévastées, je ne puis m'empêcher de jeter un regard sur les ruines de ma maison, que j'aperçois de l'autre côté de la Meuse, mais que je n'irai pas voir aujourd'hui, car il me reste peu de temps pour achever ma tournée et je veux m'arrêter à Marbotte et au bois d'Ailly. Marbotte n'est plus qu'un monceau de pierres ; l'église seule est restée debout ; tous les habitants sont partis. A gauche, près de l'entrée, huit cents tombes militaires sont très régulièrement disposées, couvertes de couronnes et de fleurs, qu'ont envoyées les familles des morts. Avec le général Blazer, qui m'a conduit naguère à la Schlucht et qui commande depuis peu la 15e division, nous pénétrons dans le bois. Les hommes cantonnent dans les taillis, où les balles allemandes viennent assez souvent les frapper (1). Je grimpe, par une longue échelle, jusqu'aux branches supérieures d'un grand chêne, d'où la vue s'étend sur le bois d'Ailly, aussi dénudé que le quart en réserve du bois le Prêtre. « En vrai diable bleu, écrit dans ses *Souvenirs* le général Blazer, M. Poincaré y monta allégrement et sans aucune crainte. De là-haut, on voyait à ses pieds un océan de verdure, puis des champs bouleversés par les obus, et, au milieu de ce désert, une ligne de tranchées, où se mouvaient des têtes et des dos gris verts. M. Poincaré, très intéressé, regardait : « Mais, dit-il, à voix haute, ce sont les nôtres? — « Veuillez parler moins haut, monsieur le Président, « si vous ne tenez pas à être repéré... et démoli ! « Je m'en voudrais beaucoup d'avoir fait tuer le « Président de la République française, officier « de chasseurs alpins. » J'expliquai à mon vaillant compagnon que mes tranchées à moi étaient à la lisière, à nos pieds, et par conséquent invisibles, et que celles qu'il voyait à 120 ou

____

(1) Général BLAZER, *op. cit.*, p. 171.

130 mètres étaient bien les tranchées allemandes… »

Au moment où je descends, passent quatre infirmiers qui ramènent un mort sur une civière. Je cause avec les hommes. Ils me paraissent dans un excellent état moral, mais ils ne me cachent pas qu'ils sont assez fatigués par les récents combats.

Je reviens à Commercy, où j'inspecte, à la caserne, un atelier de fabrication de bombes et de grenades, destinées aux luttes de tranchées ; puis, je visite, avec mon ami René Grosdidier, sénateur et maire, les hôpitaux et les ambulances de la ville. Le général Roques et le général Cordonnier, commandant du VIIIe corps, me rapportent que ces jours derniers, vingt-trois soldats du 56e régiment d'infanterie ont été condamnés à mort pour avoir abandonné une tranchée au bois d'Ailly. Les deux généraux me demandent de les gracier et je m'empresse de répondre à ce désir, avec la conviction que ces jeunes gens, s'ils restent au front, sauront faire oublier à leurs chefs un instant de faiblesse et se relever à leurs propres yeux. Mais est-ce la vie que je leur rends? ou ne sont-ce pas, hélas ! de nouvelles occasions de mort ou de mutilations?

Mardi 8 juin.
Rentré à l'Élysée vers huit heures du matin, je préside le Conseil. Ribot est malade. Tous les autres ministres sont assombris par les nouvelles qui, pendant mon absence, sont arrivées de Russie et des Dardanelles. Le général Gouraud a télégraphié qu'après une préparation méthodique, notre corps expéditionnaire avait attaqué les positions turques sans obtenir des résultats proportionnés aux pertes subies et à l'effort déployé. Le général Hamilton et lui sont tous deux convaincus

qu'en présence de cette situation, tout à fait analogue à celle du front occidental, les progrès seront lents et coûteux dans la presqu'île de Gallipoli, si la Turquie y conserve l'entière disposition de ses moyens. Gouraud estime qu'une diversion, provenant de l'entrée en ligne d'un nouvel adversaire, sera du plus vif intérêt, si l'on veut aboutir rapidement sans de trop lourds sacrifices. (Ténédos, 6 juin, nº 5. — Gén. Gouraud à Guerre, 6 juin, O. T., nº 167/315.)

En Russie, la session de la Douma, qui s'était terminée au mois de février, avait été renvoyée en novembre. Sous le coup des défaites que les armées russes viennent de subir et qui ont entraîné en mars la perte de toute la Prusse orientale et, depuis lors, celle de la Galicie (1), une partie de l'opinion publique commence à réclamer la convocation immédiate de l'Assemblée, afin de mettre un terme à l'incurie et aux vices de l'administration militaire. Le mouvement se propage et l'on a dit à Paléologue que l'empereur accepterait volontiers le concours de la représentation nationale. (Petrograd, nº 723.) En attendant, Przemysl vient d'être évacué par les Russes. L'effet est déplorable dans le pays, qui se sent humilié et abattu. (Du général de Laguiche, Petrograd, 5 juin.)

Les 2e et 3e armées italiennes ont commencé de grandes opérations, dans le dessein de traverser de vive force l'Isonzo, entre Caporetto et la mer. (Du colonel de Gondrecourt, nº 9.)

Nous n'avons fait un pas, ni à Bucarest, ni à Sofia, ni en Grèce. Cependant Paléologue, ému par les échecs des armées russes, a vivement insisté

______

(1) V. *Hindenburg*, par le général BUAT, librairie Chapelot, p. 9 et s.

auprès de Sazonoff pour qu'il se montrât plus conciliant envers les Roumains. (Petrograd, n° 736.)

Je n'ai aucune nouvelle, ni de Loti ni de ses Turcs.

Nouvelle visite de Margaine, député de la Marne, ancien sous-secrétaire d'État d'un jour dans le cabinet Ribot de 1914, aimable homme dont l'esprit, pavé de bonnes intentions, n'a cependant rien d'infernal. Il me dit tout net que le remplacement de Joffre s'imposera. Il faudrait nommer Sarrail commandant en chef. Il essayerait de passer par Spincourt et de pénétrer en Allemagne. J'objecte qu'un changement de général en chef serait exploité contre nous chez nos ennemis et chez les neutres. Sarrail s'est remarquablement comporté à Verdun pendant la bataille de la Marne, mais rien ne prouve qu'il réussirait aujourd'hui mieux que Joffre dans une tentative de percée. Bien entendu, je ne convaincs pas Margaine.

Mercredi 9 juin.

Le messager de Loti est allé jusqu'à Munich pour causer directement avec Djavid, mais les Turcs, de plus en plus circonvenus par les Allemands et rassurés, d'ailleurs, par leur propre résistance aux Dardanelles, se dérobent maintenant à toute conversation et, à plus forte raison, Djavid ne veut-il rien écrire. Quant à Talaat, il songe désormais de moins en moins à se déplacer.

Millerand s'est péniblement résigné à remplacer le général Baquet par le général Bourgeois, et le général Sainte-Claire Deville par le général Dumézil. Les commissions parlementaires ne lui sauront certainement plus gré d'une décision aussi tardive. Sans doute ont-elles exagéré les critiques contre ces deux officiers généraux. Le premier est élève du colonel Deport, qui a inventé le 75 ; il a lui-même créé le canon de 120 et le premier matériel de 155. Ce n'était pas lui, quoi qu'en eût dit M. Charles Humbert, qui avait fait annuler en novembre une commande de 100 batteries de 75 ; il avait simplement exécuté une mesure déjà prise ; mais il répétait volontiers que nous avions trop de canons, par rapport, du moins, au nombre de nos projectiles et, en fait, il ne parvenait, ni à multiplier les projectiles, ni à presser la fabrication des canons. Quant au général Sainte-Claire Deville, il s'était senti pris entre deux devoirs et, dans son désir d'avoir ces canons coûte que coûte, il avait cédé aux demandes des fabricants qui réclamaient, dans les épreuves de résistance, une diminution assez importante de la pression normale et on lui attribuait, par suite, non sans quelque raison, la responsabilité des éclatements (1). Pour des fautes moins lourdes, on avait, sur le front, sacrifié et « limogé », — envoyé à l'arrière (à Limoges), — un grand nombre de généraux, qui avaient, pour la plupart, subi leur disgrâce avec une parfaite dignité. La guerre est une souveraine impitoyable et, pour stimuler les services de l'artillerie, il était impossible de ne pas faire d'exemples. Millerand a cependant voulu accorder aux généraux frappés certaines compensations. Il m'a présenté un décret que j'ai, sur ses instances, consenti à signer et qui donnait à Sainte-Claire Deville une troisième étoile. Pour Baquet, le ministre ne m'a rien demandé ni rien proposé, mais, comme depuis le mois d'août 1914, les nominations dans la Légion d'honneur au titre militaire, sont faites en dehors du président de la

____

(1) V. Mermeix, *op. cit.*, p. 352 et s.

République, il a inscrit d'office le général Baquet au tableau pour le grade de commandeur et il ne m'en a pas averti.

Jeudi 10 juin.

M. Bryan, secrétaire d'État à Washington, vient de donner sa démission. Il n'a pu se résoudre à mettre sa signature au bas de la réponse que le président Wilson lui-même a rédigée à l'adresse de l'Allemagne. Il la juge trop agressive et susceptible de provoquer la guerre. (De M. Jusserand, n° 413.)

Grâce à l'intervention de Paléologue, l'empereur et Sazonoff ont déclaré que la Russie était prête à céder sur la question de Cernovitz, si la Roumanie s'engageait à entrer en action sans délai. (Petrograd, 9 juin, n° 734.)

Vendredi 11 juin.

Le général Duparge reçoit du général Roques communication de deux ordres qu'il a envoyés, l'un à la 1re armée, l'autre au VIIIe corps, pour transmettre mes félicitations aux troupes et pour annoncer la grâce des vingt-trois hommes du 56e régiment. Roques ajoute que, dimanche dernier, « nous sommes passés entre les gouttes. » A l'observatoire du bois de Marbotte, un obus est tombé au pied du grand arbre, dix minutes après que j'en étais descendu. Au bois le Prêtre un « arrosage » intensif a eu lieu toute l'après-midi. Pourvu que ce ne soit pas ma visite, connue peut-être après coup par les Allemands, qui ait attiré la foudre sur nos soldats !

La Serbie ne veut pas confier aux grands Alliés le soin de régler en dehors d'elle les conditions à faire à la Bulgarie ; elle est également inquiète de ce qui a pu être promis à l'Italie. (Nisch, n°s 425,

LE FORT DE TROYON

VISITE AU BOIS LE PRÊTRE

La Croix-des-Carmes (7 juin 1915).

426, 427.) De son côté l'Italie n'est pas très satisfaite de voir les troupes serbes s'avancer en Albanie. (De M. Delcassé à Nisch, 10 juin, nº 234. — De Nisch, nº 422.)

Plus la coalition s'élargit, moins elle va être facile à conduire.

Contrairement à ce que craignaient ses collègues, la séance d'hier à la Chambre a été excellente pour Millerand. Il a été unanimement applaudi. Il n'a guère été interrompu que sur les bancs socialistes. A l'occasion d'une proposition présentée par M. Dalbiez et ayant pour objet d'assurer une meilleure répartition des hommes mobilisés ou mobilisables, il s'est expliqué, avec une précision remarquable, sur les mesures prises, depuis le début des hostilités, pour rappeler dans les rangs le plus grand nombre possible d'exemptés, de réformés ou d'auxiliaires ; et il a indiqué avec netteté ce qui restait à faire. Il a réussi, pour le moment, à calmer l'opposition de la Chambre. Mais, à la commission sénatoriale, la campagne se poursuit contre lui et contre Joffre. Boudenoot, qui remplace toujours Freycinet, vient me lire des passages des discours prononcés, dans le demi-secret de la commission, par Charles Humbert, Doumer et Henry Chéron. Ce sont de virulents réquisitoires contre l'état-major d'hier et d'aujourd'hui. Boudenoot me dit textuellement que, désespéré de ne pouvoir calmer les esprits, il pleure, tous les soirs, en rentrant chez lui. Clemenceau a, paraît-il, déclaré que, si les choses continuaient, il y aurait une révolte des généraux contre le commandement. Charles Humbert a menacé d'aller dénoncer la vérité au peuple et de se faire volontairement arrêter sur la place de la Concorde.

17

Samedi 12 juin.

Millerand expose au Conseil des ministres que son chef de cabinet, le colonel Buat, revenu de Londres, en a rapporté des impressions peu favorables : jusqu'ici on ne fabrique pas un fusil; il y a un million d'hommes qui font l'exercice avec des fusils de bois ; les divisions nouvelles sont entièrement dépourvues de munitions ; et cependant l'Angleterre a des ressources industrielles que nous n'avons pas. La première armée Kitchener, composée de six divisions, est déjà transportée en France jusqu'à concurrence de moitié ; les trois divisions qui restent de l'autre côté de la Manche seront expédiées avant la fin du mois ; la deuxième armée ne pourra pas arriver avant le 15 août.

Marcel Sembat informe le Conseil que les socialistes demandent pour tous les groupes de la Chambre la liberté d'envoyer des délégués aux armées. Il voudrait que Viviani donnât son adhésion à ce projet. Viviani répond qu'il aimerait mieux quitter le pouvoir que d'autoriser des visites dont il connaît déjà, par expérience, tous les inconvénients et qui prêtent à de dangereux abus. Ribot parle dans le même sens. J'appuie leur manière de voir. Sembat n'insiste pas. Mais que de mal pour concilier avec les nécessités de la guerre les exigences des mœurs parlementaires ! Et pourtant, quel péril pour la France, si nous ne parvenions pas à maintenir jusqu'au bout cette conciliation !

J'interviens, en Conseil, auprès de Delcassé pour que les Alliés renseignent officiellement la Serbie sur ce qu'ils lui ont réservé en Dalmatie et pour qu'on la pousse à reprendre les hostilités et à pénétrer en Bosnie-Herzégovine. La mauvaise humeur de ce petit pays est justifiée. On le néglige ; on le tient à l'écart ; on le blesse en le traitant comme une quantité négligeable. Ribot m'approuve. Il est vrai que, d'après les « verts », l'Italie entend garder le secret. Mais nous pouvons demander à Barrère de chercher à convaincre l'Italie que notre intérêt commun est de dire la vérité. Delcassé a dû se contenter d'envoyer à Boppe, notre ministre à Nisch, un télégramme sommaire, condensé, insuffisamment clair. Il aurait assurément mieux valu ne faire aucun partage avant la victoire, mais puisque l'Italie en a exigé un et que nous avons essayé d'y ménager les droits de la Serbie, pourquoi laisser croire à celle-ci qu'elle est sacrifiée?

En ce moment, faute d'être renseignée, elle cherche à mettre elle-même la main sur des gages : elle se glisse en Albanie ; elle occupe El-Bassan. (Nisch, 10 juin, n° 428.) L'Italie et le Monténégro prennent également ombrage de cette progression. (Cettigné, n° 145. — Scutari, n° 112. — Rome, n°s 446 et 447.) Le cabinet monténégrin aurait conseillé au roi Nicolas d'occuper Scutari. (Cettigné, n° 155.)

La réponse du président Wilson à l'Allemagne est publiée ce matin dans les journaux américains. M. Jusserand nous télégraphie qu'elle est très modérée et qu'elle rend inexplicable la démission de M. Bryan. (Washington, n° 418.)

Des désordres graves se sont produits à Moscou. (Petrograd, n°s 744, 745, 746.) Tous les étrangers, Allemands et Français, ont été indistinctement malmenés.

Dimanche 13 juin.
Sur les conseils du gouvernement et sur les

miens, Joffre a réorganisé aujourd'hui le commandement, de manière à s'entourer de collaborateurs expérimentés et à établir une liaison plus sûre entre les armées et lui. Par l'ordre général nᵒ 39, il a décidé que les forces opérant sur le théâtre nord-est seraient désormais réparties en trois groupes d'armées subordonnés, dits groupe du nord (général Foch), groupe du centre (général de Castelnau), groupe de l'est (général Dubail). Le groupe du nord comprendra le XXXVIe corps, la 10e armée, la 2e armée, moins le XIIIe corps. Le général Foch, adjoint au commandant en chef, restera, en outre, chargé de coordonner les opérations avec les armées britannique et belge. Le groupe du centre comprendra la 6e armée, augmentée du XIIIe corps, la 5e armée, la 4e armée ; le groupe de l'est comprendra la 3e armée, la 1re, le détachement d'armée de Lorraine, la 7e armée. Les commandants de groupes d'armées auront toute autorité pour régler les zones d'action des armées, pour organiser la répartition des unités sur le front, pour se créer des réserves propres, ainsi que des disponibilités d'artillerie lourde mobile, et pour conduire les opérations qu'ils proposeront ou qui seront prescrites par le commandant en chef. Ils auront également à régler la répartition des munitions entre les armées qui leur sont subordonnées. En ce qui concerne l'organisation et le personnel, les commandants d'armée ou de détachement d'armée continueront, sans doute, à dépendre du commandant en chef. Mais les généraux commandants de groupes devront faire toutes propositions qu'ils jugeront utiles à ce sujet. En outre, les questions générales seront traitées par leur intermédiaire. Ces dispositions sont immédiatement applicables pour les groupes du nord et de l'est. Le groupe du centre sera constitué ensuite à une date qui sera prochainement fixée.

Joffre est toujours très mécontent des Anglais. Ni lui, ni Millerand, ni Delcassé ne savent plus si les trois divisions de la 1re armée Kitchener, qui sont encore en Angleterre et qu'on nous avait annoncées pour la fin du mois, viendront en France. Il paraît y avoir, entre Kitchener et Joffre, une différence totale de doctrine militaire. Le ministre britannique, qui, du reste, laisse au cabinet de Londres le soin de diriger la guerre et au maréchal French la liberté de son commandement, est, comme autrefois Wellington, opposé à l'offensive. Il dit : « Le général Joffre et sir John French m'ont annoncé en novembre qu'ils allaient rejeter les Allemands chez eux ; ils m'ont donné les mêmes assurances en décembre, en mars, en mai. Qu'ont-ils fait? Les offensives coûtent très cher et n'aboutissent à rien. Il serait préférable de ménager nos hommes, surtout si nous devons subir un jour une attaque formidable des Allemands (1). »

M. Pachitch affirme qu'aucune troupe serbe n'a été distraite du front austro-hongrois et que l'opération qui vient d'être faite en Albanie, pour y secourir Essad Pacha, n'aura aucune influence sur le champ de bataille principal, où les attaques recommenceront très prochainement. (Nisch, n° 436.)

M. Charles Humbert publie sous sa signature, dans le *Journal* de ce matin, un éloge hyperbolique de la firme américaine la Bethlehem Steel Company, qui lui a offert, pendant son voyage aux États-Unis, de fabriquer des munitions pour la

____

(1) Note du colonel Buat sur son entretien avec Kitchener 11 juin.

France. Il ne pardonne pas à Millerand d'avoir écarté cette commande et il voudrait qu'on revînt sur la décision prise. A peine ai-je fait cette lecture que je reçois du même ancien collègue une lettre, datée du 11, dans laquelle il me reproche, en des termes assez singuliers, d'avoir laissé donner des compensations aux généraux Baquet et Sainte-Claire Deville. Il semble chercher à se constituer un dossier pour pouvoir soutenir plus tard, en cas de malheur public, qu'il avait tout prévu et que le président de la République et les ministres ont négligé ses avertissements. Je n'avais pas supposé jusqu'ici que « le gros Charles » se crût appelé, par le destin, à un rôle de Cassandre et, dans la réponse que je lui adresse, je ne me défends pas de laisser percer un peu d'ironie (1).

Je quitte Paris dans la soirée, avec Millerand, le général Bourgeois et le général Duparge. Nous allons visiter un certain nombre d'usines qui travaillent pour la défense nationale.

Lundi 14 juin.
Je commence ma tournée par les établissements d'État. J'arrive à Tarbes dans la matinée et me rends directement aux ateliers. On n'y fabrique pas, en ce moment, de canons complets. On y fait, pour le compte de l'arsenal de Bourges, les opérations d'alésage, de chambrage et de rayage. Le rendement n'est encore que de deux canons par jour ; il sera bientôt porté à quatre, pour arriver ensuite à sept. On fabrique, en outre, des cartouches, des fusées, des obus explosifs, du fulminate et des amorces. Les ouvriers paraissent très laborieux.

---

(1) Les lettres ont été publiées par M. MERMEIX, *op. cit.*, p. 365 et s., et par M. Charles HUMBERT, *Chacun son tour*, p. 328 et s.

Je remets à cinquante d'entre eux des médailles
d'or, de vermeil, d'argent et de bronze. Je les
remercie et les félicite des grands services qu'ils
rendent aux soldats.

Chaleureux accueil de la population. A toutes
les gares du parcours, se renouvellent les mêmes
acclamations. Il n'est donc pas vrai que le pays
se décourage. Nous quittons Tarbes après midi,
déjeunons dans le train et passons le reste de la
journée à Toulouse, où nous visitons, avec le
député socialiste Ellen Prévost, adjoint de la ville,
la poudrerie et l'atelier de construction. La poudrerie produit actuellement neuf ou dix tonnes par
jour ; elle doit arriver prochainement à dix-huit
tonnes. On installe des fours destinés à utiliser les
procédés que le professeur Sabatier, le savant que
j'ai célébré naguère à l'Université toulousaine (1),
a inventés pour la fabrication du benzol par cata-
lyse d'essence de térébenthine. De l'atelier de
construction, il ne sort jusqu'ici que des cartouches d'infanterie. Deux fois encore, je remets
des médailles aux ouvriers et ils paraissent aussi
heureux de recevoir ces distinctions que les soldats
du front de voir épingler sur leur poitrine la médaille militaire.

Après les usines d'État, nous allons maintenant
visiter des établissements privés. Nous reprenons
notre train, qui nous conduit d'abord en gare de
Carcassonne, où nous stationnons quelques minutes
après neuf heures du soir, et où une foule enthousiaste, prévenue de notre arrivée, nous salue aux
accents de le *Marseillaise*. Là-haut, dans la nuit
claire, la vieille cité se profile sur un beau ciel du
Midi.

(1) V. *L'Europe sous les armes*, p. 279 et 280.

Mardi 15 juin.

Nous partons pour Narbonne, Béziers, Montpellier, Nîmes, Avignon, Valence, et vers neuf heures du matin, nous arrivons à Saint-Rambert-d'Albon. De là, en automobile, à travers les Cévennes jusqu'à la vallée du Gier. Nous nous arrêtons à Saint-Chamond et visitons les usines qui appartiennent à la Compagnie des Forges et Aciéries de la Marine et d'Homécourt. Je remarque des fours Martin modernes de trente tonnes, des presses à forger de six mille tonnes, de grands laminoirs pour blindage, un atelier de montage des tourelles, un atelier d'emboutissage d'obus, une pyrotechnie créée, en très peu de temps, depuis la mobilisation et fabriquant plus de trente mille fusées par jour, une douillerie également organisée depuis la guerre, un laboratoire d'essai remarquablement outillé, deux canons de 305 en cours de construction.

De Saint-Chamond, nous venons à Saint-Galmier prendre un déjeuner hâtif et nous rafraîchir d'eau minérale. Après quoi, par Moulins, nous nous rendons à Imphy, dont les usines me paraissent travailler au ralenti, et à Fourchambault, où se fabriquent des obus de 75, des bombes Dumézil, diverses pièces d'affûts et où, nous semble-t-il, il pourrait également y avoir un peu plus d'activité.

Coucher à la Préfecture.

Mercredi 16 juin.

De bon matin, départ pour le Creusot, par Château-Chinon et Autun. Traversée du Morvan, routes charmantes bordées de platanes et de frênes, vergers rouges de cerises, fraîche verdure des forêts, gras pâturages, rochers pittoresques, formés d'abondantes coulées de porphyre. Je n'ai pas le droit de m'attarder à ce magnifique spectacle. Je

vais voir fabriquer du matériel destiné à tuer les
hommes et à ravager la nature. Les usines du
Creusot ont maintenant en commande pour le dé-
partement de la Guerre quatre mortiers de 370,
dix-huit de 280, deux cents voitures canon modèle 1912, vingt batteries modèle 1912, douze
affûts de 240 sur truc, vingt-quatre affûts de 194
sur truc, deux affûts de 155 longs sur truc, cent
vingt matériels de 155 longs sur affût, deux cent
vingt de 105, deux cents de 75, etc. La production
journalière en obus explosifs est de sept mille et
en obus à balles de quatre mille. C'est dire que
nous trouvons dans tous les ateliers une éton-
nante animation. Fours Martin de cinquante
tonnes qui fournissent deux coulées par jour ;
presses de huit ou dix mille tonnes qui compriment
les lingots ; marteau-pilon de cent tonnes qui tra-
vaille au forgeage des pièces ; petits mills, mills
moyens et gros mills, qui assurent respectivement
le laminage des ronds pour ogives, pour shrappnels
et pour projectiles de 75 ; bâches de trempe, ma-
chines-outils, machines à vapeur de tous types,
machines marines, machines fixes et locomotives,
tout cela fonctionne et vit sous mes yeux, tout cela
obéit passivement à des milliers d'ouvriers qui
mettent aujourd'hui leur point d'honneur à redoubler leurs efforts et à intensifier la production.
Nous interrompons quelques instants notre visite,
sur l'invitation de M. et Mme Schneider, pour déjeuner au château de la Verrerie, près de la cris-
tallerie qu'a jadis fondée la reine Marie-Antoinette,
et, les yeux troublés par tout ce mouvement mé-
canique, nous repartons pour Paris.

Jeudi 17 juin.
Pendant mon absence, nos troupes ont essayé

d'enlever la crête de Vimy, derrière quoi le voisinage de la plaine de Douai donnait à notre commandement l'espérance de la percée. Sur notre gauche et au nord de Notre-Dame-de-Lorette, nous avons occupé le fond de Buval. Nous nous sommes également emparés de la hauteur au nord de la sucrerie de Souchez et nous avons pris trois lignes de tranchées au sud-est d'Hébuterne. Mais ce n'est toujours, sur ce point du front, qu'alternative de flux et de reflux.

Les élections grecques paraissent être tout à fait favorables à Venizelos ; mais le gouvernement n'a pas encore fait connaître les chiffres.

Le roi Nicolas de Monténégro semble décidément vouloir occuper Scutari ; il fait savoir qu'il n'y restera que d'accord avec les grandes puissances, mais il projette évidemment de les placer d'abord en présence du fait accompli. (Cettigné, n°s 156, 157, 158, 161.)

La Bulgarie a remis aux quatre ministres alliés une note en réponse à leurs déclarations du 16/29 mai dernier. Elle se déclare très touchée de notre démarche et de notre confiance, mais elle demande des explications sur plusieurs points. La rétrocession d'une partie de la Macédoine comprendra-t-elle toute la zone non contestée visée au traité serbo-bulgare de 1912? Quel sera le rayon attribué à Cavalla? Quelles seront les compensations réservées à la Grèce en Asie Mineure? Comment sera déterminée l'entente entre la Roumanie et la Bulgarie au sujet de la Dobroudja? (Sofia, n°s 254, 255, 256.) Nos quatre ministres sont d'avis que la Bulgarie cherche à gagner du temps et ils nous conseillent de lui faire savoir que le maintien de nos propositions dépendra de la rapidité des décisions qu'on va prendre à Sofia.

Ils nous indiquent, en outre, les précisions que nous pourrions donner au gouvernement bulgare sur les questions qui nous sont posées. (Sofia, n°s 257, 258, 259.) Mais déjà la presse serbe reproche aux grands Alliés de prendre, dans le problème macédonien, le parti de la Bulgarie contre la Serbie. (Nisch, n° 448.)

Gaston Thomson, qui vient me faire signer la promulgation du moratorium des loyers, me parle avec une patriotique indignation de la vague de pessimisme qui déferle sur le Parlement et sur une partie de la bourgeoisie parisienne. De son côté, Albert Sarraut me dit qu'hier matin, au Conseil de cabinet qui s'est tenu en mon absence, plusieurs ministres ont échangé des propos alarmistes. M. Margaine, député, qui revient de la région de Commercy, m'écrit que les impressions réconfortantes que j'en ai rapportées étaient trompeuses. Il prétend que si, de Reims à Saint-Mihiel, le moral du front « n'est qu'à la veille d'être inquiétant, là-bas il est alarmant », qu' « un général français a reçu dans sa voiture des balles françaises qui n'étaient pas envoyées au hasard », que « le général Dubail est communément, dans les rangs des soldats, appelé l'assassin ». Et il conclut : « Je ne discute pas le bien ou mal fondé des faits. Ils sont ce qu'ils sont. Je regrette, monsieur le Président, que les avertissements d'abord, les appels ensuite que, depuis le mois de décembre, j'ai cru devoir présenter au gouvernement, restent sans effet. Je vais donc me tourner du côté du Parlement et l'inciter à aller voir par lui-même ce qui se passe dans notre armée, que l'incapacité des généraux qu'on lui confère à l'aide d'une réclame à la Géraudel indigne profondément et pousse à la révolte. » Ce qui me paraît inquiétant, c'est beaucoup moins, je l'avoue, l'état d'esprit de l'armée que celui de Margaine. Si les députés qu'il va pousser à parcourir le front y recueillent, comme lui, toutes les plaintes justes ou injustes, et y trouvent presque des excuses à une lâche tentative d'assassinat, dans quelle anarchie ne tomberons-nous pas ! Je prie Margaine, que je tiens pour un brave homme, et intelligent, mais volontiers paradoxal, de venir causer avec moi. Mon devoir n'est-il pas, de plus en plus, d'enrayer autour de moi la contagion du pessimisme ?

Vendredi 18 *juin.*
Margaine répond à mon appel. Contrairement à ce que sa lettre me faisait craindre, il est assez calme. Il reconnaît qu'il serait dangereux de remplacer actuellement Joffre, qui jouit d'un grand prestige en France et à l'étranger ; il n'oserait même pas, ajoute-t-il, se porter garant de la valeur stratégique de Sarrail ; il considère, d'ailleurs, la victoire comme certaine, mais la campagne sera longue et il faut habituer le pays à cette idée. « Oui, certes, lui dis-je, et par conséquent, il faut commencer par ne pas le décourager. »

Un journaliste de talent, qui m'a, en général, traité sans indulgence, M. Gustave Téry, m'adresse ce matin une lettre ouverte presque bienveillante. Il voudrait que, pour mes tournées au front, je revêtisse mon ancien uniforme de capitaine de chasseurs alpins. Je n'ai certainement pas le droit de me réintégrer moi-même dans les cadres et je ne veux pas m'exposer à des poursuites pour port illégal. Mais, si ridicule que soit cette question de tenue, elle ne laisse pas d'être embarrassante, surtout les jours de mauvais temps. Je ne puis ni marcher dans la boue sans jambières, ni ouvrir un parapluie dans les tranchées. J'ai donc pris, depuis quelques semaines, l'habitude de me coiffer d'une casquette, d'endosser une vareuse et de porter des guêtres. Mais, comme les photographes ont droit de cité partout, même dans la zone des armées, ce commode et inoffensif habillement a vite été connu des curieux et m'a valu mille railleries. La solution de M. Gustave Téry me mettrait à l'abri des quolibets, mais il faut bien que, dans ces jours tragiques, les gens s'amusent un peu et finalement l'essentiel pour moi est que je puisse cheminer à mon aise, dans des vêtements quelconques, parmi les soldats qui défendent notre sol.

Le commandant Révol, envoyé en Italie par le quartier général, me rapporte que le général Cadorna a échoué dans les tentatives qu'il avait faites pour appuyer au nord de l'Isonzo l'offensive qu'il avait prise dans la vallée basse. D'autre part, il n'a laissé que deux corps d'armée en face du Trentin, deux corps d'armée au nord de la Vénétie, et ces corps sont mal retranchés. Un corps d'armée bavarois est, de source qui paraît sûre, signalé dans le Trentin.

M. Stanciof, ministre de Bulgarie, nommé à Rome, vient me remettre ses lettres de rappel. Il ne connaît pas la réponse faite par son gouvernement à la note des Alliés ; il me donne à entendre qu'il est tenu à l'écart de tous renseignements officiels, parce qu'il a depuis longtemps annoncé à son pays l'intervention de l'Italie et parce qu'il est partisan de l'intervention bulgare. Il est marié à une Française et ses beaux-frères combattent dans notre armée. Il a offert sa démission à son gouvernement, qui l'a refusée et lui a répondu : « Notre confiance vous accompagnera à Rome. »

Paul Cambon télégraphie sagement à Delcassé pour lui recommander la prudence dans les conversations avec la Bulgarie. « Je ne cesse, dit-il, de répéter que la Bulgarie ne marchera que lorsque nous aurons franchi les Dardanelles. C'est une illusion de croire qu'on l'entraînera avec des engagements dont elle devra attendre la réalisation ; et nos démarches réitérées, sans effet à Sofia, ont à Nisch et à Athènes une répercussion fâcheuse. » (De Londres, n° 1297, 17 juin.) Delcassé n'en envoie pas moins à Londres, à Petrograd et à Rome, un projet de réponse, où il indique que la frontière de Macédoine visée dans notre communication est bien la ligne du traité de 1912 ; que la possession de cette zone sera assurée à la Bulgarie, en même temps que la Serbie obtiendra, avec un débouché sur l'Adriatique, la Bosnie et l'Herzégovine ; que le territoire de Cavalla comprendra les anciens cazas de Cavalla, Drama et Serrès et enfin que dans la Dobroudja, la Roumanie sera priée de rétrocéder à la Bulgarie les régions de Dobritch et de Baltchich. (Paris à Londres, n° 1829, à Petrograd, n° 862, à Rome, n° 880.) Nous accumulons les présents aux pieds de Sa Majesté Ferdinand.

Pendant ce temps, dans *l'Homme enchaîné* de ce matin, Clemenceau s'en prend aux Roumains et malmène Bratiano et Take Jonesco.

Ribot a de graves difficultés avec M. Bark, ministre des Finances de Russie, qui demande le renouvellement de l'avance de 625 millions précédemment faite, et, d'autre part, avec la Banque d'Angleterre et les banques anglaises, qui n'ouvrent pas volontiers à nos propres banquiers des crédits commerciaux et qui, par suite, ne facilitent guère en Grande-Bretagne nos achats de matières premières et d'objets fabriqués. Ribot est obligé de réclamer l'intervention du chancelier de l'Échiquier. (Paris à Petrograd, nᵒˢ 864, 865. — Paris à Londres, nᵒˢ 1830, 1831.) Nous voilà bien loin de l'entente financière annoncée.

Les explications que me donne aujourd'hui, en grande confidence, le colonel Pénelon ne me laissent plus la moindre illusion sur l'opération d'Arras. Elle a complètement échoué. Elle nous a coûté très cher et c'est fini, nous ne percerons pas. Voilà la troisième fois qu'on essaie de passer par un front trop étroit, Champagne, Woëvre, Artois. On s'est exposé à des tirs de flanquement qui se croisent sur nos positions et qui les rendent intenables. Sur un front plus large, en appuyant l'offensive principale de quelques attaques concomitantes, peut-être n'aurait-on pas rencontré les mêmes difficultés. Pénelon et Herbillon sont tous deux de cet avis. Ils trouvent inexplicable ce qu'ils appellent l'obstination du général en chef. Ils disent que les généraux de groupes d'armées, les généraux d'armées, les généraux de corps se plaignent presque tous d'être conduits par des théoriciens et des professeurs. Les deux officiers de liaison croient qu'il serait utile que le gouvernement et moi, nous eussions, le plus tôt possible, une entrevue avec Joffre et les généraux de groupes.

Samedi 19 juin.

Le président du Conseil russe, M. Goremykine, dont la santé est chancelante, aurait fait agréer sa démission par l'empereur. Des influences réactionnaires s'exerceraient activement autour du souverain pour le dissuader de constituer un ca-

binet à tendances parlementaires et pour l'amener
à établir une sorte de dictature militaire. (Petrograd, n° 760.)

Je reçois le président du Conseil de Belgique,
baron de Broqueville. Il souhaite que, si nous reti-
rons nos troupes du Nord pour faire place aux
Anglais, nous en laissions cependant quelques-unes
en Belgique. Il verrait à notre départ des inconvénients politiques et militaires. Il est bon pour le
moral des populations et de l'armée qu'apparaisse
à tous, sous une forme concrète, la persistance de
la communauté d'action.

Après avoir pris le temps de la réflexion,
M. Charles Humbert a cru devoir répondre à ma
dernière lettre. Je lui réplique immédiatement sur
le même ton que l'autre jour ; mais je comprends
de plus en plus que le sénateur de la Meuse est
hanté de l'idée de se ménager, pour l'avenir,
en cas de désastre, des moyens d'apologie personnelle (1).

Dimanche 20 *juin.*

Ce matin, c'est au pape Benoît XV que s'en
prend Clemenceau. Ses leçons quotidiennes s'éten-
dent maintenant au monde entier.

Maurice Raynaud, ancien ministre du premier
cabinet Viviani, revient de sa mission en Russie.
Il me dit que l'opinion y est surexcitée contre la
France ; on nous reproche de laisser aux armées
russes toute la charge de la guerre. La crise de
xénophobie qui vient de sévir à Moscou s'explique
en partie par cet état d'esprit.

Ribot me confie, de nouveau, ses préoccupations

---

(1) Lettres publiées par M. Mermeix, *op. cit.*, p. 370 à 386, et
par M. Charles Humbert, *op. cit.*, p. 332 à 350.

LE PRÉSIDENT DE LA RÉPUBLIQUE, LE PRÉSIDENT DU CONSEIL, LE MINISTRE
DE LA GUERRE CHEZ LE GÉNÉRAL JOFFRE A CHANTILLY (23 JUIN 1915)

financières. Si la guerre se prolonge, le change
aura grand mal à se maintenir favorable. La commission du budget de la Chambre propose des so-
lutions qu'il trouve fâcheuses, telle que le prélèvement sur le capital ou l'emprunt forcé. Quant
à l'impôt sur le revenu, auquel il faudra bien arriver, il ne le croit pas facilement applicable au cours
des hostilités. Il estime que des taxes nouvelles,
votées en pleine guerre, soulèveraient une émotion
qui nuirait au crédit public, et qu'elles ne rappor-
teraient presque rien, par rapport à l'énormité des
dépenses inévitables.

Ribot me dit, d'autre part, que, d'après Paul
Cambon, il ne serait pas exact que l'Angleterre eût
spontanément donné, avant notre propre adhésion,
son acquiescement à l'annexion de Constantinople
par la Russie. Au moment où Sazonoff nous disait
avoir reçu le consentement anglais, il ne l'avait
pas encore obtenu. Delcassé aurait cependant tenu
l'affirmation de Sazonoff pour exacte ; il n'aurait
pas interrogé Londres ; il se serait imprudemment
engagé et l'Angleterre n'aurait elle-même donné
son assentiment que parce qu'elle se trouvait en
présence du nôtre. Saurons-nous jamais sur ce
point l'exacte vérité?

Ribot trouve que le ministère est très affaibli
au Sénat. Il aurait souhaité qu'on pût l'élargir avec
d'anciens présidents du Conseil tels que Méline
et Léon Bourgeois.

Delcassé me remet une lettre qu'il vient de recevoir de Tittoni. L'ambassadeur d'Italie expose
que l'Autriche a transporté sur le front italien
presque toutes les forces avec lesquelles elle faisait face à l'armée serbe ; elle aurait, en outre,
retiré des troupes engagées en Galicie. La lettre
ajoute que, malgré l'action offensive française,

quelques unités allemandes auraient été très probablement transportées dans le Tyrol et dans le Trentin, et elle continue : « Ainsi se vérifie le manque de coopération harmonique, qui constitue l'erreur habituelle des coalitions, erreur toute en faveur de la manœuvre centrale de l'ennemi. Le général Cadorna estime nécessaire et urgent que les Alliés s'accordent d'une façon explicite sur la date à laquelle leurs armées devront prendre *simultanément* l'offensive sur leurs différents fronts, s'engageant formellement à le faire. Cette date, d'après le général Cadorna, devrait être la plus rapprochée possible et devrait de toute façon tomber à l'époque de la moisson qui, en Hongrie, a justement lieu entre la fin du mois de juin et le commencement du mois de juillet. De la sorte, l'Autriche se trouverait dans la nécessité de congédier une partie de ses forces ou de sacrifier une partie de la récolte. » Et l'ambassadeur conclut en répétant qu'il y a lieu d'ordonner, le plus tôt possible, une offensive concertée sur tous les fronts. Il me semble bien qu'en cette affaire l'Italie, tout nouvellement engagée dans la guerre, consulte d'abord son propre intérêt. Elle a soin, d'ailleurs, de continuer, malgré les accords de Londres, à ne pas prendre parti contre l'Allemagne. Mais comme elle a raison de réclamer, en tout cas, une entente militaire, Millerand va faire immédiatement examiner cette demande par le général Joffre.

En Russie, la succession du président du Conseil Goremykine reste ouverte ; le ministre de l'Intérieur, M. Maklakof, réactionnaire agressif, est remplacé par le prince Stcherbatow, esprit judicieux et modéré. (Petrograd, 19 juin, n° 763.)

Lundi 21 *juin.*

Tittoni vient me parler de sa lettre à Delcassé. Je l'assure que nous sommes très favorables à une entente étroite des états-majors et que nous allons faire le nécessaire pour l'organiser. Quant à une offensive immédiate, je lui dis que les Anglais n'y paraissent pas très favorables. « Oui, me répond-il, parce que nous sommes seuls à nous user. » Nous user ! Il parle de l'Italie comme si elle se battait déjà depuis dix mois.

Lahovary m'apporte un télégramme qu'il a reçu de Bratiano et qui prouve, d'après lui, la parfaite sincérité du président du Conseil roumain. Bratiano est prêt à promettre que l'armée roumaine entrera en campagne dans le délai maximum de cinq semaines, si l'on tombe d'accord sur les conditions politiques. Mais, sur celles-ci, et notamment sur la question du Banat, il ne fait aucune concession. J'essaye de démontrer à Lahovary que l'intérêt de la Roumanie n'est pas de mécontenter la Serbie, dont l'offensive combinée lui serait utile.

Mardi 22 *juin.*

Encore un Conseil très sombre. Les ministres ont été stupéfaits qu'il fallût considérer comme terminées les opérations d'Arras. Ribot et Malvy annoncent que le Sénat prépare pour vendredi, dans des conditions encore inconnues, l'égorgement de Millerand. Bourgeois lui-même aurait dit qu'il ne pouvait accepter plus longtemps la responsabilité de laisser en place le ministre de la Guerre. Celui-ci, mis au courant, ne s'émeut point. Il hausse les épaules, il sourit ; tout glisse sur lui sans influencer ses nerfs et sans troubler son sang-froid.

Ribot et Albert Thomas affirment que la cam-

pagne entreprise par Charles Humbert dans le
Journal sur la nécessité de renvoyer les ouvriers
dans les usines démoralise dangereusement l'armée.
Beaucoup de soldats ouvriers considèrent maintenant leur renvoi à l'arrière comme un droit
absolu. Je demande que les hommes placés dans
les ateliers restent mobilisés, soumis à l'autorité
militaire, et qu'ils puissent être repris au front,
s'ils travaillent insuffisamment ou s'ils font preuve
d'indiscipline. Le Conseil partage, en principe,
mon avis, mais malheureusement il se réserve de
« reconsidérer » la question.

Le colonel de Gondrecourt, chef de notre mission militaire en Italie, télégraphie que les Italiens auraient déjà rencontré des Allemands devant
eux, du côté du Trentin, et que même ils en auraient fait quelques-uns prisonniers. Si la chose
est exacte, comment l'Italie ne déclare-t-elle
pas la guerre à l'Allemagne?

J'ai demandé un état exact des pertes que nous
avons éprouvées dans les batailles de l'Artois.
Du 6 mai au 15 juin, nous avons eu 451 officiers
tués, 1 081 blessés, 139 disparus, 12 095 soldats
tués, 49 097 blessés, 13 517 disparus. Du 16 au
18 juin, 53 officiers tués, 151 blessés, 19 disparus ;
1 377 soldats tués, 5 675 blessés, 2 527 disparus.
On me dit que les pertes allemandes sont très
supérieures, mais qu'en savons-nous? Et puis
l'armée allemande est plus nombreuse que la
nôtre...

Mercredi 23 *juin.*
Dans la matinée, Boudenoot vient, tout éploré,
me lire le projet de délibération préparé par
Doumer pour la commission sénatoriale de l'armée ; c'est un nouveau réquisitoire qui sera lu

demain et qui se termine par un blâme formel à l'adresse de l'administration de la Guerre. Hier, interrogé par la commission, Millerand, me dit Boudenoot, est resté « comme un bloc de glace ». Comme mon visiteur sort de l'Élysée, le président du Conseil et le ministre de la Guerre y arrivent, pour m'accompagner au quartier général de Chantilly, où nous avons pris rendez-vous avec Joffre et les nouveaux commandants de groupes d'armées ; le groupe du centre vient d'être constitué comme les deux autres.

Je fais quelques observations amicales, mais fermes, à Millerand sur son attitude, sur cette apparence d'inertie, sur ce refus obstiné de donner des renseignements précis aux commissions, au gouvernement, à moi-même. Je lui reproche de n'avoir pas assez fortement secoué la torpeur de ses bureaux et d'avoir inscrit le général Baquet au tableau de la Légion d'honneur sans même m'en informer. Il demeure impassible. Je ne sais s'il me trouve injuste ou s'il me donne raison.

Quant à Viviani, il approuve mes observations et il me déclare qu'il devient impossible au gouvernement de rester dans la situation où il est. L'hostilité grandissante des commissions parlementaires, surtout des commissions sénatoriales de l'armée et des finances, rendent effroyable la vie du cabinet. « Même physiquement, me dit Viviani, je n'y puis plus tenir. Je passe tous les jours trois ou quatre heures dans les commissions pour y entendre des discours interminables, pour y répondre à des questions qui portent sur des détails infinitésimaux ; je rentre exténué à mon cabinet, où je suis relancé par les sénateurs et les députés ; je n'ai plus une minute pour travailler à l'aise ; je suis excédé, découragé, dégoûté. » Mil-

lerand, toujours placide, indifférent, marmoréen,
répond qu'il suffit de s'expliquer à la tribune pour
dissiper tous les nuages et déjouer toutes les intrigues.

À Chantilly, Joffre nous attend dans la villa
où il habite et où sont déjà arrivés Foch, Dubail
et Castelnau. Nous nous asseyons tous les sept
autour d'une table et le général Pellé, chef d'état-
major de Joffre, se joint à nous.

Nous examinons, d'abord, le fonctionnement de
la nouvelle organisation des trois groupes. Les
commandants trouvent qu'il est très satisfaisant
et qu'il facilite grandement la tâche du général en
chef. Joffre parle dans le même sens.

Viviani fait part de l'émotion qui commence à
se manifester dans le Parlement et dans la population. On constate que, malgré la durée déjà
longue de la guerre, on n'a encore obtenu depuis
la Marne aucun succès sérieux, que notamment
les offensives de Champagne, de Woëvre et d'Artois n'ont pas réussi. De là, un mécontentement
qui se manifeste contre le commandement. On lui
reproche, d'ailleurs, d'être trop isolé de ses subordonnés, même immédiats.

J'interviens pour déclarer qu'il faut, à tout prix,
combattre cet état d'esprit et maintenir la confiance dans le pays. Pour répondre aux critiques
qui circulent, le général en chef verrait-il des
inconvénients à réunir de temps en temps auprès
de lui ses trois commandants de groupes, à leur
permettre d'échanger leurs vues en sa présence,
de se communiquer le résultat de leur expérience
respective, d'examiner ensemble les possibilités
d'action? Il est bien entendu que seul ensuite le
général en chef prendrait les décisions. Viviani et
Millerand, avec lesquels je m'étais mis pleinement

d'accord, exposent l'un et l'autre les avantages de
ces consultations.

Castelnau soutient avec énergie la même idée ;
Foch croit, au contraire, ces réunions inutiles et
Dubail, sans y être positivement hostile, n'y est
pas très favorable.

« Avec les généraux qui sont ici, affirme Joffre,
je m'entendrai toujours. Aussi bien ai-je soin de
les voir et de les consulter. — Oui, séparément,
sans qu'il soit possible d'envisager, tous ensemble,
les divers aspects des questions. — L'heure n'est
pas à la parole, mais à l'action. — Assurément,
mais l'action est malheureusement paralysée partout et la déception est peut-être d'autant plus
grande que parfois on a trop parlé. On a annoncé
qu'on percerait ; on n'en était pas sûr ; on a dit
que la guerre serait finie au mois de juin ; elle est
loin d'être finie ; on a rédigé ici des comptes rendus
dithyrambiques sur des combats de détail qu'on
a présentés comme des triomphes ; hier encore,
on faisait passer une communication officielle sur
l'occupation du Labyrinthe ; c'était un bulletin de
victoire. Avec tout ce bruit, on a donné à l'opinion des espérances qui ne se réaliseront pas et
le pays, qui va tomber du haut de ses illusions,
perdra peut-être une partie des forces de patience
et de persévérance qui lui sont nécessaires. Nous
avons le devoir d'entretenir son énergie morale.
Pour y réussir, nous avons besoin de pouvoir
dire que le commandant en chef est en contact avec ses subordonnés, qu'il n'est pas isolé,
qu'avant de décider, il prend l'avis des autres
chefs. »

Comme Joffre répond que ces réunions présen-
teraient des inconvénients, qu'elles ressemble-
raient singulièrement à des conseils de guerre et

qu'elles éloigneraient souvent les commandants de groupes de leurs postes, à des heures où leur présence pourrait être nécessaire sur le front, Millerand prend, à son tour, la parole pour préciser de nouveau que ces entretiens n'auraient rien d'un conseil de guerre, mais qu'ils permettraient aux chefs d'échanger des idées, de se mettre au courant de ce qui va se passer dans les groupes voisins et que le général demeurerait toujours maître de ses décisions.

Finalement, Joffre, un peu à contre-cœur, semble-t-il, consent à admettre le principe des réunions, pourvu qu'elles ne soient pas périodiques et qu'il en puisse choisir la date.

Nous déjeunons ensuite avec le général en chef, les commandants de groupes, quelques officiers de l'état-major et, aussitôt après, nous reprenons la conversation.

Joffre nous explique que l'opération d'Arras se continuera lentement, en s'atténuant, pour ne pas se clore brusquement, mais il croit maintenant qu'on ne percera point. Foch ne veut même pas affirmer qu'on atteindra la crête de Vimy. On relèvera le plus tôt possible les corps qui ont pris part à l'action et qui sont épuisés, notamment le IXe, le XXe, le XXXIIIe. Ils auront besoin de plusieurs semaines pour se refaire. Castelnau dit : « Près de deux mois. — Non, non, répond Foch avec feu, deux ou trois semaines suffiront. »

Les éclatements continuent dans des proportions inquiétantes. Toutes nos batteries sont réduites à trois pièces, souvent à deux. Nous n'avons plus sur le front que deux mille neuf cents canons. Joffre attribue les éclatements à la poudre, qui est trop vive. Mais il croit que la pastille imaginée par Baquet et appliquée au culot aura pour effet de diminuer beaucoup à l'avenir le nombre des accidents.

L'artillerie lourde manque toujours de munitions, malgré les efforts qui ont été faits, en ces derniers temps, pour activer la fabrication.

On parle ensuite longuement de la coopération de l'Angleterre. Joffre pense que le président du Conseil et le ministre de la Guerre devraient se rendre, de nouveau, à Londres pour exposer au gouvernement britannique la nécessité de nous apporter une aide plus importante. L'Angleterre éprouve de graves difficultés à se procurer des armes et des munitions, parce qu'elle n'a pas encore réalisé la mobilisation de son industrie nationale et qu'elle reçoit la plus grande partie de ses fournitures d'Amérique ou du Canada. Le récent voyage d'Albert Thomas à Londres a eu pour effet d'améliorer un peu la situation, et notamment de mettre fin à la concurrence que nous nous faisions, l'Angleterre et nous, sur les marchés américains, dans l'achat des matières premières utilisées pour la fabrication. Mais il reste encore bien des progrès à accomplir.

D'autre part, le goût de Kitchener pour la défensive rend notre position assez délicate en face de l'Italie, qui demande une offensive immédiate, et de la Russie, qui nous reproche notre immobilité. Joffre et les commandants de groupes considèrent tous la thèse de Kitchener comme une hérésie. Joffre ajoute même : « comme un non-sens. » Tous estiment que si nous gardions la défensive pure et simple, nous nous exposerions à des attaques massives et incessantes. Kitchener, du reste, disent-ils, en parle à son aise ; il n'a pas de provinces envahies à libérer.

Incidemment, il est dit un mot de l'expédition des Dardanelles. La manière dont elle a été engagée par M. Winston Churchill est assez sévèrement jugée par nos généraux.

Ils se plaignent, en outre, et non sans raison, que la coordination générale des opérations sur les divers fronts soit mal assurée entre les Alliés. Les Allemands le savent et considèrent l'incohérence de nos efforts comme leur meilleur gage de victoire. Il faut, disent Joffre, Foch, Dubail et Castelnau, il faut à tout notre système un cerveau moteur, et ce cerveau ne peut être qu'en France. malheureusement, jusqu'ici, les Alliés ne l'entendent pas ainsi.

En attendant mieux, je suggère l'idée de réunir, si possible, auprès du général en chef français, des généraux délégués des puissances alliées, Angleterre, Belgique, Italie, Serbie, et même, s'il est possible, Russie, qui recevraient des « directives » nécessaires. Mais comment seraient-elles transmises aux divers gouvernements? N'y aurait-il pas quelques inconvénients à une transmission directe faite par notre quartier général? Ne serait-il pas nécessaire de faire intervenir le gouvernement français lui-même? C'est une question à étudier. Il semble que dans aucun des pays belligérants et quelle que soit la forme constitutionnelle, les rapports n'aient été nettement définis entre le pouvoir civil et le commandement. En Grande-Bretagne, c'est un cabinet de vingt-deux membres qui a, presque totalement, en dehors du roi, la direction politique de la guerre. Lord Kitchener, qui est cependant un soldat, ne se regarde guère que comme le ministre du ravitaillement et de la préparation militaire. Il ne donne point d'ordres à French, qui, n'étant pas sur le sol britannique, en reçoit peu du gouvernement lui-même et se considère de plus en plus comme indépendant. En Belgique, le roi commande les armées, mais il lui faut tout son tact et toute son autorité personnelle pour concilier chaque jour l'action de son gouvernement avec celle de son état-major. En Russie, le tsar passe pour tout puissant, mais il est parfois le jouet de ses ministres, qui eux-mêmes se trouvent sans cesse en opposition sourde avec le grand-duc Nicolas. En Italie, c'est le général Cadorna qui commande en chef ; les ministres se chargent de lui envoyer des hommes, des armes et des munitions, mais ils semblent jusqu'ici lui laisser une grande liberté stratégique, sur laquelle n'empiète pas Victor-Emmanuel. Intelligent et actif, mais discret et modeste, le roi semble devoir vivre, même près du front, comme un témoin qui observe et qui encourage, beaucoup plutôt que comme un conseiller ou un contrôleur. En France, le commandement a eu, au début de la guerre, la conviction que c'était à lui seul de concentrer toutes les attributions et tous les pouvoirs. Si la fortune avait été, depuis dix mois, plus favorable à la France, il est probable qu'on se serait passagèrement accommodé de ce régime. Mais peu à peu, la représentation nationale a demandé au gouvernement de reprendre toutes les responsabilités et, d'ailleurs, dans une guerre de coalition surtout, la stratégie et la politique ne se meuvent pas dans deux mondes séparés. Souhaitons que notre réunion de Chantilly serve à faciliter l'action commune.

Jeudi 24 juin.
Je reçois de Boudenoot cette courte lettre :
« Monsieur le Président. J'ai l'honneur de vous

faire connaître que la commission de l'armée du Sénat a, dans sa séance d'hier, adopté la résolution suivante : « La commission sénatoriale de « l'armée, constatant que, depuis le vote de l'ordre « du jour du 17 mai dernier, la situation de notre « matériel de guerre s'est aggravée, déclare que « l'inactivité et les fautes lourdes de l'adminis- « tration de la guerre ont créé un danger pour la « patrie. » La commission de l'armée, en adoptant cette résolution, a décidé qu'elle serait portée à la connaissance de M. le président de la République, de M. le président du Conseil, et de M. le ministre de la Guerre. Veuillez agréer, monsieur le Président, l'expression de mes sentiments les plus respectueux et les plus dévoués. — *Signé :* Le vice-président de la commission : BOUDENOOT. »

En présence de ce blâme, les ministres, réunis en Conseil, expriment tous l'avis qu'il est indispensable d'avoir, sans retard, un débat devant les Chambres elles-mêmes, mais ils reconnaissent que le rôle du cabinet est rendu très difficile par les incontestables lenteurs de l'administration de la Guerre et par les compensations données aux généraux Baquet et Sainte-Claire Deville. Millerand proteste contre ces appréciations. Il prend, avec une fougue inaccoutumée, la défense de ces deux généraux, qui ont pu, dit-il, se tromper, mais qui sont d'excellents serviteurs, et qu'il n'a pas voulu commettre la lâcheté de sacrifier.

Dans l'après-midi, au Trocadéro, j'assiste à une grande manifestation franco-italienne, organisée à l'occasion de l'anniversaire de Solferino. Discours de Deschanel, de Tittoni, du sénateur Rossi, de Gustave Rivet et de Stephen Pichon. L'ambassadeur d'Italie démontre que la guerre a eu exclusivement pour origine les convoitises de l'Autriche

dans les Balkans. Il rappelle les négociations engagées en novembre 1912 et en avril 1913 entre
les cabinets de Vienne et de Rome au sujet de la
Serbie et du Monténégro et il donne sur la mauvaise foi du gouvernement austro-hongrois des détails caractéristiques (1). Un auditoire enthousiaste
acclame les orateurs ; cependant là-bas, à l'autre
extrémité de l'Europe, les Russes abandonnent
Lemberg.

Vendredi 25 juin.

Les sénateurs membres de la commission de
l'armée doivent lire aujourd'hui, devant les bureaux des groupes, des notes très pessimistes sur
l'état de nos effectifs et de nos armements. Il est
à craindre que de telles lectures, au lieu de favoriser l'action, ne provoquent le découragement. On
aurait tort certes de cacher la vérité au Parlement,
mais il ne faut pas non plus la trop noircir. C'est
ce que je dis à Paul Strauss, membre de la commission de l'armée, un de ceux qui ont refusé de
voter le blâme, et il m'approuve. C'est ce que je
répète à Boudenoot, le triste Boudenoot, comme
l'appelle Briand. Je m'efforce de lui démontrer que,
si indispensable que soit le matériel, certains de ses
collègues ne doivent pas, par des réclamations
bruyantes, risquer de démoraliser le pays. D'abord
larmoyant, il murmure : « Vous espérez donc
encore? » Et comme je lui donne les raisons de
persévérer, il se reprend peu à peu, se rassérène,
se redresse et s'écrie : « Ah ! vous me faites
du bien ! Mais si vous saviez tout ce qui se
dit à la commission ! Il est si rare qu'on y

____

(1) V. *Pages actuelles* (1914-1916), n°s 96-97, *le Jugement de l'histoire sur la responsabilité de la guerre*, par Tommaso TITTONI, ambassadeur d'Italie à Paris, Bloud et Gay, éditeurs.

entende maintenant une note de confiance ! »

Joffre a écrit à Millerand que French est venu hier, à Chantilly. Le maréchal craint de voir le gouvernement britannique adopter les idées de certains de ses membres et donner l'ordre aux armées anglaises de rester sur la défensive. Par suite, les divisions nouvellement formées seraient, ou maintenues en Angleterre, ou envoyées aux Dardanelles. French est personnellement opposé à une décision de ce genre. Il estime, dit Joffre, qu'une offensive de grande envergure, à prendre d'ici peu sur le front français, constitue pour les Alliés un devoir impérieux envers les Russes ; il ajoute que, d'ailleurs, jamais l'occasion n'a été plus favorable de rechercher un succès commun. Il a écrit à Londres en ce sens. Joffre nous demande d'intervenir nous-mêmes auprès du gouvernement britannique. J'estime qu'une entrevue prochaine entre Kitchener, les Italiens et nous, est indispensable. Nous l'avons demandée, mais Cambon vient de télégraphier que Kitchener et le représentant de l'amirauté britannique ne sont pas en mesure de venir avant le 5 juillet prochain. On ne saurait attendre aussi longtemps. J'envoie un mot pressant à Delcassé. « On ne peut pas, lui dis-je, continuer à s'ignorer. Il faut confronter les deux thèses, choisir entre elles et appliquer, d'un commun accord, celle qui aura été finalement adoptée. Donc, les deux gouvernements doivent causer et le plus tôt possible. »

Malgré les conseils de la Russie et les protestations de l'Italie, les Monténégrins ont marché sur Scutari, mais jusqu'ici, ils se sont arrêtés aux portes de la ville. (Cettigné, n° 176.) L'Italie n'est encore en guerre ni avec la Turquie, ni avec l'Allemagne.

Samedi 26 juin.

La réunion des bureaux des groupes sénatoriaux a été hier assez calme. Les rapporteurs de la commission de l'armée ont lu un résumé de leurs travaux. Il n'y a pas eu de débat. Le rapport de M. Jeanneney sur les éclatements a causé une certaine émotion. Toutefois les groupes se sont raisonnablement abstenus de prendre position contre le gouvernement. Antonin Dubost, qui condamne toutes les manœuvres hostiles, me dit que le cabinet est sûr d'avoir la majorité mardi, mais il faut crever l'abcès ; des explications publiques sont indispensables.

MM. de Kerguézec et Clémentel viennent tous deux, au nom de la commission des affaires extérieures de la Chambre, me prier d'insister auprès de Delcassé pour qu'il n'emboîte pas trop le pas à la Russie dans les démarches auprès de la Roumanie.

De nouveau, Pierre Loti me parle de ses Turcs. Djavid lui avait fait savoir qu'il avait besoin de l'autorisation de Talaat pour entamer des conversations, et Talaat n'a pas encore répondu. Il est probable que les échecs des Russes et notre impuissance aux Dardanelles ne favorisent guère les initiatives de Loti.

Dimanche 27 juin.

Départ à 8 heures et demie du matin, en automobile, avec Duparge, pour Château-Thierry, où Castelnau, commandant le groupe central des armées, vient d'installer son quartier général. Je cause avec lui pendant quelques minutes. « Il y a, me dit-il, à choisir entre deux méthodes : ou bien la défensive pure et simple, jusqu'à ce que les autres armées alliées puissent combiner leur action avec la nôtre, ou bien des offensives nouvelles, mais stratégiquement préparées sur deux parties du front, pour éviter que les Allemands, aussitôt attaqués, ne portent toutes leurs forces sur un seul point. C'est au gouvernement à prendre ses responsabilités. Actuellement, nous n'avons aucun plan. Nous nous conduisons comme un hanneton dans une cage de verre : nous donnons de la tête à droite et à gauche, au hasard. »

Par Romigny, ancien quartier général où je suis venu, il y a plusieurs mois, voir le général Franchet d'Esperey, commandant de la 5e armée, je me rends à Jonchery-sur-Vesle, où il est maintenant installé. Je déjeune avec lui et avec le général de Lardemelle, son ancien chef d'état-major, qui commande aujourd'hui la 122e division d'infanterie. Tous deux sont nettement partisans de la défensive. Ils trouvent que, la guerre devant être longue, il ne faut pas user notre armée, qu'il faut la ménager et que nous gaspillons nos forces dans des offensives partielles. Il serait préférable de constituer une importante armée de réserve et de chercher ailleurs un nouveau théâtre d'opérations.

L'après-midi, je passe, aux environs de Janvry, la revue de la 122e division, qui dépend du Ier corps, commandé par le général Guillaumat, et j'épingle la croix de guerre aux drapeaux de six régiments qui ont été cités à l'ordre de l'armée. Puis, après avoir visité une ambulance magnifiquement installée dans le château Verlé, je me rends, par le fort Saint-Thierry, situé au nord-ouest de Reims, jusqu'à un observatoire d'artillerie, qui domine Villers-Franqueux. De là, nous voyons à nos pieds les lignes allemandes, le canal de l'Aisne et le fort de Brimont, occupé par l'ennemi. A nos côtés, une pièce lourde tire sur l'emplacement repéré d'une batterie ennemie, derrière un petit bois. Notre tir est bien réglé. L'explosion des projectiles nous est exactement signalée par une lourde fumée grise et noire. Il ne semble pas cependant que la batterie soit touchée. Elle paraît se taire volontairement. Nous avons devant nous des villages morts, Loivre, Courcy, Bermericourt, et tout un réseau de tranchées françaises et allemandes, lignes de craie blanche sur fond vert. Un bicycliste allemand apparaît dans l'objectif de ma lorgnette et disparaît rapidement. Des batteries que nous n'apercevons pas ripostent à notre pièce lourde et nous entendons siffler au-dessus de nos têtes des obus qui vont éclater derrière nous. Par les faubourgs de Reims, encore assez peuplés, nous revenons à Épernay. J'y retiens à dîner avec moi les généraux de Castelnau, Franchet d'Esperey et de Lardemelle.

Lundi 28 *juin.*
Je quitte Épernay de bonne heure et je retrouve à Reims le général Franchet d'Esperey. Nous gagnons les faubourgs du nord-est qui, ceux-là, sont à demi détruits et complètement évacués ; et nous nous engageons dans un long boyau qui nous conduit à Bétheny, près des larges espaces où Nicolas II. et M. Loubet ont vu jadis nos armées défiler devant eux. Le monument qui évoque ce souvenir est écorné, mais l'inscription subsiste. Quant au panorama, il a bien changé. Au premier plan, là même où nous sommes, le village dévasté. Ce qui reste des maisons et des caves est solidement organisé en vue de la défense. A travers les rues, s'élèvent des murs à créneaux. Aux lisières de la

commune, serpentent des réseaux de fils barbelés.
Nous montons à une échelle : une mitrailleuse est
installée dans un grenier délabré. Nous descendons dans un nouveau boyau : il nous mène aux
tranchées de première ligne, où veillent plusieurs
sections de chasseurs à pied. C'est le 49e bataillon
qui est là depuis le mois de septembre. Il n'a pas
jusqu'ici voulu être relevé. Toutes les nuits, les
chasseurs couchent dans les tranchées, qui sont
bien organisées. Le jour, quand l'ennemi ne tire
pas, ils viennent alternativement se nettoyer et
se reposer dans les rares maisons encore habitables
du village. Je remets des montres à quatre d'entre
eux qui ont été l'objet de citations. Le chef de bataillon est le commandant Vary, qui se trouvait
au Maroc en 1912 et dont le gouvernement de
Guillaume II s'est injustement plaint à cette
époque, à propos d'une prétendue attaque de nos
troupes contre la propriété d'un Allemand. C'est
un officier jeune et plein « de cran ». Une dizaine
de femmes sont restées à Betheny. D'un geste
touchant, plusieurs d'entre elles sont allées cueillir
dans les jardins abandonnés quelques roses fleuries
au milieu des ruines et me les ont offertes comme
un souvenir de leurs foyers dévastés.

Au retour nous traversons Reims par la place
Royale et le centre de la ville. Depuis ma dernière
visite, la destruction s'est encore étendue. Mais une
partie de la population reste courageusement au
milieu des ruines. Nous allons déjeuner au nord
de la montagne et de la forêt de Reims, à Rilly,
où se trouve l'état-major du XXXVIIIe corps.
Le général Mazel, qui commande ce corps et qui
paraît un officier intelligent et résolu, me dit qu'à
son avis une action combinée de la 4e et de la
5e armée, appuyée par une artillerie assez puis-

sante, réussirait à dégager Reims par Nogent-
l'Abbesse.

L'après-midi, nous quittons le XXXVIIIe corps
pour retourner au Ier, que nous avons déjà visité
hier et nous nous rendons, sur les hauteurs qui
dominent Cormicy, à un observatoire d'artillerie,
d'où l'on découvre tout le front, depuis le Choléra
et le cours de l'Aisne jusqu'à ce Godat où a été tué,
l'an dernier, dans une bataille nocturne, mon jeune
neveu Max Lesdos. Nous apercevons devant nous
un entonnoir immense que notre artillerie a creusé
dans les tranchées allemandes, au sud de Berry-
au-Bac, et qu'elle élargit encore sous nos yeux.
Aux coups répétés que nous lui assénons, l'ennemi
riposte par un certain nombre d'obus qui sifflent
successivement à notre droite et à notre gauche.
Seul avec le général Franchet d'Esperey, je descends dans la vallée de l'Aisne, tandis que nos
compagnons de route se rendent directement à
Merval, où est établi le quartier général du général
Marjoulet, commandant du XVIIIe corps. Il y
aurait danger à passer en cortège le long de la
rivière, sous le feu des batteries allemandes qui
sont installées sur la rive droite, au delà du chemin
des Dames. Arrivés en face de Pargnan, où Gabriel
Hanotaux m'a si amicalement reçu autrefois dans
sa maison de campagne, nous revenons de Villers
à Merval, où nous retrouvons les autres automobiles et d'où nous gagnons Fismes par les bords
de la Vesle. A Fismes, longue visite d'ambulances.
Rentrée à Paris dans la soirée.

J'apprends, en arrivant, que dans la cour du
ministère de la Guerre, Millerand a cru devoir,
malgré mes observations réitérées, remettre lui-
même, en grande cérémonie, la cravate de commandeur au général Baquet. Par téléphone, je lui

demande si la chose est exacte. « Oui, me dit-il, le décret du 13 août 1914 dispose que l'inscription au tableau permet à l'officier de porter la croix immédiatement, jusqu'au jour où une loi viendra régulariser la situation. » J'essaye vainement de faire comprendre à Millerand que ce décret n'a jamais dépouillé de ses droits constitutionnels le président de la République, grand maître de l'ordre. Il n'a été pris en août dernier que pour deux motifs, parce qu'il n'y avait pas de contingent suffisant pour permettre de donner toutes les récompenses méritées sur le front, et parce que le général en chef ne pouvait être forcé de s'adresser au gouvernement chaque fois que se produirait une action d'éclat. Mais ce décret n'a pas été signé pour que le ministre, lui, se passât de la signature du président. Du moment où Millerand connaissait depuis mercredi mon opposition et celle du cabinet tout entier, comment a-t-il pu remettre, à mon insu, la cravate au général Baquet?

Mardi 29 *juin.*
Avant le Conseil, Viviani me dit que Millerand tue le cabinet « à force d'aveuglement et d'obstination ». Il ajoute que la décoration de Baquet soulève des protestations générales. La discussion des douzièmes au Sénat, cet après-midi, s'annonçait comme favorable. Le geste de Millerand a tout gâté. Viviani croit que, pour arriver à un ordre du jour de confiance, il doit parler seul, mais Millerand a déclaré hier qu'il n'aurait pas « la lâcheté de se taire ».
Le Conseil commence la discussion, en l'absence du ministre de la Guerre, retenu à la commission des finances. Tout le monde déplore la décoration

de Baquet : « une gageure, un défi, une provocation ». Marcel Sembat ne voit qu'une solution :
la retraite immédiate de Millerand. Mais Briand,
fort habilement, insiste sur les inconvénients que
présenterait cette démission. Millerand, dit-il, est
populaire dans l'armée et même dans le pays. Le
gouvernement paraîtra le sacrifier au Parlement.
L'armée sera mécontente. Mieux vaut patienter,
amener Millerand à garder le silence cet après-
midi, obtenir un vote de confiance, qui sera une
réponse au vote de la commission de l'armée et
déterminer ensuite Millerand à mieux diriger ses
services et à exécuter les décisions du gouvernement. L'avis de Briand est approuvé par le
Conseil.

Lorsque Millerand arrive, Viviani le met au
courant de ce qui vient d'être décidé. Le ministre
de la Guerre commence par répéter que sa dignité
lui commande de prendre la parole au Sénat.
Tous ses collègues lui font remarquer que le président du Conseil intervenant au nom du gouvernement tout entier, la solidarité sera, au contraire,
plus nettement affirmée. Millerand se résigne et
demande seulement à dire un mot dans le cas où
il serait personnellement attaqué. On lui donne
cette satisfaction.

J'ai trouvé, à mon retour, une nouvelle lettre
de Charles Humbert, faite, comme les précédentes,
pour des galeries futures, beaucoup plutôt que pour
moi. S'il ne représentait pas la Meuse, je ne lui
répondrais sans doute plus, car je ne trouve, je
l'avoue, aucun intérêt au dossier qu'il constitue.
Mais je ne veux pas me lasser de répondre à un
compatriote et je lui envoie encore quelques lignes,
en ajoutant même que je serai toujours prêt à le
recevoir, comme tous les membres du Parlement,

lorsqu'il aura des observations à me présenter (1).

La lutte continue à être très dure dans la presqu'île de Gallipoli. Nous enlevons des tranchées. On nous en expulse. Tout se passe comme en Artois.

Comme suite à notre visite à Chantilly, Joffre a écrit au ministre de la Guerre une lettre où il prend à son compte notre délibération : « Au G. Q. G., le 24 juin 1915. A l'issue de la visite de M. le Président de la République au grand quartier général, je crois devoir vous préciser le point de vue qui me paraît actuellement dominer la conduite supérieure de la guerre. Si la campagne de 1914 s'est ouverte avec un plan de guerre et un plan d'opérations arrêtés l'un et l'autre par entente entre la France, la Russie et l'Angleterre, la phase actuelle de la guerre, qui se déroule dans des conditions différentes à tous points de vue, ne se présente pas de la même manière. Les rapports des Alliés entre eux et avec l'Italie, qui vient de se joindre à eux, sont cordiaux, mais les différentes armées opèrent chacune pour leur propre compte, sans coordination d'ensemble. L'impression se généralise que la guerre du côté des Alliés n'est pas conduite. C'est l'impression du grand-duc Nicolas causant avec le commandant Langlois, agent de liaison en Russie ; c'est celle que M. de Broqueville a exprimée récemment ; c'est celle enfin qui résulte de la lettre adressée par le gouvernement italien à notre ministre des Affaires étrangères. Il semble que le remède à cet état de choses puisse se présenter sous la forme suivante. Le gouvernement français proposerait aux puis-

---

(1) *Chacun son tour*, par Ch. HUMBERT, p. 344 à 350. — MERMEIX, *op. cit.*, p. 381 à 386.

sances alliées de centraliser la conduite supérieure de la guerre au grand quartier général français, où les plans d'ensemble et les directives d'opérations seraient élaborés. Chaque puissance aurait près du commandant en chef des forces françaises un officier général, dûment accrédité avec mission de renseigner exactement le commandement français sur la situation de l'armée qu'il représente (effectifs, munitions, nature du théâtre d'opérations, etc.), de parler au nom du commandant en chef qu'il représente, puis de transmettre les plans et directives arrêtés par le commandement français. En ce qui concerne particulièrement le théâtre d'opérations français, où agissent les armées française, anglaise et belge, la nécessité d'une coopération étroite et constante s'impose. Si on ne veut pas dire que le commandant en chef français donne des ordres, du moins est-il indispensable, pour vaincre, que les commandants en chef des armées anglaise et belge suivent ses instructions. C'est ainsi seulement qu'il serait possible de coordonner tous nos efforts et de les faire converger sur des adversaires chez qui la conduite de la guerre est certainement aux mains d'une seule des puissances belligérantes. — *Signé :* J. JOFFRE. »

Joffre a évidemment raison. Il s'agit maintenant de convaincre, tout à la fois, les gouvernements alliés et leurs commandants en chef. Ordres ou instructions, ils ne paraissent guère disposés jusqu'ici à en recevoir que d'eux-mêmes. Ne nous lassons pas de renouveler nos efforts.

De son côté, à la demande de plusieurs membres du cabinet et à la mienne, Millerand a écrit à Joffre le 26 : « Dans notre réunion du mercredi 23, je vous ai indiqué l'intérêt qui me paraissait s'attacher à ce que, sur tout le front des armées, fût réalisée, dans les conditions les plus complètes, une double préparation défensive et offensive nous donnant la certitude que nos troupes sont en mesure, à tout moment et sur tous les points, soit de résister à une attaque ennemie, soit de passer d'elles-mêmes à l'offensive. Le gouvernement attacherait du prix à recevoir l'assurance que notamment notre organisation défensive est arrivée partout à un degré de perfection permettant de tenir notre front pour inviolable. » Joffre a répondu le 28 : « J'ai l'honneur de vous faire connaître que l'organisation défensive de nos lignes a été l'objet de mes constantes préoccupations. Le maintien pendant sept mois déjà d'un front aussi étendu que le nôtre, malgré les attaques de l'ennemi, ne va pas sans une solidité des lignes portées progressivement au degré le plus élevé... J'ai, dès novembre, et fréquemment depuis, adressé aux commandants d'armées des ordres à ce sujet et j'en ai fait contrôler l'exécution. Récemment encore, je les ai renouvelés en les précisant et en prescrivant de généraliser le renforcement des ouvrages par l'emploi du béton en première et en deuxième ligne... Il est évident qu'aucun front n'est par lui-même inviolable. Mais j'estime que nos troupes sont en mesure, à tous moments, et sur tous les points, de résister aux attaques possibles de l'ennemi. Vous pouvez en donner l'assurance au gouvernement et lui fournir les apaisements qu'il désire à ce sujet. — *Signé :* JOFFRE. »

Notre attaché militaire en Russie, le général de Laguiche, télégraphie au ministre de la Guerre (25 juin, n° 116) : « Le grand-duc Nicolas m'a longuement expliqué les difficultés qu'il rencontre dans l'exercice du commandement, par suite de la grandeur des distances et de l'impunité dont les

agents se sentent assurés, à raison de l'éloignement
qui rend impossible de trouver les vraies responsabilités... Quoique Russe, il n'avait jamais pu
se douter de ce poids mort formidable de l'immensité. A cet état de choses, il importe de rat-
tacher la difficulté de grouper les bonnes volontés
pour assurer la fabrication des armes et des munitions. »

Terrible confession qui atterre Viviani et plusieurs de ses collègues. Heureusement le général
de Laguiche ajoute (26 juin, n° 118) : « Le grand-
duc reste moralement bien, très maître de lui,
très confiant dans l'avenir. » Heureusement aussi,
le général Soukhomlinow vient de quitter le ministère de la Guerre, où il a fait tant de mal. Paléologue télégraphie (26 juin, n° 787) : « Le général
Soukhomlinow, sur qui pèse la plus lourde responsabilité dans le désordre et la corruption de
l'administration militaire, est relevé de ses fonctions. Il est remplacé par le général Polivanow,
ancien adjoint du ministre de la Guerre, membre
du conseil du Saint-Empire. » Mais je ne puis me
défendre de me rappeler le mot que m'a dit Nicolas II en me présentant Soukhomlinow et qui
prouve à quel point l'empereur a été souvent
trompé : « Il ne paie pas de mine, mais c'est un
excellent ministre et il a toute ma confiance. » Le
tsar a fini par avoir les yeux dessillés. Il paraît
même décidé maintenant à congédier encore
d'autres de ses ministres, « afin d'orienter résolument la politique intérieure de l'empire vers le
libéralisme. » Sazonoff, qui a accompagné son souverain au quartier général, a lui-même confié à
Paléologue qu'il jugeait cette évolution nécessaire au salut de la Russie. (Petrograd, 28 juin,
n° 801.)

Au Sénat, dans la discussion des trois prochains douzièmes, Viviani a remporté, cet après-midi, un éclatant succès. Il a gagné dans l'Assemblée ceux qui semblaient les plus hostiles au cabinet ; mais, contrairement à ce qui lui avait été demandé en Conseil, Millerand a parlé sans être provoqué et son intervention, quoique prudente, semble avoir rallumé les colères éteintes. J'en suis informé par Briand, par Viviani et par Franklin-Bouillon, député de Seine-et-Oise, qui, tous trois, avec des différences sensibles de tempéraments, reprochent à Millerand de vouloir faire le cavalier seul.

Le Monténégro a fini, comme on devait s'y attendre, par occuper Scutari. L'Italie est très mécontente ; la Serbie ne l'est guère moins. (Nisch, n° 482.)

Les négociations avec la Roumanie, avec la Bulgarie, avec la Grèce, continuent par une suite d'étonnants coq-à-l'âne.

Mercredi 30 juin.

Charles Humbert, l'air bonhomme et jovial, vient m'affirmer qu'il ne m'a jamais écrit que dans l'intérêt de la patrie. Il est toujours très excité contre Millerand et contre son chef de cabinet, le colonel Buat, qui soutiennent, dit-il, la congrégation des inventeurs professionnels, hostiles à l'artillerie lourde. Il reproche au ministre d'avoir décoré Baquet par défi : « Il faut, déclare-t-il, que Viviani congédie Millerand et prenne lui-même le portefeuille de la Guerre. Je suis d'accord là-dessus avec la commission sénatoriale de l'armée, et, grâce à ma campagne d'articles sur le matériel, nous avons, en ce moment, tout le pays derrière nous. » Je lui réponds que Viviani n'a certainement pas l'intention d'écarter son collègue de la Guerre et

que ce n'est pas moi qui le pousserai à cette
élimination.

Je rapporte notre entretien à Delcassé, à Briand
et à Viviani. Delcassé estime que le départ de Millerand produirait un déplorable effet chez nos amis
étrangers. Briand, que la situation préoccupe et
qui ne ménage pas les reproches à Millerand, est
cependant d'avis, lui aussi, qu'il ne faut pas
changer de ministre de la Guerre. Ce serait, répète-t-il, provoquer un conflit entre l'armée et le
Parlement, car Millerand a pour lui la plupart des
chefs militaires. Il convient assurément de le
pousser et de l'aider à vaincre la résistance de
certains de ses services, mais ce serait une faute
de le remplacer. Pénelon, qui a entendu parler,
comme tout le monde, de la mauvaise humeur
des Chambres, me dit, avec une réelle émotion,
que le départ de Millerand serait très mal vu dans
l'armée et que le général en chef serait bientôt
entraîné à démissionner. Il va jusqu'à prévoir
des pronunciamentos et des émeutes.

Des manifestations ont encore eu lieu à Bucarest
en faveur de l'intervention roumaine. Une foule,
de vingt mille personnes s'est réunie en plein air
aux arènes. Take Jonesco a prononcé un vibrant
discours et invité le gouvernement à assurer par
l'entrée en guerre contre l'Autriche la constitution
d'une grande Roumanie. (Bucarest, n° 317.) Mais
Bratiano ne paraît toujours pas très pressé de
prendre parti.

CHAPITRE VII

Deux nouveaux sous-secrétaires d'État. — Visite à la 2e et
à la 10e armée. — Remise de la médaille militaire au général
Gouraud. — Le 14 Juillet. — Les cendres de Rouget de
l'Isle transférées aux Invalides. — Une lettre du comte
Joseph Primoli. — Le général Lyautey à Paris. — Expériences de tir à Bourges. — Le général Sarrail remplacé
dans le commandement de la 3e armée. — M. Quiñones
de Leon dans les tranchées. — Difficultés parlementaires.

Jeudi 1ᵉʳ juillet.

Lentement, lentement, l'année se traîne et la
victoire ne vient pas. Joffre, me dit Millerand, est
aujourd'hui décidé à tenir avec les commandants
de groupes des réunions périodiques. Il consent,
d'autre part, à donner, comme le gouvernement
le lui a demandé, des permissions successives aux
militaires de tous grades. Elles seront de huit
jours, non compris l'aller et le retour, et seront
accordées dans la proportion, encore un peu faible,
de trois ou quatre par cent hommes. La prolongation indéfinie de la guerre rend ces périodes de
repos indispensables, non seulement pour les combattants, mais pour leurs familles. Il eût été
vraiment inhumain de les leur refuser plus longtemps.

Plusieurs sénateurs modérés, Audiffred, Guillier,
Brindeau, et d'autres, préoccupés de la campagne
qui se poursuit contre Millerand, m'affirment que
l'élimination ou même la retraite volontaire du

ministre provoquerait une stupéfaction générale dans le pays et dans l'armée. Je les engage à tâcher de calmer ceux de leurs collègues du Sénat qui obéissent trop docilement aux suggestions de Clemenceau.

Le Conseil délibère sur une proposition qu'a présentée à la Chambre M. Jean Hennessy et qui a pour objet de créer, au ministère de la Guerre, plusieurs sous-secrétariats d'État. Elle est évidemment destinée à sectionner les pouvoirs de Millerand. Viviani déclare qu'elle sera votée d'enthousiasme, même si le gouvernement la combat. Il pense qu'il vaudrait mieux que le ministre de la Guerre prît lui-même l'initiative de se choisir des collaborateurs. Millerand, un peu bousculé par tous ses collègues, commence par se mettre en boule et par répondre que sa dignité ne lui permet pas d'accepter une telle dispersion de son autorité. Comme tous les ministres insistent, il finit cependant par dire qu'il va songer à faire ses choix.

Ribot, de plus en plus inquiet des menaces qui pèsent sur les changes, soumet à ma signature un décret interdisant toute sortie d'or. Il se plaint encore de la facilité, un peu aveugle, prétend-il, avec laquelle le ministère de la Guerre multiplie les achats à l'étranger, particulièrement aux États-Unis.

Briand m'avait engagé hier à conférer avec Combes du malaise parlementaire. L'ancien président du Conseil m'a écrit qu'il serait très heureux de se rendre à mon appel et il est venu aujourd'hui vers cinq heures. Au rebours de mes visiteurs précédents, il croit que Millerand ne peut rester au ministère de la Guerre. Il ajoute même que Viviani ne saurait garder la présidence du

Conseil. Il souhaite la constitution immédiate d'un ministère Briand. « Tous mes amis radicaux, dit-il, marchent maintenant derrière Briand, et moi-même, j'accepterai volontiers dans son cabinet le portefeuille de l'Instruction publique. Si Ribot ne reste pas, il sera facile de le remplacer par Peytral. » Je réponds que Briand m'a toujours déclaré n'être pas, en ce moment, favorable à une crise. Combes paraît un peu déçu.

Vers sept heures du soir, Millerand envoie à ma signature deux décrets nommant les sous-secrétaires d'État qu'il a choisis, M. Joseph Thierry, député modéré de Marseille, pour l'intendance, M. Justin Godart, député radical-socialiste de Lyon, pour le service de santé. Le ministre a conféré avec ses deux nouveaux collaborateurs, sans me demander mon avis, et n'a même pas jugé utile de m'apporter personnellement les projets de décrets.

Dans la soirée, Dubost vient à l'Élysée et m'annonce joyeusement que la commission de l'armée, à laquelle était soumise une motion tendant à une séance secrète du Sénat, l'a repoussée par treize ou quatorze voix contre sept ou huit. Le président, qui n'est pas favorable à l'éviction de Millerand, paraît radieux.

Nous recevons de Moudros un télégramme qui nous afflige profondément : « Ce soir, le général Gouraud, en visitant l'ambulance de Sed-Ul-Bar, a été grièvement blessé par l'explosion d'un obus tiré d'Asie. Il a des fractures du bras droit et de la jambe gauche, mais son état, quoique grave, n'est pas alarmant. Évacué sur bateau-hôpital, il partira demain 1er juillet pour la France, laissant le commandement au général Bailloud. »

Vendredi 2 juillet.

Boudenoot me rend compte de la séance qui s'est tenue hier à la commission de l'armée. « Les adversaires du cabinet ont été, me dit-il, complètement battus. Clemenceau et Charles Humbert ont violemment pris parti contre Millerand, contre Joffre, contre le grand quartier général, contre le gouvernement tout entier. Ils ont demandé qu'une communication nouvelle fût faite aux groupes et qu'une séance secrète du Sénat eût lieu sans retard. Leur proposition a été repoussée, et il a seulement été décidé qu'une note serait adressée au gouvernement en réponse au dernier discours de Millerand, discours que tous les membres de la commission s'accordent à trouver intempestif. » Boudenoot ajoute : « Charles Humbert a lu à ses collègues une lettre dont il n'a pas fait connaître l'auteur, mais qui émanait, a-t-il assuré, d'un commandant de corps, et qui était une véhémente critique des idées du quartier général. On ne ferait que des fautes depuis le mois d'octobre ; on tuerait des hommes inutilement ; les troupes auraient perdu tout leur allant et seraient tombées dans une morne résignation. — La commission, demandé-je, a-t-elle exigé que Charles Humbert lui donnât le nom du signataire? — Non, me répond Boudenoot. —Ainsi, elle a cru devoir retenir, sans les pouvoir contrôler, des renseignements envoyés en violation de la discipline par un inconnu ! Si Clemenceau était ministre, que ne dirait-il pas contre de tels procédés? »

Mon ancien condisciple de Louis-le-Grand, le charmant écrivain André Hallays, qui a volontairement repris du service comme lieutenant de réserve et qui est attaché, dans l'Est, au service des renseignements, m'apporte ses impressions, au-

trement réconfortantes que celles de M. Charles
Humbert. Il est heureux de se trouver, comme à
un poste d'honneur, auprès de la province qu'il a
si agréablement décrite et dont il souhaite la libération (1).

Je reçois les deux nouveaux sous-secrétaires
d'État à la Guerre, Thierry et Godart. Le premier me dit que son administration le considère
visiblement comme un intrus et cherche déjà à
lui susciter des difficultés. Le second paraît très
fier du choix dont il a été l'objet. Il n'écrirait
certainement plus l'article qu'il a donné au *Courrier européen* le 23 juillet 1914 (2).

Millerand vient m'entretenir de la succession
du général Gouraud à Gallipoli. Dubost m'a dit
que vraisemblablement Gallieni l'accepterait. Je
fais part au ministre de cette indication. Il hésite
entre Gallieni et Villaret.

Plusieurs députés, Honnorat, Landry, Breton,
Bonnevay, Charles Benoist, qui se préoccupent,
non sans raison, de l'avenir de la natalité française,
me demandent d'insister auprès du commandement
pour que les permissions soient surtout accordées
aux hommes mariés. Il en sera naturellement ainsi.

Samedi 3 juillet.
Charles Humbert consacre ce matin, dans le
Journal, un article apologétique à l'œuvre de la
commission sénatoriale de l'armée. Il y insère cette
lettre qu'il dit avoir reçue « d'un de nos grands
chefs » et qui résume, ajoute-t-il, sa propagande
personnelle : « Disons la vérité. Le temps est pour
nous. Durons ! Fabriquons ! Économisons les

____

(1) V. *En flânant, A travers l'Alsace,* par André HALLAYS, 1911,
Paris, Perrin et Cie.

(2) V. *L'Union sacrée,* p. 151 et 152.

hommes ! Ayons une force quand les autres seront usés, au lieu de nous user pour rien ! Ne nous payons pas de mots ! Annonçons et préparons la campagne d'hiver. » Annoncer et préparer la campagne d'hiver, rien, sans doute, de plus utile. Fabriquer à outrance et ménager le sang des combattants, c'est assurément notre devoir. Mais est-il sage de crier tous les matins à nos malheureux soldats : « Le commandement vous use pour rien? »

Clemenceau, de son côté, s'attaque de nouveau à Bratiano et à la Roumanie, « toute maïs et pétrole ». Singulière façon de nous recruter des amis.

Millerand me dit que, tout bien pesé, il croit plus raisonnable de laisser Gallieni au gouvernement militaire de Paris, où il a remarquablement organisé la défense, et d'envoyer aux Dardanelles un autre général, soit Villaret, s'il ne se ressent plus de sa blessure, soit Grossetti, qui s'est parfaitement conduit à la Marne et en Belgique.

Malvy nous rapporte, en Conseil, que Charles Humbert lui a confié le nom du général dont il a lu la lettre à la commission de l'armée, celle même que le *Journal* vient de publier. Le signataire est le général Anthoine, du groupe Castelnau. Mais Charles Humbert a demandé que le ministre ne fît pas usage de ce renseignement pour prendre une sanction.

Viviani apprend à ses collègues du cabinet que M. Caillaux, revenu d'Amérique, l'a prié de faire arrêter par la censure une campagne que *l'Action française* dirige contre lui et à laquelle M. Almeyreda riposte, dans son inquiétant et odieux *Bonnet rouge*, par de violentes attaques contre M. Léon Daudet. Les ministres sont d'avis que la censure doit interdire, de part et d'autre, une polémique qui, en se prolongeant, risquerait, pensent-ils, de troubler l'union sacrée.

Nouvelle note de Sazonoff. Il désespère de jamais obtenir la coopération de tous les États balkaniques. Il conseille aux puissances alliées de faire un choix entre eux. Suivant ses vieilles inclinations, il propose de choisir la Bulgarie et de lui adresser des offres nouvelles. (Petrograd, nº 828.) Mais toutes ces démarches étonnent et affligent les Serbes, qui eux, du moins, se battent contre nos ennemis. (Nisch, nº 496.) Ils continuent, d'ailleurs, à se demander avec anxiété ce qui a été promis à l'Italie et M. Sydney Sonnino s'oppose toujours à ce qu'on leur fasse, à cet endroit, une communication officielle. (Rome, nº 507.) Il craint que la Serbie ne se croie pas assez bien partagée et que, de son côté, le peuple italien ne se console point de n'avoir obtenu la promesse ni de Fiume, ni de Spalato. (Rome, nº 508.)

Conversation avec M. Charles Humbert, qui m'aborde une fois de plus avec une rondeur familière. Il prétend toutefois que le colonel Buat et les bureaux du ministère de la Guerre s'efforcent déjà de paralyser Albert Thomas. Il ajoute, d'un ton péremptoire, que les notes qui m'ont été remises récemment au sujet des pièces d'artillerie et des munitions contiennent des erreurs matérielles.

Les officiers de liaison m'informent qu'on se bat violemment dans les bois de l'Argonne et, en Alsace, dans la région de Metzeral.

Dimanche 4 juillet.

Delcassé m'annonce qu'il part demain avec Viviani, Millerand et Joffre pour recevoir à Calais Asquith, Kitchener et Balfour. Il tâchera de faire

comprendre au gouvernement britannique la nécessité d'adopter dans les Balkans une ligne de
conduite précise. A force de vouloir contenter tout
le monde, on finira par semer partout l'inquiétude
et les déceptions.

Viviani m'apprend que la commission sénatoriale des finances a l'intention de publier, dès
maintenant, deux rapports sur les marchés de
la guerre. L'auteur, M. Milliès-Lacroix, doit
se montrer, paraît-il, assez sévère pour certains
des contrats signés, notamment pour ceux que
Charles Humbert a passés, l'année dernière, en
Amérique.

D'après un récent rescrit de l'empereur Nicolas,
la Douma devra être convoquée dans les derniers
jours de juillet. Mais, en dépit du silence imposé
à la presse, l'opinion publique s'élève contre ce
délai de plusieurs semaines ; elle réclame la réunion
immédiate ; elle exige, en outre, la constitution
d'un ministère responsable. Il se manifeste quelque
agitation dans la classe ouvrière. (Petrograd,
n° 836.) La monarchie absolue s'accommode encore
moins facilement de l'état de guerre que notre
régime de liberté.

Lundi 5 juillet.
La lassitude qui gagne certains milieux me vaut
une recrudescence de lettres injurieuses et menaçantes. « Nous voulons la paix, m'écrit-on. Sinon,
gare au 14 Juillet ! On saura bien vous faire votre
affaire. » Je reçois, en revanche, beaucoup de
touchants témoignages de confiance et nombre
d'adresses de sympathie. Devant le mélange de
grandeurs et de petitesses que j'ai tous les jours
sous les yeux, je sens mieux que jamais combien
la guerre, si elle exalte les nobles passions, surexcite

les mauvaises, combien, si elle élève les grands caractères, elle abaisse les médiocres, combien, en un mot, elle pousse tout au paroxysme, bien et mal, vice et vertu. Il n'en faut pas moins empêcher, à tout prix, le découragement de se répandre. Un fléchissement de la volonté nationale serait mortel pour la France. Je ne manquerai pas à mon devoir de sentinelle.

Le commandant Girard, chargé de la liaison avec l'armée italienne, me dit que nos voisins sont dans d'excellentes dispositions morales. L'offensive n'est pas abandonnée. Elle va, au contraire, continuer sur le haut Isonzo.

Boudenoot m'apporte la réponse que la commission sénatoriale de l'armée a faite au discours de Millerand. Elle contient encore des exagérations manifestes. Il y est notamment prétendu que le Parlement a eu à vaincre des résistances pour rétablir son contrôle, alors que seuls la défaite de Charleroi, le malheureux départ pour Bordeaux et le séjour dans cette ville ont empêché de convoquer les Chambres. En ces heures affreuses, la moindre imprudence de langage eût été fatale. La réunion des Assemblées aurait pu être considérée en Allemagne comme un signe de désarroi et comme un présage de paix. Ajoutez qu'à ce moment un grand nombre de députés étaient mobilisés et désiraient encore rester aux armées. La note de la commission renferme également l'assertion que, si le Parlement n'avait pas fini par se réunir, on se trouverait aujourd'hui sans canons, sans fusils, sans munitions. Allégation vraiment excessive, car, s'il est vrai que la commission a travaillé avec zèle et stimulé les administrations, le gouvernement lui-même avait, dès avant la rentrée des Chambres, donné le branle à une fabrication qui ne pouvait évidemment battre son plein en quelques jours ni même en quelques semaines. Je fais amicalement ces observations au brave Boudenoot, qui me répond avec candeur : « Que voulez-vous? Je le sais. Mais ils ne veulent rien entendre. Ah! ils me rendent bien malheureux ! »

La note de la commission porte qu'il a été décidé qu'elle serait communiquée au président de la République, « chef des armées et gardien suprême des grands intérêts du pays ». Je signale à Boudenoot ce qu'a d'équivoque l'expression « chef des armées ». Elle laisse supposer que je puis donner des ordres, soit aux armées combattantes, soit à l'administration de la guerre, alors que, comme tout chef d'État constitutionnel, je n'ai le droit d'agir que par l'entremise des ministres responsables. Boudenoot me répond que Léon Bourgeois a lui-même présenté cette objection à la commission ; mais Henry Chéron s'est levé, qui a lu la constitution et a extrait cette phrase de l'article 3 : « Le président dispose de la force armée... » Cette citation a suffi : la commission, subitement édifiée, s'est inclinée. A ce compte, elle pourrait tout aussi bien soutenir que le Président est le chef de la diplomatie, et même le chef de tous les ministères, puisque le texte porte, d'une part, qu'il négocie les traités et, d'autre part, qu'il nomme aux emplois civils et militaires. La commission a simplement oublié le dernier paragraphe du même article 3 : « Chacun des actes du président de la République doit être contresigné par un ministre », et aussi l'article 6 : « Les ministres sont solidairement responsables devant les Chambres de la politique générale du gouvernement et individuellement de leurs actes personnels. Le prési-

dent de la République n'est responsable que dans
le cas de haute trahison. » Comment l'autorité ne
serait-elle pas là où est la responsabilité? Le roi
d'Angleterre règne et ne gouverne pas. Le président de la République française préside et ne
gouverne pas. C'est l'A B C du régime parlementaire. Je rends à Boudenoot la lettre qu'il m'apporte en le priant d'indiquer à la commission que
l'expression dont elle s'est servie me paraît anti-
constitutionnelle. Il écrit à Chéron pour l'inviter
à venir me voir.

M. Métin, rapporteur général du budget,
m'exprime la crainte que des appels publics aux
ouvriers métallurgistes ne démoralisent et ne dé-
sorganisent le front. Il estime, comme moi, qu'à
l'usine, les travailleurs mobilisés ne doivent pas
recevoir un plein salaire et qu'ils doivent rester
soumis à la discipline militaire, pour ne pas se
trouver, par rapport aux combattants, dans une
situation privilégiée. Mais beaucoup de membres
du gouvernement ne pensent pas comme nous.

Henry Chéron, envoyé par Boudenoot, essaye,
d'abord, de justifier les mots « chef de l'armée »
dont il s'est servi, mais finit par reconnaître que je
ne suis qu'un chef nominal, que je n'ai et ne puis
avoir aucune autorité directe et personnelle. Il me
promet de faire cette observation à la commission.
Il me déclare avec une vigoureuse netteté que ses
collègues et lui sont résolus à pousser la guerre
jusqu'au bout et à repousser toute paix boiteuse.
Comme je lui affirme que ma résolution est égale
à la sienne, il me remercie avec effusion. Je le mets
en garde contre le danger de manifestations parlementaires qui, par leur exagération et leur inop-
portunité, menaceraient de semer la panique et
qui n'ont déjà que trop commencé à jeter l'alarme.

Lui qui est un excellent patriote, un cœur généreux et un esprit fin, il travaillera, je l'espère, à remettre les choses en ordre.

Mardi 6 juillet 1915.

Je me rends en automobile à Cagny, où est établi, au sud-est d'Amiens, le quartier général de la 2ᵉ armée. Elle était sous les ordres de Castelnau, devenu aujourd'hui chef de groupe. C'est maintenant le général Pétain qui la commande. Je l'avais vu récemment à la tête du XXXIIIᵉ corps, qui a été cité à l'ordre de l'armée pour sa magnifique conduite au nord d'Arras. On se rappelle que, brillamment dirigé par Pétain, ce corps a rompu, en une heure et demie, les lignes allemandes et atteint victorieusement la crête de Vimy. Il a été dit que si les réserves avaient été mises en temps utile à la disposition du général, une « décision » aurait été obtenue. Mais il me déclare lui-même qu'il ne partage pas cet avis optimiste. Il se trouvait en flèche, les autres corps n'avaient pas avancé. S'il avait poussé plus loin, il aurait été exposé à des contre-attaques. D'après lui, la préparation d'artillerie n'était pas suffisante devant les corps voisins. Une fois de plus, on a commis la faute de commencer l'action sans avoir interrogé les exécutants. Pétain proteste avec énergie contre cette méthode déplorable. Il me remercie vivement d'avoir provoqué la réunion de Chantilly, d'avoir obtenu qu'elle fût suivie d'autres consultations analogues et d'avoir demandé que le même procédé fût adopté dans chaque groupe d'armées et dans chaque armée. Pour le moment, d'ailleurs, le général n'est pas favorable à de nouvelles offensives. Il estime que, la guerre se prolongeant, il est indispensable de ménager nos forces et de nous

procurer, d'abord, de l'artillerie lourde et des
munitions. Tout cela est dit avec beaucoup de
calme, de force et de clarté. A peine un léger
mouvement nerveux des paupières laisse-t-il voir,
de temps en temps, que sous des apparences très
froides, le général cache une nature ardente et
secrètement émotive.

Nous déjeunons au quartier général et, l'après-
midi, nous visitons le front du XI⁰ corps et de la
56⁰ division. Le général Baumgarten, commandant
du XI⁰ corps, nous conduit en automobile jusqu'à
Sailly-au-Bois et de là, nous allons à pied voir le
terrain gagné à l'est d'Hébuterne. Sur un sol dévasté, nous arrivons, par un long boyau, où la
chaleur est étouffante, à ce qui fut la ferme de
Touvent ; puis, nous revenons à Hébuterne même,
dont toutes les maisons sont détruites et qui est
encore régulièrement bombardée tous les jours. On
est en train de l'organiser avec des lignes de défense, des gabions, des fils de fer. Nos tranchées
de tir sont à la lisière nord du village, toutes
proches des Allemands. A notre retour, l'artillerie
commence à élever la voix. Les officiers et les
hommes que j'interroge paraissent très fiers de
l'opération qu'ils ont conduite à bien et dont je
les félicite ; mais elle leur a coûté, hélas ! fort cher ;
près de cinquante pour cent de l'effectif engagé a
été tué ou blessé.

Je prends congé de Pétain et vais, avec Duparge
et Pénelon, à Doullens, où je descends dans la
petite maison bourgeoise qu'a occupée Joffre pendant la bataille d'Arras. Foch, commandant du
groupe, y vient dîner avec nous. Il est toujours vif,
pétulant, libre de propos, mais il me paraît dans des
dispositions nouvelles ; il ne prononce plus le mot
d'offensive ; il me déclare que la guerre sera longue,

très longue, qu'il faut patienter et organiser solidement notre défensive.

Mercredi 7 juillet.

De Doullens, nous nous rendons à Saint-Pol, quartier général de la 10ᵉ armée. Le général d'Urbal, qui la commande, nous attend à l'entrée de la ville, et nous emmène immédiatement dans les cantonnements du IXᵉ corps, qui vient d'être relevé et mis au repos. Le général Curé, son chef, ne nous cache pas que ses troupes sont fatiguées et ont besoin de se refaire. Il profite d'un moment de tête à tête pour me dire : « Je vous en prie, monsieur le Président, ne laissez plus faire de ces offensives partielles. On est en train de briser notre instrument de victoire. » Nous visitons des troupes cantonnées dans une douzaine de villages, à l'ouest de Saint-Pol, entre Artois et Boulonnais. Ce sont des agglomérations de grandes fermes, entourées de vergers. Belles haies vives, arbres fruitiers, prairies d'un vert tendre. Le pays est charmant et les soldats sont heureux. d'échapper, pour un temps, aux périls de la tranchée.

Après cette tournée matinale, je vais, l'après-midi, aux quartiers généraux des XXIᵉ, XXXIIIᵉ, IIIᵉ, Xᵉ, XVIIᵉ corps. Avec des nuances, les généraux Maistre, Fayolle, Hache, Wirbel, J.-B. Dumas, me tiennent tous à peu près le même langage. Leurs corps sont très éprouvés. Les hommes sont violemment bombardés dans leurs nouvelles positions. Ils ne peuvent arriver à se creuser des abris. L'artillerie ennemie a une supériorité incontestable sur la nôtre ; elle nous fait beaucoup de mal. D'Urbal écoute ces observations, comme il écoutait dans la matinée celles du général Curé, avec un scepticisme un peu impatient ; et il conclut que, si les troupes sont mal où elles sont, on devra les faire avancer jusqu'à la crête. D'Urbal, qui est très courageux de sa personne, a-t-il aujourd'hui tort ou raison? Je ne sais. Mais j'ai, une fois de plus, l'impression d'un désaccord profond entre le chef et les exécutants.

On nous conduit ensuite, au delà de Haute-Avesne, à un observatoire d'où nous découvrons successivement, sous la pluie et sous le soleil, le champ de bataille du nord d'Arras, la Targette, Neuville-Saint-Vaast, monceaux de pierres et terres ravagées. A notre droite, la ville d'Arras, qui a encore été bombardée hier, étale ses ruines lamentables. Je rentre à Paris dans la soirée.

Pour la première fois, j'ai vu au front le casque de tranchée, qui vient d'y faire son apparition. C'est une calotte légèrement surhaussée, en tôle d'acier embouti. On y a adjoint une visière, un couvre-nuque et un cimier. La couleur gris bleu s'harmonise avec celle des nouveaux uniformes. On espère que ce casque empêchera les blessures à la tête, jusqu'ici si fréquentes et si graves.

Jeudi 8 juillet.

Millerand et Viviani me renseignent sur l'entrevue qu'ils ont. eue mardi à Calais, Delcassé, Augagneur, Joffre et eux, avec Asquith, Kitchener, lord Crewe, Balfour, et le maréchal French, ainsi que sur la réunion complémentaire qui a eu lieu hier à Chantilly entre Kitchener, French, Ignatieff, attaché militaire russe, et Joffre. On est tombé d'accord sur les points suivants : Kitchener enverra ce mois-ci en France six divisions nouvelles ; le mois prochain, six autres ; et enfin, à partir du mois d'octobre, six autres encore. Les Anglais relèveront une partie de notre front au nord d'Arras.

Sur les instances de Joffre, Kitchener renonce, en outre, à la thèse de la défensive absolue ; mais il ne sera pas question de grandes offensives avant cinq ou six semaines. Pour le moment, on se bornera à des offensives locales, destinées à retenir et à fatiguer l'ennemi. J'ai bien peur qu'elles ne fatiguent aussi nos troupes, et sans résultat. Tout ce qui m'a été dit hier résonne encore à mes oreilles.

Aux Dardanelles, les trois divisions anglaises débarqueront bientôt et Kitchener n'a pas, pour le moment, l'intention d'envoyer d'autres renforts.

M. Barrère a demandé à M. Sydney Sonnino pourquoi l'Italie n'entrait pas en guerre avec l'Allemagne. (Rome, nos 522, 523, 524.) « La situation, a répondu le ministre, s'est modifiée depuis la conclusion de l'accord de Londres. A cause de la retraite des Russes, l'Allemagne dispose de forces qu'elle peut diriger contre nous et contre vous. L'opinion publique italienne est impressionnée ; nous avons intérêt à ce qu'elle ne croie pas que nous choisissons ce moment pour précipiter les coups d'un adversaire formidable. »

En attendant que le gouvernement italien se décide à tenir ses promesses, les Allemands viennent encore de nous attaquer près de Souchez, sur les Hauts-de-Meuse, au bois d'Ailly et au bois le Prêtre. Ils ont été repoussés partout, mais non sans nous avoir infligé de lourdes pertes.

A dix heures du soir, Viviani vient me raconter la séance de la Chambre. Elle a été très dure. Albert Favre, député radical socialiste de la Charente-Inférieure, fort irrité contre Millerand, a interpellé. Chaque fois qu'il a pris à partie le ministre de la Guerre, il a été très applaudi. « J'ai répondu dans la glace, me dit Viviani ; je n'ai

ressaisi la Chambre qu'à la fin de mon discours.
J'ai vu le moment où l'on ne trouvait aucun signataire pour un ordre du jour de confiance ; tout
le monde se dérobait. La vie n'est plus tenable.
Presque tous les députés me conseillent de me
séparer de Millerand, mais les uns me proposent
de prendre Barthou, les autres et en particulier
les socialistes ne veulent pas de ce dernier. Certains m'engagent à me charger moi-même du portefeuille de la Guerre, mais je n'ai aucune compétence. Quelques-uns me recommandent Briand,
mais il n'est pas, lui non plus, préparé à ce ministère. Je ne vois pas d'homme politique qui soit
désigné. Alors un militaire ? Mais ne serait-ce pas
le conflit avec le général en chef ? » Viviani continue
à m'exposer ses embarras et ne conclut pas. « Je
persiste, lui dis-je, à penser qu'un changement
n'est pas désirable, mais si Millerand était mis en
échec, le meilleur remplaçant me semblerait être
Barthou. — Oui, me répond Viviani, mais Caillaux
serait déchaîné, et il y a un intérêt à ce qu'il reste
tranquille. » Pauvre, pauvre union sacrée !

Vendredi 9 juillet.
La question Millerand occupe tout le monde dans
la presse et au Parlement. Chacun vient m'apporter
un conseil qui diffère de celui du voisin.

J'inaugure à Neuilly une ambulance fondée sous
les auspices de l'Association des Amitiés musulmanes, et je profite de cette occasion pour rendre
hommage à nos troupes africaines, qui se conduisent si admirablement sur le front (1). Je vais
ensuite à la maison de santé de la rue Bizet, où
est soigné le général Gouraud. On a dû, pendant

----

(1) *Messages et discours*, Bloud et Gay, édit., t. I⁰ʳ, p. 48 et s.

la traversée, l'amputer du bras droit. Il a, en outre, le fémur et le tibia de la jambe gauche cassés. Sa vieille mère, très digne et très courageuse, sa sœur, ses neveux, sont auprès de lui. Il est magnifique de calme et de stoïcisme. Nous causons de l'affaire des Dardanelles. Il croit que le plan britannique n'est pas mauvais ; mais il regrette que le contact ne soit pas suffisant entre les deux amiraux. Il considère que le mieux est de laisser sa propre succession au général Bailloud.

Visite du général Porro, chef d'état-major italien, qui va demain au G. Q. G. Les Italiens, me dit-il, ont fait quatre Allemands prisonniers et en ont tué plusieurs. Il ne paraît pas s'expliquer que la guerre ne s'ensuive pas entre les deux pays. Il est d'avis que toutes les offensives soient suspendues jusqu'à ce que les Russes soient en état de reprendre la leur, c'est-à-dire, croit-il, jusqu'à l'automne.

Samedi 10 juillet.

Conseil des ministres. Sur ma demande, il est décidé que le général Gouraud recevra la médaille militaire. On projette, pour le 14 Juillet, une cérémonie au Panthéon, où seront transférées les cendres de Rouget de l'Isle.

Antonin Dubost, chez qui a disparu toute velléité d'opposition politique et qui n'est aujourd'hui que le patriote le plus résolu et le plus désintéressé, me dit qu'il a vivement félicité Viviani de son dernier discours et qu'il l'a encouragé à se montrer ferme à l'égard du Parlement. « Veillez-y vous-même, ajoute-t-il, car on vous guette et on vous rendrait fatalement responsable des moindres faiblesses gouvernementales. » Et je ne sais que trop qu'il a raison.

A la fin de l'après-midi, je me rends, de nouveau, à la maison de santé de la rue Bizet. Dans la
chambre où est alité le général Gouraud, je trouve
Millerand, le colonel Buat, son chef de cabinet,
et le capitaine Doumeyrou. Le docteur Quesnu
nous explique que, d'après la radiographie, ce n'est
pas le fémur qui est brisé, mais bien la cavité
osseuse où s'emboîte l'extrémité du fémur ; et
je crois comprendre que le docteur redoute les
conséquences de cette fracture. Le général, toujours impassible, se borne à dire : « Pourvu que
je puisse remonter à cheval ! » J'épingle à sa che-
mise la médaille militaire, en lui adressant les félicitations du gouvernement. Il ne s'attendait à
rien ; il est profondément surpris ; et son émotion
est telle qu'il s'allonge sur son lit, se raidit, ferme
les yeux ; sa poitrine se gonfle et, quand il relève
les paupières, j'aperçois une larme qui s'échappe.
Ce trouble subit d'un homme qui a toujours une
telle maîtrise de lui nous remue nous-mêmes
jusqu'aux moelles. Je ne peux pas dire un mot.
J'embrasse silencieusement le général qui me
remercie avec effusion. Millerand, qu'on fait volontiers passer pour insensible, verse un pleur à la
dérobée.

Delcassé, Grey, Sazonoff, Sonnino, continuent
leurs conversations entre-croisées au sujet de la
Roumanie et du Banat, de la Bulgarie et de la
Macédoine, de la Grèce et de l'Albanie. Il n'est
fait aucun progrès. Nous négocions dans l'intérêt
de la victoire et l'absence de victoire immobilise
nos négociations. (Petrograd, nᵒˢ 858 et 862. — De
M. Delcassé à Petrograd, nᵒ 981. — De Nisch,
nᵒ 509. — De Petrograd, nᵒ 859. — De M. Delcassé
à Sofia, nᵒ 317. — De M. Delcassé à Londres,
nᵒ 2074.)

Dimanche 11 juillet.

Les ministres allemand et autrichien à Bucarest ont fait, paraît-il, auprès de Bratiano une démarche comminatoire pour obtenir une déclaration for-melle de neutralité. Ils ont demandé comme gage l'autorisation de passage pour les munitions de guerre destinées à la Turquie. (N° 1484.)

Lundi 12 juillet.

A l'occasion de notre fête nationale, le roi Victor-Emmanuel III a bien voulu m'offrir le collier de l'Annonciade. M. Tittoni m'apporte les insignes de cet ordre et, en me les remettant, m'adresse une aimable allocution : « L'ordre de l'Annonciade, dit-il, est un des plus anciens d'Eu-rope. Il remonte presque aux origines de la maison de Savoie à laquelle la destinée réservait la gloire d'assurer la résurrection de l'Italie et de réunir sous son sceptre tous ceux qui parlent le noble et doux langage de Dante. Le témoignage d'amitié et d'estime que mon auguste souverain, à l'occasion de la fête nationale de la France, a voulu donner à l'homme illustre qui la représente avec tant d'éclat, acquiert une signification spéciale en ce moment où une guerre sanglante a réuni pour la défense commune les pays qui luttent pour le prin-cipe de nationalité et pour la liberté des peuples. » Je prie l'ambassadeur de remercier le roi de son amicale pensée et de lui transmettre mes vœux. « J'ai confiance, dis-je, que la victoire de notre cause commune permettra à l'Italie de réaliser entièrement ses aspirations nationales. »

Mardi 13 juillet.

Le transfert des cendres de Rouget de l'Isle au Panthéon a soulevé des difficultés inattendues.

M. Pierre, secrétaire général de la Chambre, homme charmant et terrible, gardien farouche et souriant des lois et des règlements, a découvert qu'il fallait un texte législatif pour conférer cet honneur posthume. Comme il est trop tard pour provoquer une séance des deux assemblées, le Conseil des ministres est obligé de renoncer à la cérémonie du Panthéon. Les restes de Rouget de l'Isle seront transportés de Choisy-le-Roi à l'Arc de triomphe et de là aux Invalides.

Je donne, suivant l'usage, communication au Conseil du discours que je me propose de lire à cette occasion. Des observations de détail me sont faites en des sens divers. Il me sera d'autant plus aisé de les retenir qu'aucune d'entre elles ne porte sur le fond de mes déclarations.

Viviani et Ribot se plaignent encore de l'impossibilité de vivre à laquelle les réduit l'accaparement de tous les pouvoirs par les commissions parlementaires. Le président du Conseil déclare qu'il sera bientôt à bout de forces et que c'est, d'ailleurs, le résultat que l'on cherche de parti pris.

Mercredi 14 juillet.

Donc, c'est aux Invalides, et non pas au Panthéon, qu'ont été transportées les cendres de Rouget de l'Isle. Le ciel était bas et couvert. Il ventait assez frais et les avions français sillonnaient l'air, au-dessous des nuages, pour éloigner les « tauben ».

Je me rends en automobile, avec Viviani, à l'Arc de triomphe. Foule nombreuse. Peu d'hommes, naturellement. Quelques blessés. Des infirmières, des vieillards, des enfants. Pendant le trajet, Viviani, assez nerveux, me rapporte qu'hier,

TRANSFERT DES CENDRES DE ROUGET DE L'ISLE AUX INVALIDES
Formation du cortège à l'Étoile (14 juillet 1915).

à la commission sénatoriale, Charles Humbert a
produit des lettres de Joffre et montré que le grand
quartier général avait en vain, depuis le mois d'octobre, réclamé de l'artillerie lourde de marine.
Millerand s'est péniblement justifié et, une fois de
plus, l'administration de la Guerre a été violemment accusée d'incurie. « Cela devient impossible, s'écrie Viviani. Je ne puis cependant excuser
toutes ces fautes. Que faire? Que devenir? » Mais
il ne conclut pas. Il est convenu que, demain, en
Conseil, Millerand apportera les demandes de
Joffre et les réponses qu'il a faites. Mais comment
n'ai-je pas même été tenu au courant de cette
correspondance capitale?

Sous l'Arc de triomphe de l'Étoile, voici les
cendres de Rouget de l'Isle. Le cercueil est placé
sur un fourgon de la première République, que dé-
corent des drapeaux et que garde un piquet du
génie. Quelques couplets de *la Marseillaise* sont
chantés par Mme Delna. Puis le cortège se met
en mouvement, descend les Champs-Élysées et
gagne l'Esplanade par l'avenue Alexandre III.
Encadré entre Dubost et Deschanel, je suis le char
funèbre. L'attitude de la foule est très digne. Nous
nous arrêtons dans la cour des Invalides et j'y lis
mon discours légèrement remanié (1). Après y avoir
brièvement rappelé la vie de Rouget de l'Isle et
les circonstances dans lesquelles *la Marseillaise* a
pris son vol à Strasbourg, je précise les responsabilités des empires du Centre dans la guerre qui
nous a été déclarée et je poursuis : « Puisqu'on
nous a contraints à tirer l'épée, nous n'avons pas
le droit de la remettre au fourreau avant le jour
où nous aurons vengé nos morts et où la victoire

(1) *Messages et discours,* Bloud et Gay, t. Ier, p. 51 et s.

commune des Alliés nous permettra de réparer nos ruines, de refaire la France intégrale et de nous prémunir efficacement contre le retour périodique des provocations. De quoi demain serait-il fait, s'il était possible qu'une paix boiteuse vînt jamais s'asseoir, essoufflée, sur les décombres de nos villes détruites? Un nouveau traité draconien serait aussitôt imposé à notre lassitude et nous tomberions pour toujours dans la vassalité politique, morale et économique de nos ennemis. Industriels, cultivateurs, ouvriers français, seraient à la merci de rivaux triomphants et la France humiliée s'affaisserait dans le découragement et le mépris d'elle-même... Non, non, que nos ennemis ne s'y trompent pas ! Ce n'est pas pour signer une paix précaire, trêve inquiète et fugitive entre une guerre écourtée et une guerre plus terrible, ce n'est pas pour rester exposée demain à de nouvelles attaques et à des périls mortels que la France s'est levée tout entière, frémissante, aux mâles accents de *la Marseillaise*... »

Millerand vient me voir dans l'après-midi. Non pas, comme je le supposais, pour m'entretenir de l'incident qui a ému Viviani et qu'il considère, quant à lui, comme négligeable. Il tient à m'apprendre que la commission sénatoriale de l'armée a décidé d'envoyer des délégués dans les places fortes du front, avec mission d'y vérifier l'état de l'artillerie et des munitions. Il considère ces enquêtes comme impossibles. Les pièces d'artillerie et les munitions des places sont utilisées directement aux armées, puisque les places ne peuvent plus se défendre derrière les murs. Il n'y a plus, en réalité, de villes fortes, mais des régions organisées pour la défense. C'est donc la répartition des pièces et des munitions aux armées que veut surveiller la commission. Le général en chef n'acceptera pas une pareille ingérence, capable de donner lieu à de dangereuses indiscrétions.

Pénelon m'entretient de la même question. Il est probable que ce sont les gouverneurs de places, et en particulier le général Coutanceau, de Verdun, en relations avec Charles Humbert, qui signalent à la commission les manquants créés dans les villes par les prélèvements faits au profit du front. Mieux vaudrait, dis-je à Pénelon, que les places fussent désormais mises directement sous l'autorité des commandants d'armée. Le général Sarrail commanderait ainsi, non seulement la 3ᵉ armée, mais le camp retranché de Verdun. Pénelon me répond qu'on a eu la même idée au G. Q. G., mais on s'est arrêté jusqu'ici à des objections réglementaires. Elles ne me paraissent pas insurmontables et je demande que la question ne soit pas perdue de vue.

Nous avons eu en Argonne, hier et aujourd'hui, des combats très meurtriers.

Jeudi 15 juillet.
Millerand apporte au Conseil des ministres la lettre de Joffre, en date du 3 octobre, et tout un dossier d'où il résulte que le ministère de la Guerre a fait immédiatement tout ce qui dépendait de lui pour donner satisfaction aux demandes du général en chef. Il y a eu, certes, des lenteurs dues soit à la nécessité d'obtenir l'accord de la Marine, soit aux difficultés de transport, soit à des circonstances fortuites ; mais on n'a pas, comme la commission l'a cru un peu trop complaisamment, laissé un seul jour les demandes sans réponse.

Le ministre de la Guerre est chargé, sur ma proposition, d'étudier la possibilité de donner aux

commandants d'armée l'autorité sur les places et
les fonctions de gouverneur. Il est décidé, d'autre
part, qu'on expliquera à la commission sénatoriale les inconvénients que présenterait une inspection parlementaire de l'artillerie dans les régions fortifiées.

Sazonoff, de plus en plus mobile, revient sur
l'acceptation qu'il avait donnée, en ce qui concerne la Roumanie, à la note commune des Alliés.
Il voudrait maintenant faire à Bucarest une démarche isolée. A la lecture des télégrammes de
Petrograd (nos 878 et 879), j'écris à Delcassé : « La
versatilité de Sazonoff finit vraiment par devenir
inquiétante. Quelles que puissent être les arrière-
pensées de Bratiano, il est déraisonnable de lui
fournir, par une question russe isolée, un prétexte
à de nouveaux ajournements. Tout ce qui vient
de la Russie est suspect à la Roumanie. » Delcassé
me répond qu'il est entièrement de mon avis et
qu'il a déjà télégraphié à Petrograd et à Londres
pour éviter toute rupture du front commun.

L'après-midi, en auto, à Aubervilliers, où je vais
visiter la cantine installée par le Syndicat de la
presse à l'intention des blessés qui passent à la
gare. J'apprends là, par le préfet de police, la mort
de Ferdinand Dreyfus, avocat à la Cour et sénateur de Seine-et-Oise, dont j'ai été secrétaire lors
de mes premiers débuts au barreau. C'était un
homme charmant, avec qui j'avais toujours conservé les meilleures relations. Ses fils viennent, en
fin de journée, me faire part du malheur qui les
frappe. J'en suis moi-même douloureusement ému.

Le conseil national du parti socialiste unifié
français a, dans sa quatrième séance, tenue ce
matin, voté une résolution importante, qui répudie
toute pensée de défaillance devant l'invasion, et

qui contient des passages très nets sur les responsabilités de la guerre, ceux-ci entre autres :
« Le parti... rappelle qu'à la même heure (fin
juillet 1914) la section socialiste autrichienne fixait
ainsi la responsabilité du gouvernement austro-
hongrois : « Nous ne pouvons accepter la responsabilité de cette guerre, responsabilité que nous
rejetons, ainsi que toutes les conséquences terribles
qu'elle peut produire, sur ceux qui ont imaginé,
appuyé, accompli, la démarche fatale qui nous met
en face de la guerre (ultimatum à la Serbie). »
Il (le parti) rappelle encore le jugement de la
section allemande au même moment : « Si nous
condamnons les menées du nationalisme serbe, la
légèreté de provocation à la guerre du gouvernement austro-hongrois suscite notre plus énergique protestation ; les exigences de ce gouvernement ont une brutalité qui ne s'est jamais vue
encore dans l'histoire du monde à l'égard d'une
nation indépendante et elles ne peuvent être cal-
culées que pour provoquer la guerre... »

M. Terquem, maire de Dunkerque, m'a informé
que les guirlandes préparées pour ma réception
le 29 juillet 1914, et non utilisées, ont été em-
ployées, cette année, à décorer la tombe des soldats. Je lui écris combien je suis touché de cette
pensée et je félicite la population du courage dont
elle fait preuve sous les obus (1).

Vendredi 16 juillet.
Parmi les nombreuses approbations que j'ai
reçues après le discours où j'ai conclu à la prolongation de la guerre, il m'en est venu de particulièrement vives de MM. Adolphe Carnot, Georges

____

(1) *Messages et discours*, Bloud et Gay, t. Ier, p. 59.

Duruy, L. Herbette, Henry Chéron, Ernest Lavisse. « Il faudrait, m'écrit celui-ci, que vos paroles fussent lues publiquement dans toutes les
communes de France. Le malaise actuel, l'inquiétude, la crédulité aux fausses nouvelles ne doivent
pas nous étonner ; tout cela se retrouve dans tous
les temps ; on n'en doit pas moins réagir contre
cette cause d'affaiblissement. Je m'inquiétais un
peu du silence du gouvernement et de la timidité
de la presse qui ne parlait qu'à mots couverts de
la prolongation de la guerre et de la nécessité,
non seulement de soutenir, mais de redoubler
d'effort. Votre discours donnera le ton. » Suivent,
comme dans les autres lettres, des appréciations
trop indulgentes, que je dois à la vieille amitié
de mon confrère.

Je reçois de Ferdinand de Bulgarie, du roi de
Monténégro, du président Woodrow Wilson, des
télégrammes fort aimables, mais, ni le premier,
ni le dernier, ne m'exprime le moindre vœu pour
notre victoire. Le roi Ferdinand, qui naguère a
laissé le duc de Guise attendre quatre jours à Sofia
l'audience demandée et qui ne lui a dit ensuite
que des banalités, n'est pas homme à modifier son
attitude à l'occasion du 14 Juillet.

Marcel Sembat me présente M. Branting, député socialiste suédois, dont la mâle physionomie
respire la franchise et la résolution. Il parle très
convenablement le français. Il m'assure que
jamais la Suède ne sortira de la neutralité. Il reproche vivement à la reine de trop se rappeler
ses origines allemandes et de commettre sans cesse
des imprudences de langage. Il ajoute que pour
éviter, à l'avenir, tout malentendu entre son pays
et la Russie, il sera nécessaire de donner à la
Finlande une plus grande liberté constitutionnelle.

René Besnard, député, mon ancien collaborateur de 1912, me rapporte qu'au groupe radical-socialiste de la Chambre, Malvy et Sarraut ont été interrogés sur l'intention, prêtée à Viviani, de faire entrer Barthou dans le cabinet et qu'une opposition unanime s'est produite, toujours à cause de la publication du procès-verbal Fabre (1). Que fait-on décidément de l'union sacrée?

Samedi 17 juillet.
Pas de Conseil des ministres. Viviani, Millerand, Ribot, sont allés s'entendre avec Joffre sur les mesures financières à prendre, dans les armées, pour la continuation de la guerre. Il semble qu'une meilleure gestion et un esprit d'économie plus attentif ne contrarieraient pas l'action militaire.

Maurice Donnay m'adresse, à propos de mon discours du 14, une lettre délicieusement amicale. Il croit que, pour l'arrière, cet appel au courage et à la patience était indispensable. Il me rappelle qu'il y a un an et quelques jours, nous étions, avec les Marcel Prévost, réunis au Prieuré : « Quelle douce journée, dit-il, il y a un an, autrefois, jadis (2) ! »

Il m'arrive, en même temps, de Rome, quelques nobles pages du comte Joseph Primoli sur l'entrée en guerre de l'Italie : « Je n'oublie pas, me dit-il, qu'à mon dernier passage à Paris, où vous m'aviez si cordialement accueilli, j'avais été troublé et retenu chez moi par des visiteurs pessimistes. Vous seul aviez conservé votre confiance absolue dans l'alliance menacée. Vous me dites que le seul danger était une crise ministérielle (italienne). Elle

_____

(1) V. *L'Union sacrée*, p. 82 et 90.
(2) *Ibid.*, p. 203.

eut lieu en effet, mais fut conjurée grâce à l'énergie
du roi, secondé par Salandra, Sonnino et Martini,
et surtout grâce au peuple révolté par la trahison
de Giolitti, qui traitait avec l'ennemi par-dessus
le gouvernement et même la couronne. Il ne faut
pas oublier l'enthousiasme contagieux de d'Annunzio qui entraîna la foule. Ce ne sera pas une
des énigmes les moins curieuses de notre histoire
que cette volte-face imprévue : la veille, 300 députés laissaient leurs cartes d'adhésion à Giolitti ;
au Sénat, sur 400 membres, une soixantaine au
plus étaient favorables à l'intervention et le lendemain Salandra devait protéger le départ de Giolitti pour qu'il ne fût pas écharpé par la foule.
C'est à ce moment que j'arrivai à Rome. J'avais
laissé Londres impassible. Je traversai Paris grave,
recueilli, émouvant, ayant conscience de l'heure
tragique... Je trouvai Rome en fête, pavoisée
depuis le matin, illuminée le soir. Je ne vous parle
pas des démonstrations au Capitole et au Quirinal ;
dans un pareil cadre tout prend un caractère so-
lennel... » L'objet occasionnel de cette lettre était,
d'ailleurs, mon collier de l'Annonciade, « la plus
grande distinction, disait Primoli, que puisse
donner l'Italie. A l'alliance s'ajoute la parenté,
puisque vous devenez le cousin de notre roi.
Veuillez offrir mes respectueuses félicitations à la
gracieuse *Collaressa*, — c'est le titre décerné aux
femmes des *collari*... Je trouve dans une biblio-
thèque un vieux bouquin sur les statuts de l'ordre
de l'Annonciade ; faites-moi le grand plaisir de
l'accepter en souvenir d'un ami de vingt ans et
d'un allié de deux mois. » Oui, vingt ans ; et cette
évocation du passé fait passer, un instant, devant
mes yeux, l'image souriante de la princesse Ma-
thilde, accueillant si volontiers à sa table, sous les

auspices du comte Primoli et de M. Maurice
d'Ocagne, des écrivains et des artistes, dans
l'ombre de qui se cachait un jeune ministre de
l'Instruction publique, un peu dépaysé.

Le chef de bataillon de Douglas, commandant
du 11e chasseurs, m'a écrit : « J'ai l'honneur de
vous rendre compte que le 11e bataillon de chasseurs, qui se fait un grand honneur de vous avoir
compté parmi ses officiers, vient d'être cité à
l'ordre général de l'armée pour la prise de Metzeral. » Il me communique le texte de cette citation, qui est très belle. J'envoie à mon cher bataillon mes plus chaleureuses félicitations.

Dimanche 18 juillet.

Longue conversation avec le général Lyautey,
venu passer huit jours en France. Les nouvelles
qu'il me donne du Maroc sont très satisfaisantes.
C'est merveille qu'un pays où nous avions, il y a
trois ans, la révolte et la guerre, soit aujourd'hui
pacifié au point qu'il ait été possible d'y réduire
au tiers l'effectif des troupes actives et de les remplacer par des territoriaux. Pendant ce temps, nos
unités métropolitaines étaient envoyées sur la
frontière de l'Est, et bientôt les indigènes nous
fournissaient eux-mêmes de loyaux et fidèles
soldats. Pour réaliser cette sorte de prodige, le
général Lyautey a dû, sur tous les confins, « tenir
ferme l'armature du Maroc » et, à cet effet, reprendre et accélérer à l'arrière tous les travaux
productifs, de manière à intensifier la vie économique. Cet effort a entraîné un déficit de
47 millions, mais, dit Lyautey, il appartient au
gouvernement de juger si le prix dépasse les résultats. D'autre part, le résident général tient à
nous mettre en garde contre ce qu'il appelle l'usure

matérielle et morale de son outil défensif. Tout officier ou sous-officier maintenu au Maroc pendant la guerre de France se regarde comme disqualifié et déshonoré. Cet état d'esprit devient irrémédiable à mesure que se prolongent les hostilités. Et cependant, malgré la paix qui règne à l'intérieur du Maroc, il y a sur les frontières des combats incessants et souvent très durs. Le général demande qu'il en soit tenu compte à ses troupes et qu'on lui laisse à lui-même plus d'indépendance et d'autorité dans les promotions. Suivant son habitude, il parle avec une conviction fougueuse et entraînante, qui laisse à peine le temps de la réflexion à ses auditeurs et qui brise comme paille toutes les objections.

Dans l'après-midi, je pars en automobile pour Bourges, avec Duparge. J'admire, dans le trajet, combien, malgré la guerre, la campagne est partout cultivée ; la moisson est commencée ; il ne semble pas qu'on manque de travailleurs agricoles ; les permissions ont pu être, par bonheur, assez largement accordées.

Je trouve à la préfecture de Bourges Millerand et Thomas qui m'ont devancé et qui doivent assister demain, avec moi, à des expériences d'artillerie.

Lundi 19 *juillet.*
Nous nous rendons au polygone. Nous y assistons à plusieurs exercices : tir d'un nouveau mortier de tranchée, un 240 ; tir d'un mortier de 370 ; éclatement d'un obus explosif de 370 ; tir de projectiles explosifs de moyen calibre, 105, 155, 220, d'obus incendiaires de 75 et de bombes de 58 ; bombardement d'un ouvrage avec des obus de 75 à fumée asphyxiante. Comme objectif, ont été

disposés trois ou quatre cents mètres de tranchées, un fortin, des casemates. Le tir terminé, nous nous rendons aux lignes bombardées. Quelques herbes brûlent, mais faiblement. Une forte odeur de phosphore imprègne l'atmosphère ; mais ni les gaz asphyxiants, ni les bombes incendiaires n'ont produit grand effet. Des mannequins et des boîtes en bois, placés dans les tranchées, sont intacts. De malheureux moutons, des lapins, attachés par les pattes derrière les retranchements, sont ahuris, quelques-uns tués ou blessés par les éclats, mais aucun asphyxié. Ils nous regardent avec des yeux terrifiés et plaintifs, et paraissent se demander quelle folie s'est emparée de l'humanité.

Il reste que les essais auxquels nous avons procédé, en ces dernières semaines, pour tâcher de riposter aux gaz asphyxiants de l'ennemi, ne donnent pas encore grand résultat et qu'il est temps de mettre en action nos meilleurs chimistes.

Après les tirs, un frère de Georges Clemenceau, Paul, qui est ingénieur et mobilisé comme lieutenant, me conduit aimablement dans la visite que je fais aux établissements d'artillerie. Avec le concours de Tarbes, Bourges fabrique maintenant douze tubes de canon par jour ; on arrivera à vingt en octobre, si l'on peut avoir assez tôt les tours nécessaires ; le directeur craint de ne pas dépasser ce chiffre, qui est certainement au-dessous des besoins. Il faut donc demander une collaboration plus active à l'industrie privée, mais pour qu'elle la donne utilement, il est nécessaire de lui procurer par avance les « vérificateurs » ou instruments qui permettent de vérifier si toutes les pièces composant le canon sont rigoureusement et mathématiquement de la dimension voulue. Paul Clemenceau ne croit pas que les éclatements soient déterminés par l'usure des canons. D'après les expériences auxquelles il s'est livré, les obus seuls sont cause du mal, tantôt par la défectuosité de l'acier, tantôt par le contact entre la poudre et l'explosif.

Partis par la forêt de Vierzon, nous y faisons halte pour déjeuner sous la feuillée. Nous nous arrêtons ensuite à Vierzon même, où nous voyons, dans les établissements de la Société de matériel agricole, fabriquer des bombes en acier et en fonte. Nous faisons enfin une courte station à Saint-Jean-de-Ruelles, où une annexe de la poudrerie d'Angoulême, l'usine de la Madeleine, produit de l'acide sulfurique. Nous rentrons à Paris à la fin de la journée, souhaitant que la présence du ministre de la Guerre, du sous-secrétaire d'État de l'artillerie et du président de la République dans ces divers ateliers ait été un encouragement pour le personnel et un stimulant pour la fabrication.

Mardi 20 juillet.

En Conseil, Viviani lit une longue lettre que lui a adressée Margaine. Le député de la Marne se plaint amèrement que Sarrail, « général républicain », soit molesté par le quartier général. On lui refuserait toutes les troupes qu'il demanderait ; on ne lui permettrait pas d'entrer en Allemagne par Spincourt ; et ce serait Joffre qui serait coupable de toutes ces brimades. Cependant, Joffre n'est pas, que je sache, un général royaliste ou bonapartiste ; la politique n'a pas, Dieu merci ! pénétré sur le front.

Ribot est de plus en plus préoccupé des difficultés financières qui vont se multipliant. Il y aura, pour le quatrième trimestre de 1915, quinze cents millions engagés dans les nouveaux marchés du ministère de la Guerre aux États-Unis. Avec les dépenses déjà faites et les trois cent cinquante millions de bons à rembourser en Amérique, ce sera un total de trois milliards à payer. En or? Ce serait impossible. Il faudra donc obtenir, soit des crédits en Amérique, soit l'aide de l'Angleterre. Pour rechercher des crédits, que Morgan déclare impossibles, Ribot propose d'envoyer une mission financière aux États-Unis.

Delcassé rappelle notre ministre à Athènes, Deville, qui, dans un discours rendu public, a commis l'imprudence d'intervenir pour Venizelos contre ses adversaires.

Mercredi 21 juillet.

Dans la matinée, j'assiste, en gare de La Chapelle, à l'arrivée d'un train de grands blessés, anciens prisonniers de guerre. Une cantine-distribution, tenue par les Dames de France, est aménagée pour ces pauvres gens, ainsi qu'une série de petits pavillons, avec des salles de pansement. Dans le hall du chemin de fer, ont été disposées de grandes tables décorées de plantes vertes et de fleurs, qu'ont fournies les serres de la ville de Paris. A leur descente du train, les blessés prennent place autour de ces tables et je leur offre le champagne. Lorsqu'ils répondent à mon toast en chantant *la Marseillaise*, une indicible émotion s'empare de l'assistance. Un zouave, amputé de la jambe droite, se lève, vient à cloche pied jusqu'à moi sans vouloir s'aider d'une canne, et me dit : « Ah ! ils vous détestent en Allemagne. Aussi, on vous aime bien en France. » J'interroge chacun des blessés sur son séjour en pays ennemi. Tous me répondent qu'ils étaient assez bien soignés, mais très mal nourris. En outre, les Allemands organisaient auprès d'eux une campagne de fausses nouvelles, en leur distribuant la *Gazette des Ardennes*, feuille créée pour les régions occupées et composée en français dans le vain espoir de tromper et de démoraliser les populations.

L'Information a annoncé hier qu'un des grands journaux du matin venait d'être acheté par un consortium. Le *New-York Herald* précise aujourd'hui qu'il s'agirait du *Journal*. M. Letellier proteste et publie une note pour dire qu'il reste propriétaire de cette feuille et ne songe pas à la vendre. M. Étienne Grosclaude me confirme cependant que des bruits divers courent à ce sujet. On parle d'une combinaison avec M. Lenoir, agent de publicité, ou avec son fils. Grosclaude est assez inquiet des articles de Charles Humbert. Plusieurs passages de celui que le sénateur de la Meuse a publié ce matin sous son titre favori : Des canons ! des munitions ! peuvent avoir pour résultat de renseigner l'ennemi sur nos fabrications et de troubler l'opinion française.

Les choses vont assez mal en Argonne. Nous y perdons chaque jour beaucoup de monde et un peu de terrain. Joffre a chargé le général Dubail de procéder à une enquête.

Paléologue télégraphie qu'à la suite des défaites russes, le rouble subit une énorme dépréciation. Le crédit extérieur de la Russie va se trouver ébranlé. Le commerce et l'industrie en souffriront pendant plusieurs années. Il se produira, en outre, un renchérissement rapide des articles de consommation ; les classes ouvrières seront les premières à en pâtir. On s'étonne de l'inertie de M. Bark, ministre des Finances. Paléologue se demande s'il ne cherche pas à invoquer cet agio extraordinaire pour obtenir de nouveaux crédits à

Paris ou à Londres sans toucher à la réserve d'or.
(N° 896.)

Une nouvelle conférence des ministres des Finances est, en effet, projetée pour le mois d'août, entre MM. Ribot, Bark et Mc Kenna. Elle aura, sans doute, lieu à Boulogne. (Londres, n° 1556.)

A l'occasion de la fête nationale belge, j'adresse au roi Albert des souhaits auxquels je m'efforce d'enlever toute banalité officielle.

Jeudi 22 juillet.
Le Conseil des ministres est, en grande partie, consacré à l'affaire des Dardanelles. Tous les membres du gouvernement reconnaissent aujourd'hui que le succès de cette opération serait capital, qu'il serait beaucoup plus important que celui des petites offensives engagées sur notre front, que toute notre action diplomatique en dépend et qu'il a même un intérêt militaire de premier ordre.

Millerand donne lecture des deux lettres écrites par Joffre à Dubail pour le charger de l'enquête sur les opérations d'Argonne. Il lit également les deux rapports rédigés par Dubail. Celui-ci estime que Sarrail a eu le tort de ne pas soutenir le XXXII° corps engagé sur le front et de ne pas vouloir se servir de ses troupes de relève comme de réserves. Il a exagérément redouté de mélanger les unités ; il a, par suite, négligé d'entreprendre une contre-attaque immédiate ; et il a ainsi transformé en échec une affaire qui aurait pu tourner entièrement à notre avantage. Dans sa seconde lettre, datée du même jour que la première, Joffre interrogeait Dubail sur certains faits d'un autre caractère qu'on reprochait également à Sarrail : nominations de faveur auxquelles il aurait procédé, nominations légitimes qu'il aurait écartées, mauvais rapports avec certains de ses subordonnés, malaise moral entretenu dans la 3e armée. Dans sa réponse, Dubail, qu'on ne peut cependant accuser de ne pas être un « général républicain », se montre assez sévère pour Sarrail, dont il dénonce « les partis pris ». Il conclut au remplacement du chef de la 3e armée par le général Humbert et propose la nomination de Sarrail au commandement du détachement de Lorraine, à la place de Humbert. Mais Joffre n'a pas accepté ce chassé-croisé et, en transmettant les deux rapports au ministre de la Guerre, il écrit : « J'ai décidé de remplacer le général Sarrail dans le commandement de la 3e armée et de le nommer au commandement d'un corps d'armée, à moins que le gouvernement ne juge à propos de lui donner une autre affectation. Je vous prie de vouloir bien en rendre compte au gouvernement. »

Gros émoi dans le Conseil. Plusieurs ministres, même ceux qui sont les amis personnels de Joffre, déclarent que la mesure prise est injustifiée ou, tout au moins, excessive. Ribot dit qu'il y a quelque inégalité à frapper Sarrail pour les opérations d'Argonne, alors qu'aucune sanction n'est intervenue après celles d'Arras. Il ajoute toutefois qu'il ne faut pas, par un conflit avec Joffre, le pousser à la démission. On finit par admettre, d'un consentement général, qu'il est impossible d'imposer au général en chef la présence de Sarrail à la tête de la 3e armée, alors qu'on lui a toujours laissé le libre choix de ses lieutenants. Mais on se demande si Joffre ne pourrait pas accepter la suggestion de Dubail et placer Sarrail à la tête du détachement de Lorraine. Briand combat cette idée, en faisant remarquer que Sarrail, mécontent, deviendrait un centre d'agitation,

LE TRANSPORT DES CENDRES DE ROUGET DE L'ISLE
AU PANTHÉON

De gauche à droite : M. Dubost, président du Sénat, M. Raymond Poincaré, président de la République, M. Paul Deschanel, président de la Chambre des députés.

L'arrivée des cendres aux Invalides.

s'il restait sur le front. D'après ce que me dit le colonel Buat, et d'après ce que croient savoir plusieurs ministres, Joffre voudrait que Sarrail allât aux Dardanelles, où ses qualités de vigueur et d'énergie trouveraient leur emploi. Ribot propose de demander sur ce point un avis écrit du général en chef. Il en est ainsi décidé (1).

M. Bénazet, député, vient me raconter qu'hier une des femmes de l'ancien Khédive, maintenant installé en Suisse, lui a déclaré que celui-ci, agissant pour le compte de l'Allemagne, était entré en relations avec plusieurs hommes politiques français. Il emploierait comme intermédiaire un financier du nom de Bolo. Mais quelle confiance doit-on faire à cette inconnue?

Vendredi 23 juillet.

D'après la « source secrète et sûre » du Quai d'Orsay, le marquis de Valtierra, ambassadeur d'Espagne, a télégraphié, il y a quelques jours, à son gouvernement qu'à mon dernier voyage aux armées, les soldats avaient crié : « Vive la paix! » et que j'avais été forcé de revenir précipitamment à Paris. Le *Correo español* s'est fait l'écho de ce bruit ridicule, que la *Neue Freie Press* s'est immédiatement empressée de recueillir. J'ai eu aussitôt l'idée d'inviter M. Quiñones de Leon, que je sais l'ami du roi, à m'accompagner sur le front. Il a joyeusement accepté. Nous sommes partis ce matin, avec le général Duparge et avec M. William Martin, directeur du protocole, qui connaît intimement M. Quiñones. En trois heures, nous sommes arrivés à Fismes, que les Allemands ont essayé de bombarder avant-hier à longue distance,

____

(1) V. *Mon commandement en Orient*, par le général SARRAIL.

22

mais les projectiles sont tombés dans les champs. Le général Franchet d'Esperey, chef de la 5e armée, venu au-devant de nous dans la ville, nous a conduits au nord de la vallée de l'Aisne, dans le secteur du XVIIIe corps, que commande le général Marjoulet. Nous sommes arrivés à un village à demi détruit, qui s'appelle Moulins. Dans les caves des maisons, sont cantonnées des troupes originaires des Basses-Pyrénées. Ce sont d'excellents soldats. Je descends dans quelques-uns de leurs abris provisoires pour les féliciter et aussi pour montrer à M. Quiñones de Leon combien sont inexactes les appréciations du *Correo español*. De Moulins nous passons plus au nord et nous nous arrêtons dans un autre village, également en ruines, Paissy, aux lisières duquel se trouvent des cavernes assez profondes, où les hommes mènent une vie de troglodytes. M. Quiñones de Leon admire leur bonne humeur et leur entrain. Mais, à vrai dire, je les trouve tous un peu plus las qu'il y a quelques semaines. L'échec des offensives les a évidemment beaucoup déçus.

En sortant de Paissy, nous laissons là les automobiles, et nous entrons dans un boyau, fort détrempé par la pluie qui est abondamment tombée cette nuit, et creusé dans une terre argileuse très glissante. Nous allons ainsi, tant bien que mal, jusqu'aux tranchées du bois Foulon, au nord d'Oulches et au sud-ouest de Craonnelle. Nous voyons les sentinelles à leur poste d'observation ; nous trouvons d'autres hommes au repos dans leurs abris, où ils ont pour sommeiller des semblants de chaises en fil de fer. De temps en temps, une balle allemande siffle au-dessus de nos têtes. Les tranchées ennemies sont devant nous, à très faible distance, au sud de la ferme Hurtebise et de Craonne.

« Vous voyez, dis-je en plaisantant à M. de Quiñones, que le roi lui-même, s'il voulait venir en
France incognito, pourrait aisément parcourir nos
tranchées... — Je le vois, répond M. Quiñones sur
le même ton. Je ferai part de votre invitation au
roi et, s'il ne peut l'accepter, ce ne sera pas faute
d'en être tenté. »

Après deux heures de marche, nous reprenons
nos automobiles et revenons par Vassogne à la
vallée de l'Aisne, et de là à Jonchery, quartier
général de la 5ᵉ armée, où nous déjeunons avec le
général Franchet d'Esperey. Il me dit qu'à son
avis, nous devrions avoir trois corps d'armée aux
Dardanelles. Il comprend toute l'importance des
opérations d'Orient et croit de moins en moins à
la possibilité de rompre les lignes allemandes sur
notre front.

L'après-midi, nous visitons, dans le secteur du
Iᵉʳ corps d'armée (général Guillaumat), le parc
d'artillerie, les provisions de 75, de 120, de 155,
les ateliers de réparations. Puis, nous nous rendons à un observatoire situé au-dessus de Cauroy,
celui où nous sommes allés l'autre jour, près de
Cormicy, étant depuis lors constamment bombardé. Nous assistons à un tir sur les positions
allemandes voisines de la ferme du Godat. Les
coups paraissent atteindre directement les objectifs désignés.

Nous repartons pour Paris. M. Quiñones de Leon
paraît enchanté de notre tournée.

Rentré à l'Élysée vers huit heures et demie du
soir, j'apprends que Viviani s'y est présenté dans
l'après-midi et qu'il désire causer avec moi dès
aujourd'hui. Une heure après mon retour, il revient. « Cela va très mal, me dit-il. — Quoi? —
L'affaire Sarrail. » Et il m'explique que Sarrail,

mandé chez Millerand, a refusé au ministre de la
Guerre et au président du Conseil de prendre le
commandement du corps expéditionnaire d'Orient.
« Et vous avez accepté ce refus? demandé-je à Viviani. — Que faire? La Chambre est dans un
incroyable état d'agitation. Viollette, d'une part,
les socialistes, d'autre part, ont cherché à me voir
toute la journée pour protester contre la mesure
dont Sarrail est l'objet. Je me suis dérobé. Mais
la situation devient impossible, car il faut bien
compter avec le Parlement. Demain matin, Doumergue, Sarraut et Malvy iront au G. Q. G. et
tâcheront d'obtenir que Joffre donne, comme
l'avait proposé Dubail, le commandement de l'armée de Lorraine à Sarrail. Sinon, celui-ci retour-
nera chez lui à Montauban. Il nous a dit : « Ma
« carrière est finie ; je vais être mis à la retraite ;
« je le sais ; mais je refuse d'aller aux Dardanelles ;
« on m'a humilié ; on a commencé par me relever
« de mon commandement ; je ne saurais rien accepter
« dans ces conditions. » Je ne peux me défendre de
faire à Viviani quelques objections et de lui avouer
que je trouve fâcheux d'offrir à Sarrail un nouveau
commandement, après qu'il vient de refuser celui
qu'on lui avait d'abord offert. Viviani me paraît
très perplexe. « Il faut bien vivre avec les Chambres,
me répète-t-il ; mais nous verrons tout cela demain en Conseil. » Au courant de la conversation,
Viviani me dit que Maurice Sarraut, attaché à la
mission française auprès de l'armée italienne, a
écrit à son frère Albert : « Il ne faut pas laisser
partir Millerand. Ce ne serait pas compris en
Italie. »

Samedi 24 juillet.
Avant le Conseil, Briand vient me voir. En sa

qualité de Garde des Sceaux, il a reçu, lui aussi, Bénazet, qui doit lui remettre, aujourd'hui même, un résumé complet de sa conversation avec l'amie de l'ancien Khédive. C'est, paraît-il, une dame Rochebrune, Française d'origine. Elle a demandé audience à Bénazet, en se réclamant de M. Longuet, député socialiste. Elle affirme qu'elle veut rendre service à la France. Elle prétend que M. Joseph Caillaux aurait eu en Suisse plusieurs rencontres avec l'ancien Khédive, qu'il a connu par le Crédit foncier égyptien et qui est, ajoute-t-elle, soudoyé par le gouvernement allemand. M. Caillaux se serait ensuite fait représenter dans ces conversations par un nommé Bolo Pacha. Briand n'en sait pas davantage. Il me dit que, si la lettre de Bénazet indiquait des faits précis, il ferait, au besoin, ouvrir une instruction.

En Conseil, nouvelle et longue discussion à propos de l'affaire Sarrail. Doumergue, Malvy et Sarraut ne sont pas allés ensemble au G. Q. G. Seul, Doumergue y a accompagné Millerand, démarche plus discrète qui ne présentait pas les inconvénients de celle qu'on avait d'abord projetée. Joffre a répondu qu'il avait déjà nommé à la tête du détachement de Lorraine le général Gérard. De celui-ci non plus, on ne peut pas dire qu'il ne soit pas, comme Sarrail, « un général républicain ». Joffre a ajouté qu'il ne refusait aucunement de donner à Sarrail le commandement d'un corps d'armée et qu'il ne voyait pas d'objection d'ordre militaire à ce qu'on lui confiât l'expédition des Dardanelles. Mais il ne veut pas prendre la responsabilité de le garder comme chef de la 3e armée. La plupart des ministres trouvent que Joffre a eu tort de notifier à Sarrail son remplacement avant qu'on pût lui offrir le commandement du corps

expéditionnaire. Ils reprochent même à Millerand
de n'avoir pas demandé au général en chef d'attendre, pour cette notification, que Sarrail eût été
reçu au ministère de la Guerre. Ils disent que
l'émotion est extraordinaire dans les Chambres,
que les groupes sont réunis, qu'il y a, à gauche,
une levée de boucliers générale contre Millerand,
et que derrière Millerand on vise le général en chef
et le gouvernement. Les membres du cabinet
reconnaissent cependant que cette agitation n'est
pas spontanée et que Sarrail n'y paraît pas étranger.
Plusieurs d'entre eux, et notamment Malvy et
Sembat, disent même que des hommes politiques
se sont présentés à eux comme émissaires du général. Mais la préoccupation de calmer, à la
Chambre, les esprits surexcités l'emporte aux yeux
de la majorité des ministres sur toute autre consi-
dération. Finalement, il est décidé que Sarraut,
— « le pluriel de Sarrail », dit en riant Marcel
Sembat, — verra le général, lui montrera les
inconvénients de sa conduite, et l'engagera à revenir sur son refus. Il insistera sur l'importance de
l'opération des Dardanelles et sur la nécessité de
prendre Constantinople au plus tôt. Il fera entendre à Sarrail la possibilité d'une augmentation
du corps expéditionnaire. Si le général maintient
son refus, il sera invité à partir pour Montauban
et à y rester tranquille. Le Conseil décide, en
outre, qu'on n'acceptera, ni à la Chambre, ni au
Sénat, aucune interpellation sur ce malheureux
incident.

Le colonel d'Harcourt, libéré par l'Allemagne
comme grand blessé, vient avec son frère, le vi-
comte d'Harcourt, me donner quelques renseignements sur sa captivité. Ses camarades et lui
ont été, en général, assez durement traités. On ne

leur a laissé ni or ni argent. Les officiers supérieurs ne recevaient que cent marks par mois. La population allemande, sans être affamée, est certainement gênée. La viande est hors de prix. Les hommes qu'on appelle maintenant sous les drapeaux ont plus de quarante ans. Ils paraissent, d'abord, très mécontents de partir, mais ils sont vite repris par la discipline, qui est très forte.

M. Edmond du Mesnil, rédacteur en chef du *Rappel*, dont j'ai connu le père, médecin d'origine meusienne, m'affirme que Charles Humbert a fait échouer une combinaison pacifiste préparée pour l'achat du *Journal*. Le sénateur de la Meuse serait sur le point de trouver les fonds qui lui permettraient de devenir lui-même acquéreur. Mais est-il vrai que *le Rappel* soit, comme me l'a dit M. Bénazet, subventionné par Bolo Pacha? Et qui est, au juste, Bolo Pacha? La brève visite de M. du Mesnil ne me renseigne pas à cet endroit.

Antoine Borrel, député de la Savoie, qui a gagné aux armées le grade de sous-lieutenant dè chasseurs à pied, la croix de guerre et la médaille militaire, et qui ne quitte pas le front, m'est envoyé par Augagneur. Il n'est que de passage à Paris ; il revient d'Arras et va en Lorraine. Il demande instamment que le quartier général se rapproche davantage de la troupe et s'inspire de l'avis des exécutants.

A dîner, lord Bertie avec le premier ministre canadien, sir Robert Borden, et quelques amis. Le Dominion a déjà envoyé 75 000 hommes en Europe et se propose d'en expédier encore autant. On fabrique par jour au Canada cent mille obus vides et dix mille chargés.

Dimanche 25 juillet.

Viviani m'informe que Sarrail paraît disposé à revenir sur son « refus ». Il est parti pour Montauban, mais en déclarant qu'il n'était pas du bois dont on fait les Boulanger.

Le président du Conseil me semble aujourd'hui très abattu. Il me dit que la Chambre veut « la peau de Millerand » et que la semaine ne se passera pas sans catastrophe.

Lyautey, sur le point de repartir pour Rabat, m'apporte une note écrite, où il demande instamment que les questions marocaines n'entrent pas en ligne de compte dans les décisions à prendre pour les envois de troupes aux Dardanelles. Ces décisions, dit-il, ne doivent s'inspirer que de considérations d'ordre militaire ou de politique générale, sur lesquelles le résident général n'a aucun élément particulier d'information. Quant au Maroc, il se charge de le défendre avec les moyens dont il dispose.

Pénelon me donne des renseignements fort tristes sur les pertes que nous avons éprouvées en Argonne. Les 20 et 30 juin, les XVe et XXXIIe corps ont perdu ensemble environ 3 200 et 5 500 hommes. Le 13 juillet, le Ve corps a perdu environ 9 200 hommes ; le 14 juillet, la 15e division coloniale, la 128e division d'infanterie et la 42e division d'infanterie ont perdu ensemble 4 300 hommes. Le nombre élevé des officiers tués ou blessés doit faire écarter de prime abord toute idée de défaillance collective. Il convient toutefois de remarquer que les gaz asphyxiants employés par les Allemands ont pour effet de produire un malaise général d'hébétude et même de syncope qui annihile les meilleures volontés.

Après de longs pourparlers, Bratiano se déclare disposé à signer avec la France et ses alliés une convention politique impliquant une coopération militaire, mais il ne croit pas pouvoir actuellement fixer la date de l'entrée en action de la Roumanie et il propose de laisser ce soin à ceux qui seront chargés de rédiger et de conclure la convention militaire. (Bucarest, n°ˢ 359 et s.)

Le point culminant de la grande bataille engagée pour la possession de Varsovie paraît avoir été atteint ; les Russes continuent à tenir en respect les armées ennemies qui cherchent à converger sur la vieille cité polonaise.

Lundi 26 juillet.

Combes, qui se dit, une fois de plus, envoyé par Briand, a décidément entrepris de me conseiller un changement de ministère. « Le cabinet, affirme-t-il, est épuisé et discrédité. Personne ne veut plus de Millerand. Faites un grand ministère de défense nationale avec Briand comme président du Conseil et ministre de la Guerre. Gardez Viviani comme ministre, s'il y consent. Mettez-moi où vous voudrez, dans un coin. Prenez Freycinet, comme ministre sans portefeuille, Clemenceau à la Marine, s'il accepte ; Peytral, Renoult, et quelques autres. Gardez Ribot, bien entendu. Offrez un portefeuille ou un ministère d'État à Denys Cochin. Je suis d'avis que, pendant la guerre, on ne doit pas faire de politique. Ne gardez ni Sarraut, ni Malvy, qui n'apportent pas, en ce moment, grande force au cabinet. Enfin, je repars pour Pons aujourd'hui, mais je tenais à vous dire mon opinion. Je suis un sentimental, malgré les apparences. Si j'ai accepté, ces jours derniers, la présidence du parti radical-socialiste, c'est par devoir, c'est aussi, permettez-moi de vous le dire, par loyalisme et par dévouement envers vous. Ma femme m'avait supplié de refuser. Voici sa lettre. » Et il me la lit : « Mon cher aimé... » Une fois de plus, il me laisse l'impression d'un très brave homme, franc et bien intentionné, mais dont il ne faudrait pas suivre trop aveuglément tous les conseils.

Clémentel, député, me raconte qu'à la Chambre c'est sur le contrôle parlementaire aux armées qu'on se propose de livrer bataille au cabinet. On essaie, me dit-il, de provoquer une réunion plénière des gauches. Il me promet spontanément de chercher à calmer les esprits.

Mardi 27 juillet.

Viviani parle au Conseil du conflit qui s'accentue entre les Chambres et le gouvernement. Les groupes doivent encore délibérer cet après-midi. On veut que le contrôle parlementaire s'exerce librement sur le service sanitaire aux armées. D'autres demandent que les députés puissent aller vérifier par eux-mêmes l'organisation des tranchées. J'insiste sur les inconvénients de ces usurpations. Je supplie le gouvernement de défendre ses prérogatives. « Ce qui affaiblit l'autorité du cabinet, répond Viviani, ce sont les fautes de l'administration de la Guerre. » Il ajoute que la Chambre veut un remaniement ministériel. Je réplique que, si une crise s'ouvre, il sera impossible d'en prévoir la fin et que, si elle se prolonge, tout deviendra possible, une émeute, une révolution, une dictature militaire, et tout cela devant l'ennemi. Ribot, Briand, Augagneur, appuient fortement mes observations. Mais toutes ces intrigues découragent visiblement le président du Conseil.

Nous abordons ensuite la question des Dardanelles. Gouraud a rédigé une note qui conclut expressément à l'envoi de trois ou quatre divisions de plus. Le Conseil, rallié maintenant à cet avis, charge Viviani et Millerand de s'entendre à ce sujet avec Joffre.

D'autre part, Delcassé a télégraphié à Londres (nº 2247) pour demander à Kitchener et au cabinet britannique, suivant l'opinion de Gouraud et de Bailloud, que soit entreprise sans retard contre les forts et les batteries de Koum-Kalé l'opération rendue nécessaire par la situation périlleuse où se trouvent nos troupes à la pointe de la presqu'île de Gallipoli.

En fin de journée, nous apprenons que le cabinet anglais a délibéré sur cette proposition. Il a été d'avis qu'il ne pouvait imposer à sir John Hamilton une opération qui paraît à celui-ci risquée et dangereuse, qui serait certainement coûteuse et qui nuirait, d'après le commandant en chef britannique, au plan dressé par lui. En attendant, nos soldats meurent, tués par les obus de Koum-Kalé.

On se bat sans relâche sur la crête du Lingekopf.

Sur le front de l'Isonzo, le général Cadorna a réussi à occuper le mont de Seibusi et le mont Michele.

Mercredi 28 juillet.

M. Boissonnas, agent diplomatique attaché au corps expéditionnaire d'Orient, de passage à Paris, me représente la situation à Gallipoli comme grave. Le camp est violemment bombardé ; des munitions, quoique abritées par le mur du fort, brûlent sous les obus lancés de la côte d'Asie ; la position des troupes devient intenable.

Viviani a vu Joffre hier à Chantilly. Le com-

mandant en chef a très fermement déclaré qu'il
démissionnerait plutôt que de laisser des délégués
de la commission sénatoriale inspecter le matériel
dans les places fortes de la zone des armées.

Jeudi 29 juillet.
Viviani rend compte au Conseil de sa conversation avec Joffre. Les ministres ne voulant pas
prendre la responsabilité d'une crise de commandement, Viviani est chargé de faire tenir à Boudenoot une réponse négative.

Avec la Chambre, l'accord paraît plus facile.
Les groupes ont voté un ordre du jour qui affirme
le droit et le devoir du Parlement d'exercer son
contrôle, élément essentiel de la défense nationale,
et qui invite le gouvernement à assurer définitivement la régularité permanente de ce contrôle.
L'ordre du jour ajoute que les commissions peuvent
déléguer certains de leurs membres pour des missions temporaires et déterminées. Viviani deman-
dera qu'à ce dernier paragraphe soient ajoutés
les mots : « d'accord avec le gouvernement » ou,
tout au moins, « sans qu'il puisse y avoir im-
mixtion ou gêne dans les opérations militaires ».

Pour les Dardanelles, Joffre a, paraît-il, fait des
objections à l'idée de mettre sous les ordres de
Sarrail un corps expéditionnaire renforcé. Il préférerait Franchet d'Esperey. D'autre part, il croit
nécessaire de conserver sur son front jusqu'en septembre toutes les forces qui sont actuellement à
sa disposition.

Pendant le Conseil, Millerand reçoit une longue
lettre signée de Joffre et visiblement rédigée par
le 3e bureau de Chantilly. Cette lettre, remplie de
considérations diplomatiques, tend à subordonner
au G. Q. G. toute la préparation de l'expédition

complémentaire des Dardanelles. Le Conseil, un peu surpris, demande que Joffre vienne conférer à l'Élysée avec les ministres samedi matin.

Ribot expose en détail ses projets financiers : un emprunt pour le mois de septembre ; ensuite, pour le gager, des contributions nouvelles ; mise en application, dès 1916, du projet d'impôt sur le revenu, sauf pour les mobilisés ; décimes sur les contributions directes ; bref, les surcharges que la guerre, en se prolongeant, va rendre inévitables.

Delcassé rend compte des difficultés nouvelles qu'il rencontre à Petrograd dans les négociations avec la Roumanie, et à Londres, dans les négociations avec la Bulgarie. Pour les premières, je propose de télégraphier à l'empereur, si Sazonoff ne se range point à notre opinion. Pour la Bulgarie, le Conseil est d'avis de tâcher de régler la question roumaine avant de renouveler les démarches à Sofia.

A la fin de la journée, Viviani, très sombre, vient me dire qu'il n'est pas encore arrivé à se mettre d'accord avec les groupes sur les modalités du contrôle. D'autre part, Delcassé me prévient que l'Angleterre insiste pour que l'on ne retarde pas les nouvelles conversations avec la Bulgarie. Il nous paraît difficile de ne pas donner satisfaction à l'Angleterre, mais je demande qu'on indique clairement à Nisch que nous ne songeons pas à sacrifier les intérêts serbes et que toute promesse faite à Sofia reste subordonnée à l'annexion par la Serbie de la Bosnie, de l'Herzégovine et d'un territoire donnant accès à l'Adriatique.

Vendredi 30 juillet.
Le lieutenant-colonel Messimy a été blessé hier en Alsace. Je lui envoie un télégramme à Gérard-

mer, où il a été ramené. Je viens justement de recevoir de lui une lettre datée du 25, dans laquelle il proteste contre « les mensonges du communiqué ». Il a été écrit que nous avions enlevé le Barrenkopf. Or, ce sont ses bataillons qui, sous ses ordres, ont essayé, mais sans succès, de prendre pied sur la crête du Linge. Quant à l'enlèvement du Barrenkopf, il nous a coûté mille morts, deux mille blessés et quinze cents prisonniers ; et la 5e brigade de chasseurs, qui avait atteint le sommet, n'a pu s'y maintenir plus de quatre heures. Messimy juge très sévèrement le G. Q. G. et ses officiers de liaison.

La *Gazette de l'Allemagne du Nord* publie des extraits des archives belges, saisies à Bruxelles par les troupes d'occupation. Il s'y trouve un rapport rédigé, le 16 janvier 1914, par le ministre de Belgique à Paris, le pauvre baron Guillaume, ce personnage falot dont j'ai déjà parlé. MM. Delcassé, Millerand et moi, nous y sommes accusés d'avoir suivi une politique « cocardière et chauvine ». Le gouvernement belge ne sait malheureusement que trop aujourd'hui de quel côté se sont trouvés le nationalisme et l'impérialisme.

Sazonoff a confié à Paléologue la détresse où se trouve le gouvernement russe. « De grâce, s'est-il écrié, donnez-nous des fusils ! » (Petrograd, n° 930.)

Samedi 31 juillet.

A onze heures du matin, pendant la séance du Conseil, Joffre vient causer avec les ministres et avec moi de l'affaire des Dardanelles. Il commence par nous dire qu'il lui est difficile de trouver quatre divisions disponibles, surtout faute d'artillerie et de munitions. Mais peu à peu il se rend aux raisons qui lui sont données. Il est convenu qu'on

étudiera une expédition complémentaire, mais
on ne la décidera que si les Anglais ne réussissent pas dans l'opération projetée par sir John
Hamilton.

Après le déjeuner, le Conseil tient de nouveau
séance, en dehors de Joffre, et il décide que Sarrail sera nommé commandant de l'expédition et
chargé dès maintenant d'en préparer le plan. Il
partira dans une quinzaine de jours pour prendre,
de toutes façons, le commandement des deux
divisions qui sont là-bas.

L'entretien avec Joffre a été très libre et très
cordial. Nous avons parlé au général en chef de
la demande faite par la commission sénatoriale en
vue de l'inspection des places fortes. Il a consenti
de bonne grâce à une visite des délégués conduits
par le général Dubail. Mais, en même temps, il
a exposé aux ministres, comme j'avais eu plusieurs
fois l'occasion de le faire moi-même, sur les indications des officiers de liaison, qu'à cause de l'artillerie lourde il était désormais impossible de
défendre les places fortes après investissement
et qu'il fallait, à tout prix, les défendre en avant.
Il va rédiger des instructions à cet effet et il se
plaint, comme moi, que le décret de 1909 n'ait
pas encore été modifié.

A déjeuner, Joffre, qui, en arrivant, avait paru
un peu préoccupé, s'est sensiblement rassuré ; il
cause gaiement avec tous les ministres. Il songe
toujours à une offensive qui aurait lieu dans cinq
ou six semaines. Je lui répète qu'à ce moment
il devra consulter le gouvernement, car la prolongation de la guerre nous force à ménager les
hommes et à conserver notre armée pour l'heure
où les Anglais, les Russes et les Italiens seront en
mesure d'attaquer.

Le baron Guillaume, très penaud, vient donner à Felix Decori de pitoyables explications sur son rapport ; il n'en nie point l'authenticité. Mais, dit-il, étant Belge et non Français, il n'aurait pas vu d'inconvénient à ce que la France achetât le maintien de la paix en cédant à la force allemande. Il reconnaît que les événements lui ont donné tort. Comme le remarque le *Journal de Genève*, la publication allemande va à l'encontre des prétentions de l'empire. Elle montre que la diplomatie belge, même après le coup d'Agadir, était souvent plus favorable à l'Allemagne qu'à la France et qu'il est, par conséquent, absurde d'accuser la Belgique de s'être inféodée à la Triple-Entente.

Nouvelle lettre de Messimy, datée du 29 : « Je viens de vivre, me dit-il, des jours tragiques, sublimes et magnifiques. L'héroïsme de nos chasseurs a passé ce que je pouvais imaginer de plus glorieux. Mais je vous renouvelle mon instante prière : débarrassez-nous des théoriciens qui voient la guerre de loin. Je suis assez cruellement blessé de deux éclats d'obus à la cuisse. Je souffre beaucoup, mais je me considère comme un chançard, car ni ma vie, ni ma jambe ne sont en danger. » Il rectifie, d'autre part, le chiffre de 1 500 prisonniers qu'il m'a donné dans sa lettre précédente. « J'aurais dû, dit-il, écrire 1 500 disparus ; et les recherches que nous avons faites ont montré que la plupart de ces disparus étaient non des prisonniers, mais des morts. »

Le *Journal* annonce, ce matin, qu'il vient d'être cédé à un groupe à la tête duquel se trouve M. Charles Humbert. Dans le même numéro, paraît un nouvel article : « Des canons ! des munitions ! » où le sénateur de la Meuse, tout en félicitant le gouvernement des mesures prises pour hâter les fabrications, se plaint qu'on n'ait pas voulu l'écouter, au lendemain de son discours du 13 juillet 1914, et insère encore des phrases qui ne semblent guère faites pour entretenir la confiance.

Chaque jour qui passe rend plus difficiles et plus ingrats nos efforts de persévérance et d'union. Mais ni l'armée, ni les chefs militaires, ni le gouvernement, ni moi, nous ne nous lasserons. Il y a un an, nous luttions pour la paix ; aujourd'hui, nous luttons pour la victoire.

FIN

CHAPITRE VII

JUILLET

PARIS

TYPOGRAPHIE PLON

8, rue Garancière

1931